Contraste insuffisant
NF Z 43-120-14

chal — cicéron

R218933

Z 58531

RÉPERTOIRE

DE LA

LITTÉRATURE

ANCIENNE ET MODERNE.

IMPRIMERIE DE E. POCHARD,
RUE DU POT-DE-FER, N° 14, A PARIS.

RÉPERTOIRE

DE LA

LITTÉRATURE

ANCIENNE ET MODERNE,

CONTENANT :

1° LE LYCÉE DE LA HARPE, LES ÉLÉMENTS DE LITTÉRATURE DE MARMONTEL, UN CHOIX D'ARTICLES LITTÉRAIRES DE ROLLIN, VOLTAIRE, BATTEUX, etc. ;

2° DES NOTICES BIOGRAPHIQUES SUR LES PRINCIPAUX AUTEURS ANCIENS ET MODERNES, AVEC DES JUGEMENTS PAR NOS MEILLEURS CRITIQUES, TELS QUE :

D'Alembert, Batteux, Bernardin de Saint-Pierre, Blair, Boileau, Chénier, Delille, Diderot, Dussault, Fénelon, Fontanes, Ginguené, La Bruyère, La Fontaine, Marmontel, Maury, Montaigne, Montesquieu, Palissot, Rollin, J.-B. Rousseau, J.-J. Rousseau, Thomas, Vauvenargues, Voltaire, etc.;

Et MM. Amar, Andrieux, Auger, Burnouf, Buttura, Chateaubriand, Duviquet, Feletz, Gaillard, Le Clerc, Lemercier, Patin, Villemain, etc.;

3° DES MORCEAUX CHOISIS AVEC DES NOTES.

TOME SEPTIÈME.

A PARIS,

CHEZ CASTEL DE COURVAL, LIBRAIRE-ÉDITEUR,
RUE DE RICHELIEU, n° 87 ;

ET BOULLAND ET Cie, PALAIS ROYAL, GALERIES DE BOIS, n° 254.

M DCCC XXIV.

RÉPERTOIRE
DE LA
LITTÉRATURE
ANCIENNE ET MODERNE.

CHALEUR. Ce mot, employé figurément en parlant de l'éloquence, de la poésie, du style en général, a un sens plus étendu que ceux d'enthousiasme et de véhémence.

L'enthousiasme est la chaleur de l'imagination au plus haut degré; la véhémence est la chaleur des mouvements de l'âme, impétueusement exhalée; mais la chaleur du style, en général, en est comme l'âme et la vie; c'est une métaphore prise de la chaleur naturelle du sang.

Un bel exemple de cette chaleur tempérée, mais qui va toujours en croissant, est ce discours de Joad, dans *Athalie*, adressé à un roi enfant :

O mon fils, de ce nom j'ose encor vous nommer;
Souffrez cette tendresse, et pardonnez aux larmes
Que m'arrachent pour vous de trop justes alarmes.
Loin du trône nourri, de ce fatal honneur,
Hélas! vous ignorez le charme empoisonneur.

CHALEUR.

De l'absolu pouvoir vous ignorez l'ivresse,
Et des lâches flatteurs la voix enchanteresse.
Bientôt ils vous diront que les plus saintes lois,
Maîtresses du vil peuple, obéissent aux rois;
Qu'un roi n'a d'autre frein que sa volonté même;
Qu'il doit immoler tout à sa grandeur suprême;
Qu'aux larmes, au travail le peuple est condamné,
Et d'un sceptre de fer veut être gouverné;
Que, s'il n'est opprimé, tôt ou tard il opprime *.
Ainsi, de piége en piége et d'abîme en abîme,
Corrompant de vos mœurs l'aimable pureté,
Ils vous feront enfin haïr la vérité;
Vous peindront la vertu sous une affreuse image.
Hélas! ils ont des rois égaré le plus sage.
Promettez sur ce livre et devant ces témoins,
Que Dieu sera toujours le premier de vos soins;
Que, sévère aux méchants, et des bons le refuge,
Entre le pauvre et vous vous prendrez Dieu pour juge;
Vous souvenant, mon fils, que, caché sous ce lin,
Comme eux vous fûtes pauvre **, et comme eux orphelin.

(Act. IV, sc. 3.)

On dit la chaleur du raisonnement, lorsqu'il est pressant et rapide, sur-tout lorsqu'il est animé par quelque mouvement de l'âme, et mêlé d'interrogations, d'invectives, d'imprécations, etc. C'est le caractère constant de l'éloquence de Démosthène;

---

* Fénelon fait tenir le même langage au flatteur Protésilas. « Si vous mettez (dit-il à Idoménée) les peuples dans l'abondance, ils ne travailleront plus, ils deviendront fiers, indociles, et seront toujours prêts à se révolter : il n'y a que la faiblesse et la misère qui les rendent souples, et qui les empêchent de résister à l'autorité. »   *Télémaque*, liv. XIII.   F.

** « Quand tu seras le maître des hommes, souviens-toi que tu as été faible, pauvre et souffrant comme eux. »   *Ibid.* liv. II.   F.

et le plus souvent sa chaleur y est au point qu'il n'y a rien de plus véhément. Mais lors même qu'il se modère, soit qu'il raconte ou qu'il raisonne, il est toujours plein de chaleur. C'est ainsi que, dans sa harangue pour la Couronne, en justifiant le conseil qu'il a donné aux Athéniens de se liguer avec les Thébains contre Philippe, il dit : « Je porte là-dessus
« la confiance au point que, si, aujourd'hui même,
« homme qui vive peut indiquer quelque meilleur
« parti à prendre dans la situation où se trouvait la
« Grèce, j'avoue que j'aurais dû ne pas l'ignorer,
« et je souscris à ma condamnation. Mais, au con-
« traire, si cette ressource n'existe ni n'a existé, et
« que jamais homme n'ait pu ni ne puisse encore
« en trouver de semblable, que devait faire celui
« qui conseillait la république? N'était-ce pas de
« choisir, entre les moyens visibles et praticables,
« ce qu'il y avait de meilleur? C'est-là ce que je fis,
« Eschine, quand le héraut criait: *Qui veut conseiller*
« *le peuple?* et non pas : *Qui veut blâmer le passé?*
« *Qui veut répondre de l'avenir?....* Attaquez-moi,
« si vous voulez, sur les avis que je donnai; mais
« abstenez-vous de me calomnier sur ce qui arriva ;
« car c'est au gré de la destinée que tout se dé-
« noue et se termine; au lieu que c'est par la nature
« des avis mêmes qu'on doit juger de l'intention de
« celui qui les a donnés. Si donc, par l'évènement,
« Philippe a vaincu, ne m'en faites point un crime,
« puisque c'était le ciel qui disposait de la victoire,
« et non pas moi. Mais si, avec une droiture, une
« vigilance, une activité infatigable et supérieure à

« mes forces, je ne cherchai pas, je ne mis pas en
« œuvre tous les moyens où la prudence humaine
« peut atteindre; si je n'inspirai pas des résolutions
« nobles, dignes d'Athènes, et nécessaires dans ce
« moment, montrez-le-moi, et donnez carrière à vos
« accusations. »

Voilà de la *chaleur* dans l'éloquence tempérée ; tout y est animé, tout y est en mouvement ; mais si on veut la voir s'élever jusqu'à la véhémence, qu'on lise dans la même harangue l'endroit où l'orateur développe et démontre cette proposition hardie : « Si, « par une lumière prophétique, tous les Athéniens « avaient démêlé tous les évènements futurs, et que « tous les eussent prévus, Athènes, en ce cas même, « aurait dû prendre la résolution qu'elle prit, pour « peu qu'elle eût respecté sa gloire, et ses ancêtres, « et les jugements de la postérité... Et de quel œil, « grand Dieu! soutiendrions-nous l'aspect de cette « multitude innombrable d'hommes qui de toutes « parts se rendent dans Athènes, si par notre faute « on eût élu Philippe pour le chef et pour l'arbitre « de la Grèce entière; si, tandis que les autres Grecs, « armés pour détourner le coup, s'avançaient au « combat, nous eussions joué le personnage de spec-« tateurs immobiles, nous, les enfants d'un peuple « qui de tout temps aima mieux affronter de glorieux « hasards que de jouir, hors de péril, d'une hon-« teuse liberté !.... Et qui n'admirerait la constance « de ces grands hommes, qui, s'élançant sur leurs « vaisseaux, quittèrent avec un courage déterminé « leurs biens et leur patrie, pour ne point fléchir

« sous le joug d'une domination étrangère, mirent
« à leur tête Thémistocle, l'auteur de cet avis ma-
« gnanime, lapidèrent Cyrcile qui prêchait la sou-
« mission, le lapidèrent, dis-je, tandis que leurs
« femmes lapidaient celle du traître? Car les Athé-
« niens d'alors ne cherchaient ni orateur, ni général,
« qui leur procurât un heureux esclavage. Ils n'au-
« raient pas même voulu de la vie sans la liberté...
« Moi donc, ô histrion du dernier ordre, moi, que
« mon emploi appelait à conseiller la république,
« avec quels sentiments devais-je monter dans la
« tribune? Était-ce avec les sentiments d'un orateur
« qui n'avait à suggérer aux Athéniens que des bas-
« sesses indignes d'eux? Ma mort, en ce cas, eût
« justement expié mes lâches conseils.... Le monstre
« horrible, ô Athéniens, l'horrible monstre qu'un
« calomniateur! »

La raison n'a point de chaleur qui lui soit propre :
mais lorsqu'un sentiment vif et profond l'anime,
elle devient passionnée, et c'est alors qu'elle a son
éloquence; ce n'est même qu'alors qu'elle est poétique. Ainsi Don Diègue; ainsi le vieil Horace, ainsi
Burrhus, ainsi Zopire et Mahomet, ainsi tous les
hommes d'état qu'on introduit dans la tragédie ou
dans l'épopée sont raisonneurs, mais éloquents.

Si la raison même se passionne, l'imagination est
mille fois encore plus prompte à s'enflammer; et
l'on reconnaît sa chaleur à la vivacité des illusions
qu'elle produit et des tableaux dont elle se frappe.
Je n'en citerai pour exemple que ces vers de Phèdre,
tourmentée par ses remords :

Misérable! et je vis, et je soutiens la vue
De ce sacré soleil dont je suis descendue!
J'ai pour aïeul le père et le maître des dieux;
Le ciel, tout l'univers est plein de mes aïeux.
Où me cacher? Fuyons dans la nuit infernale.
Mais, que dis-je? mon père y tient l'urne fatale;
Le sort, dit-on, l'a mise en ses sévères mains;
Minos juge aux enfers tous les pâles humains.
Ah! combien frémira son ombre épouvantée,
Lorsqu'il verra sa fille à ses yeux présentée,
Contrainte d'avouer tant de forfaits divers,
Et des crimes peut-être inconnus aux enfers!
Que diras-tu, mon père, à ce spectacle horrible?
Je crois voir de tes mains tomber l'urne terrible;
Je crois te voir, cherchant un supplice nouveau,
Toi-même de ton sang devenir le bourreau.
Pardonne, un dieu cruel a perdu ta famille :
Reconnais sa vengeance aux fureurs de ta fille, etc.
(Act. IV, sc. 6.)

On juge bien que la chaleur de l'imagination peut être encore très vive, et n'être pas à ce degré-là. Celle du sentiment a des gradations infinies; et qui sait jusqu'où peut aller la violence des passions! On voit à quel degré Racine et Voltaire ont poussé la *chaleur* de l'expression de l'amour: mais ni l'un ni l'autre, à ce qui me semble, n'a été plus loin que Virgile; et le tableau de désespoir de Didon est peut-être, à l'égard de cette passion, le dernier degré de chaleur.

Dans la colère tranquille et fière, le caractère d'Achille est sublime; mais Orosmane, dans sa fureur, est plus théâtral et plus terrible. Dans une scène imitée du Dante, nous avons vu la vengeance, irritée par l'amour paternel, portée à un point d'énergie au-delà duquel il est difficile de rien imaginer*.

Ce qui est rare et précieux, c'est la chaleur dans des ouvrages que la passion n'anime point, et que la raison seule, pour ainsi dire, doit échauffer de sa lumière. Les écrits de Rousseau de Genève seraient un modèle en ce genre, si son éloquence était toujours celle de la raison et de la vérité. Mais ayant trop compté sur les ressources d'une dialectique industrieuse, d'une imagination vive, et d'un style enchanteur, il a souvent accepté le défi que lui donnait sa vanité, de faire paraître naturel ce qui était forcé, vraisemblable ce qui était faux, honnête et louable ce qui était en soi vicieux et digne de blâme. Heureux, s'il avait toujours eu pour guide un sage comme Locke, dont il a suivi les principes sur l'éducation physique de l'enfance, et dont il a su embellir, animer, échauffer les froides leçons! C'est-là ce qu'il a fait d'utile, et ce qui honore sa mémoire, bien plus que le coloris dont il a fardé les mauvaises mœurs de son *Héloïse*, le faux système de son *Émile*, et tous les paradoxes où il a prodigué ses lumières et ses talents.

La chaleur du style, même au plus haut degré, doit être vraie et naturelle. Phèdre, dans son délire, ne dit rien qui ne soit analogue à son amour pour Hippolyte. Oreste, même dans ses fureurs, ne voit

* Marmontel, je pense, veut désigner ici la scène cinquième du quatrième acte de *Roméo et Juliette*, tragédie de Ducis.　　F.

que les objets qui doivent l'occuper, sa mère et les furies. A plus forte raison, dans l'éloquence et dans le langage tempéré de la philosophie, la chaleur ne doit-elle jamais troubler l'imagination ni l'entendement. L'écrivain qui extravague est un fou ou un charlatan. Si sa chaleur est vraie, c'est celle de la fièvre; si ce n'est pas le transport au cerveau, c'est un jeu, et c'est le jeu d'un bateleur qui fait le maniaque pour assembler la foule. Or j'appelle extravaguer en écrivant, accumuler des métaphores incohérentes, des idées bizarres, des raisonnements faux, des hyperboles insensées, avancer hardiment des opinions révoltantes, les soutenir avec effronterie, insulter à la fois à l'évidence et à la pudeur, et prendre pour les attributs d'un génie audacieux et libre l'impudence et l'absurdité. C'est là pourtant ce qu'on nous a donné quelquefois pour de la chaleur.

MARMONTEL, *Éléments de Littérature*.

CHAMFORT (Sébastien-Roch-Nicolas), littérateur distingué, né en 1741, dans un village près de Clermont en Auvergne, ne connaissait d'autres parents que sa mère, à laquelle il porta toujours l'affection la plus tendre. Mais, si les préjugés du temps lui refusaient une place dans le monde, et même un nom, il sut honorer celui qu'il avait choisi, et occupa dans la société un rang qu'il ne dut qu'à lui-même.

Conduit fort jeune à Paris, Chamfort, par la protection d'un docteur de la faculté de Navarre, nommé Morabin, obtint une bourse au collège des Grassins. C'est là qu'il fit ses premières études, qui d'abord ne présagèrent pas ce qu'il devait être un jour. Mais son esprit naturel ne tarda pas à se développer; il remporta en rhétorique les cinq premiers prix de l'université, et termina ses études de la manière la plus brillante.

Ses premiers pas dans le monde, où il prit le nom de Chamfort, furent des fautes; et le premier fruit qu'il en recueillit fut l'infortune. Sans ressources, sans appui, Chamfort fut obligé de travailler pour vivre. Il entreprit successivement plusieurs éducations; mais son amour pour l'indépendance le força bientôt de renoncer à une carrière que la fougue de son caractère lui rendait insupportable. Un riche Liégeois, qui retournait dans sa patrie, espérant s'attribuer une partie des travaux du jeune poète, lui offrit de l'emmener en qualité de secrétaire. Chamfort, qu'aucun lien ne retenait à Paris, accepta avec joie cette proposition; mais il découvrit bientôt les vues de son protecteur, et le quitta. Après avoir été à Spa et à Cologne, il revint dans la capitale, aussi pauvre qu'il en était sorti.

C'est à cette époque qu'il fit paraître quelques articles dans le *Journal encyclopédique*, et qu'il travailla à la rédaction du *Vocabulaire français*. Le prix de poésie remporté en 1764, à l'Académie française, par son *Épitre d'un père à son fils sur la naissance d'un petit-fils*, le mit au rang des jeunes poètes qui donnaient le plus d'espérance. Bientôt les *Éloges de Molière et de La Fontaine*, couronnés, le premier par l'Académie française, en 1769, et le second par l'académie de Marseille, en 1774; le succès de *la Jeune Indienne*, du *Marchand de Smyrne*, achevèrent d'établir la réputation de Chamfort. La tragédie de *Mustapha et Zéangir*, dans laquelle la reine crut voir des allusions flatteuses, valut à son auteur quelques faveurs de la cour, et l'avantage d'être recherché et fêté dans les premières sociétés de la capitale. Le prince de Condé le nomma son secrétaire des commandements, et, peu de temps après, Chamfort vit s'ouvrir devant lui les portes de l'Académie française. Il y fut reçu le 19 juillet 1781, à la place de M. de La Curne de Sainte-Palaye. Son discours de réception fut un des meilleurs qu'on eût entendu depuis long-temps, et le dernier morceau purement littéraire qu'il ait donné au public. La place qu'il avait obtenue lui assurait de l'aisance et un sort heureux; mais, malgré tous les soins du prince pour rendre sa chaîne légère, c'était une chaîne, et il ne put la supporter long-temps. Il parvint à s'en dégager sans rompre les liens de la reconnaissance, et se retira à Auteuil. Son goût pour la retraite le lia encore plus intimement avec madame Helvétius dont il avait reçu des bienfaits dans le temps de sa mauvaise fortune. Heureux pendant six mois avec cette amie, il la perdit tout-à-coup par une mort cruelle. Ce fut alors que, pour faire diversion à sa douleur, il se rejeta dans le monde dont il fit les délices par les agréments de son esprit. Il ne voulait plus écrire que pour lui seul : mais le comte de Vaudreuil, qui s'était déclaré son ami et son protecteur, lui imposa bientôt de nouveaux devoirs. Il fut nommé lecteur ou secrétaire des commandements de madame Élisabeth, sœur du roi. C'est pour cette princesse qu'il fit un commentaire sur les Fables de La Fontaine : les notes qui se trouvent dans le recueil intitulé *Les trois Fabulistes*, ne sont que ce que Chamfort appelait *les rognures* de ce travail.

La vie de l'auteur de *Mustapha et Zéangir* n'offre plus rien de remarquable jusqu'à l'époque de la révolution. Lié avec Mirabeau, il avait eu part à la brochure intitulée : *l'Ordre de Cincinnatus*, et avait composé pour lui le discours sur *la destruction des académies*, que Mirabeau devait lire à la tribune. Né avec un caractère porté à l'indépendance, Chamfort embrassa d'abord le parti de la révolution ; mais son âme ne put se familiariser long-temps avec les crimes affreux dont il fut témoin : l'horreur et la haine qu'il en témoigna hautement attirèrent sur lui l'attention. Il perdit ses pensions et sa place de bibliothécaire de la Bibliothèque-Nationale, qui lui avait été donnée par le ministre Roland; mais sa position changea sans rien changer à ses sentiments. Chamfort dénonça les anarchistes à l'opinion publique, et les frappa des sarcasmes les plus sanglants. Il traduisait ces mots *fraternité ou la mort*, qui étaient alors écrits sur tous les édifices, par ceux-ci : *Sois mon frère, ou je te tue.* Il fut enfin arrêté et conduit aux Madelonnettes avec le vénérable abbé Barthelemy, son neveu. Peu de temps après, l'intervention de quelques amis lui fit recouvrer sa liberté : mais il avait conçu une telle horreur pour les prisons, qu'alors il jura de ne jamais retomber vivant au pouvoir des bourreaux de son pays. Il tint son serment : au moment où l'on venait pour l'arrêter une seconde fois, il passe dans son cabinet; s'y enferme, charge un pistolet, l'ajuste sur son front, se fracasse le haut du nez, et s'enfonce l'œil droit. Étonné de vivre, et résolu de mourir, il saisit un rasoir, se porte plusieurs coups vers le cœur, et, commençant à défaillir, il tâche par un dernier effort de s'ouvrir les veines. Enfin, vaincu par la douleur, il pousse un cri, et se jette sur un siège où il reste presque sans vie. Ce cri est entendu; on accourt, on enfonce la porte : Les secours de l'art et les soins de l'amitié le rappellent malgré lui à la vie. Les blessures n'étaient pas mortelles, et, dès que sa santé fut un peu rétablie, Chamfort, se résignant au mauvais état de sa fortune, se logea dans un petit entresol. Il projetait de nouveaux travaux; mais une humeur dartreuse, à laquelle il était sujet depuis longues années, mit bientôt ses jours en danger. Il expira le 13 avril 1794.

Un de nos meilleurs critiques modernes, M. Dussault, avec la sagacité qui le distingue, a peint le caractère de Chamfort : « C'était, dit-il, un de
« ces hommes qui, avec beaucoup d'esprit et de
« malice, paraissaient les plus propres à charmer
« leurs comtemporains en se moquant d'eux; il
« était difficile d'avoir un coup d'œil plus prompt et
« une humeur plus caustique. Observateur d'autant
« plus pénétrant qu'il était moins indulgent et moins

« sensible, il ne laissait rien échapper de ce qui
« pouvait grossir le trésor qu'il amassait aux dépens
« de tous les vices et de tous les ridicules; il écri-
« vait le soir, en rentrant chez lui, ce qu'il avait
« entendu dans la journée et même ce qu'il avait dit,
« il tenait, en quelque sorte, journal de son esprit,
« comme un sévère économe qui ne veut rien perdre,
« et qui enregistre avec exactitude sa recette et sa
« dépense. »

Les *OEuvres de Chamfort* ont été recueillies par son ami Ginguené, et publiées à Paris, 1795, 4 vol. in-8°. On assure qu'il méditait depuis long-temps un ouvrage qui l'aurait placé au rang des plus grands peintres de mœurs. Le seul débris qu'ait recueilli M. Ginguené des matériaux qu'il avait déjà préparés, se trouve dans le 4ᵉ volume qui contient les *Maximes et pensées* et les *Caractères et anecdotes*. On a donné une seconde édition de ses œuvres en 2 vol. in 8°. Outre les ouvrages que nous avons mentionnés, Chamfort publia encore des *Poésies fugitives*, des *Épîtres*, des *Contes*, des *Fables* : il travailla aussi à la rédaction du *Dictionnaire dramatique*, dont les principaux articles sont de sa main.

Pн. T.

JUGEMENTS.

I.

Le droit de commenter les *Fables de La Fontaine* appartenait sans doute au plus ingénieux de ses panégyristes; mais les notes trouvées dans les papiers de Chamfort, et publiées sans qu'il ait eu le temps de les revoir, ne présentent que la première esquisse d'un commentaire tel qu'on pouvait l'attendre de lui. On y reconnaît cependant la piquante finesse qui caractérisait ses écrits et ses entretiens. Chamfort n'eut pas l'imagination féconde, mais il fut doué d'un esprit très flexible. Une tragédie, où souvent le style de Racine est heureusement rappelé; quelques scènes charmantes de *la Jeune Indienne*, plusieurs contes agréables et narrés avec précision : voilà ses titres comme poète. Il s'est encore plus distingué comme prosateur, soit par ses *Éloges*, soit par son *Marchand de Smyrne*, petite comédie étincelante de bons mots, de traits plaisants et philosophiques. Sa manière est la même en quelques ouvrages qu'il a composés durant les dernières années de sa vie : ils font partie de notre époque, et tiennent au sujet que nous traitons dans ce chapitre. Vers le commencement de la révolution, il rédigea la partie littéraire du *Mercure de France*, conjointement avec La Harpe et Marmontel; mais il refusa de rendre compte des spectacles, ne voulant pas, comme on le voit dans une de ses lettres, avoir à traiter trois fois par mois avec une foule d'amours-propres aussi vigilants qu'ombrageux. Les principaux articles qu'on lui doit concernent les *Mémoires de Duclos* sur la fin du règne de Louis XIV; et sur la régence, les *Mémoires* écrits par le duc de Richelieu, ou plutôt sous sa dictée, et la vie privée de ce courtisan, qui traversa presque en entier le XVIIIe siècle : ces articles étendus ne sont pas des extraits vulgaires, où de longs passages transcrits amènent quelques réflexions banales. Le critique se rend maître du terrain, rassemble et rapproche les événements remarquables, choisit les anecdotes, et, sans les altérer, les raconte d'un style qui lui est propre, mêle aux faits des considérations morales ou politiques, et, par un tour nerveux et rapide, par un trait saillant, souvent par un mot, fait ressortir le scandale et le ridicule où il les trouve. C'est un art qu'il possédait; et, durant la période historique qu'il avait à parcourir, la matière ne manquait pas à son talent. ce genre d'esprit ne brille pas d'un moindre éclat dans les nombreux matériaux d'un livre où il voulait peindre les mœurs de son temps; livre qui, s'il était achevé, lui assurerait une place intermédiaire entre La Bruyère et Duclos.

M. J. CHÉNIER, *Tableau de la Littérature française.*

II.

Chamfort s'était annoncé de bonne heure par des ouvrages qui supposaient une grande finesse d'esprit, un goût très pur et de vrais talents. Ses petites comédies de *La Jeune Indienne*, et du *Marchand de Smyrne*, se sont conservées au théâtre, et la dernière sur-tout étincelle de saillies ingénieuses : mais dans sa tragédie de *Mustapha et Zéangir*, ouvrage d'un genre très supérieur, il nous parut avoir saisi, du style et de la manière de Racine, tout ce que peut en saisir un homme de beaucoup d'esprit qui n'est pas animé du même génie.

Sans accorder aux différents ouvrages que nous allons nommer un égal degré d'estime, les trois pièces de théâtre qu'a données Chamfort, et que nous avons citées, son *Éloge de La Fontaine*, celui *de Molière*, qui vaut mieux, et son *Discours sur les académies*, en y ajoutant quelques-uns de ses contes et un petit nombre de bons mots, étaient tout ce qu'on aurait dû recueillir; et nous croyons que la réputation de Chamfort y aurait gagné.

PALISSOT, *Mémoires sur la Littérature.*

III.

Le sujet de cette tragédie (*Mustapha et Zéangir**) est entièrement historique. Mademoiselle de Scudery en orna son roman de *l'illustre Bassa*, et cette catastrophe, devenue célèbre dans le dernier siècle, est la plus intéressante des annales ottomanes. Ce qui la rend surtout remarquable, c'est un caractère d'héroïsme et de générosité infiniment rare dans cette horde conquérante et féroce, qui, en s'établissant sur les ruines du califat et de l'empire de Constantinople, n'hérita ni de la grandeur d'âme que les Arabes joignaient à la culture des arts, ni des arts qui étaient le seul titre d'honneur que les Grecs eussent conservé dans leur décadence. Voici les faits tels qu'ils sont racontés par les historiens.

* Chamfort travailla quinze ans à son *Mustapha*. La pièce eut à la cour un succès d'ivresse, et l'auteur fut comblé d'honneurs et de récompenses. Celle-là du moins n'était pas ridicule, si ce n'est au dénouement. Elle était écrite avec assez de correction et de pureté, mais sans aucune espèce de force, et sur-tout mortellement glaciale, et par le plan, et par le style. Jouée à Paris, elle y reçut le plus froid accueil, et fut bientôt abandonnée pour ne jamais reparaître. Les amis de l'auteur disaient qu'*il écrivait comme Racine*. Depuis cette chute, Chamfort ne voulut plus rien faire, parce qu'*il n'y avait plus de goût en France*. La phrase sur *Mustapha* était qu'*on ne savait ce qu'il fallait admirer le plus dans l'auteur, ou son génie, ou son âme*.

On sait communément que Soliman épousa Roxelane contre la coutume des empereurs turcs, qui n'admettent dans leur lit que des esclaves que la naissance d'un fils fait déclarer sultanes, et dont aucune n'a le titre d'épouse et d'impératrice. Mais ce qu'on sait moins, et ce qui est aussi remarquable, c'est le moyen qu'elle employa pour s'attacher comme époux le prince qu'elle avait déjà fixé comme amant. Cette femme célèbre, que le hasard avait fait esclave, et que l'esclavage même conduisit au faîte des grandeurs, était née, selon quelques auteurs, en Russie, comme semble l'indiquer son nom de Roxelane *; selon d'autres, en Italie. Elle captiva bientôt le cœur de Soliman, et eut de ce prince une fille et trois fils, Sélim, Bajazet et Zéangir. Mais il en avait déjà un autre d'une esclave de Circassie, nommé Mustapha, héritier naturel du trône, et digne d'y monter, cher à tout l'empire, et même à Soliman. Roxelane le regarda d'un œil de marâtre, et se crut d'autant plus obligée à le perdre, qu'elle voyait en lui l'ennemi de ses enfants. Elle pouvait penser en effet que Mustapha, dès qu'il règnerait, ne tarderait pas à sacrifier les fils de Roxelane aux maximes barbares de la politique ottomane, qui commence par livrer au glaive tout ce qui est né près du trône. Roxelane, au contraire, pouvait se flatter, si l'un de ses fils y montait, de régner sous son nom; et cette influence d'une femme dans un gouvernement militaire n'était pas sans exemple.

* Les Russes se nommaient autrefois *Roxelans* ou *Rossolans*, dont on a fait le mot de Russes.

On avait déjà vu plus d'une fois le divan gouverné par les intrigues du vieux sérail; et l'espérance de dominer son fils, empereur, pouvait aisément séduire une femme qui osa former le projet d'épouser Soliman. Elle commença par s'assurer du visir Rustan, à qui elle donna sa fille en mariage. Elle avait remarqué que Soliman était l'observateur le plus scrupuleux des préceptes de sa religion. Roxelane, habile à flatter les goûts du sultan, annonça le dessein où elle était de fonder une mosquée, établissement très méritoire dans la religion musulmane. Le mufti, consulté sur cette pieuse intention, lui donna les plus grands éloges; mais, gagné par Rustan, il eut soin d'ajouter que tout le mérite de cette action serait perdu pour Roxelane, parce que sa qualité d'esclave ne lui laissait rien en propre, et que tout appartenait au sultan. Roxelane affecta la plus vive douleur, et tomba dans une mélancolie profonde, qui fit craindre pour sa vie. Soliman, alors à la tête de son armée, apprit l'état de sa maîtresse; et, l'absence ajoutant à ses alarmes, il crut ne pouvoir conserver ce qu'il aimait qu'en déclarant Roxelane libre : ce qu'il fit par un écrit de sa main. Elle parut au comble de la joie, et la mosquée fut bâtie; mais lorsque Soliman de retour voulut reprendre les droits d'un maître, Roxelane, avec une douleur tendre et modeste, lui représenta que, ne lui appartenant plus, elle ne pouvait, sans blesser les préceptes du saint alcoran, condescendre à ses désirs. L'empereur, dont l'amour s'irritait par l'obstacle, consulta le mufti. La réponse était toute prête. Il déclara que la résistance de Roxelane était fondée et respectable, et que le sultan n'avait qu'un moyen d'en triompher, c'était de la prendre pour son épouse légitime. Soliman, plus attaché aux maximes de l'alcoran qu'à celles de ses prédécesseurs, se décida pour la religion et pour l'amour, et, après avoir fait de son esclave une femme libre, il en fit une impératrice.

Ce n'était pas assez de régner : elle voulait assurer le trône à Bajazet, celui de ses enfants qu'elle affectionnait le plus, et dont le caractère ambitieux se rapprochait beaucoup de celui de sa mère. Pour couronner Bajazet, il fallait perdre Mustapha. L'entreprise était difficile. La première qualité de ce prince était le talent de se faire aimer, le plus précieux de tous les dons, puisqu'il fait pardonner également et la supériorité et les défauts. Mustapha avait plus besoin d'apaiser l'envie que d'obtenir l'indulgence. Chargé du gouvernement de la province de Diarbékir (ancienne Médie) et du commandement des armées, il avait eu d'assez grands succès contre les Persans, pour faire espérer à Soliman un héritier digne de lui, et il s'était conduit avec assez de modestie et de prudence pour ne pas lui faire craindre un rival, bonheur rare dans une cour où le mérite est toujours si près du soupçon, et le soupçon si près de la mort. Cependant son habile ennemie trouva les moyens d'envenimer tout. Les méchants, pour perdre l'homme vertueux, savent se servir également et de leurs vices et de ses vertus. Celles de Mustapha furent louées avec affectation devant

Soliman. Ces qualités aimables qui lui gagnaient les cœurs, on en parlait de manière à faire croire au sultan qu'un fils lui enlevait l'amour de ses sujets; ces exploits militaires, si glorieux, si utiles à l'empire, on les relevait assez pour faire craindre à un conquérant, fier et jaloux d'être effacé par un fils. Ainsi la haine s'essayait à nuire, ne connaissant rien de plus funeste à la vertu, que de la louer devant un despote. La louange alors n'entre dans son âme que comme un poison, et y laisse des semences de rage. Quand on vit, à l'air sombre du sultan, qu'elles avaient germé dans son cœur, on alla plus loin : on rappela l'exemple de Sélim, qui s'était révolté contre Bajazet son père; l'attachement des vieilles troupes aux intérêts de Mustapha, accoutumé à les conduire; la situation même de la province où commandait le prince, et qui, voisine des états du roi de Perse, mortel ennemi de Soliman, le mettait à portée de se ménager des correspondances perfides, ou même des secours criminels. Tous les bachas de provinces qui touchent au Diarbékir, chargés par Soliman d'observer de près son fils, achevèrent de le perdre sans le vouloir, en remplissant leurs lettres d'éloges que la vérité leur dictait. Soliman ne vit, dans ces témoignages, que le dévouement de sujets corrompus par Mustapha, et prêts à tout entreprendre en sa faveur. Bientôt les alarmes allèrent jusqu'à l'épouvante, et la jalousie jusqu'à la fureur. Un des eunuques du prince, gagné par Rustan, écrivait que Mustapha entretenait des liaisons secrètes avec Thamas, et avait demandé sa fille en mariage : soit qu'en effet l'amour lui eût fait hasarder cette démarche imprudente, soit, comme la plupart des historiens le pensent, que ce fût une imputation calomnieuse, le vieux despote trembla dans son palais. La férocité, qui s'aigrit dans la vieillesse, et qui s'augmente par la crainte, lui dicta bientôt l'arrêt qui condamnait Mustapha à mourir. Rustan fut chargé de cet ordre, et, sous prétexte d'amener de nouvelles troupes contre les Persans, il marcha vers le Diarbékir avec une nombreuse armée. Mais ce visir en savait trop pour prendre sur lui l'exécution d'un crime si dangereux, et qui le dévouait à la haine publique, s'il parvenait à l'achever. Arrivé en Syrie, il écrivit à Soliman des lettres qui redoublèrent ses terreurs. Il peignit Mustapha comme tout-puissant dans les provinces et adoré dans son armée. Il conjurait l'empereur de venir lui-même défendre son trône et assurer sa vengeance. Le sultan furieux part, et va joindre son armée près d'Alep. Il mande à son fils de venir rendre compte de sa conduite. C'est dans ce moment que commence d'éclater l'amitié tendre et courageuse que Zéangir, dernier des fils de Roxelane, avait conçue pour Mustapha. Il s'efforça d'engager son frère à ne pas se rendre au camp de Soliman, et lui montra la mort qui l'y attendait. Mustapha, qui se sentait innocent, répondit qu'il ne fuirait pas devant son père, et qu'il obéirait à ses ordres. Zéangir alors, ne pouvant le détourner du péril, veut s'y exposer avec lui. Ils partent ensemble, entrent dans le camp au bruit des acclamations de toute l'armée, et Zéangir déclare qu'il courra jusqu'au bout la même fortune que son frère. Il le suit jusqu'à la tente de l'empereur; là il est obligé de s'en séparer : on avait ordre de n'introduire que Mustapha. Il entre : on lui demande ses armes, présage sinistre, puisque l'usage permet aux princes ottomans de les garder devant leur père, mais il n'était plus temps de reculer : il remet son épée. Quatre muets paraissent avec le fatal cordon, et se jettent sur lui. Le prince se défend avec toute la force de son âge et du désespoir; il lasse les efforts des muets; il est prêt à s'échapper de leurs mains. Un rideau se lève. Soliman paraît, et lance sur les bourreaux un regard affreux qui leur reproche leur faiblesse et la résistance de leur victime; ce regard leur rend la force, et achève de l'ôter au malheureux prince. A la vue de son père, il tombe; les muets lui attachent le cordon, et il expire aux yeux de Soliman. Son corps est exposé devant la tente. Zéangir se précipite sur le cadavre sanglant de son frère, l'embrasse en pleurant, se perce de son épée, et meurt à côté de lui.

Tel est le récit que nos historiens modernes ont tiré, en grande partie, des Lettres de Busbecq et des Mémoires de M. de Thou [*]. Tel est le canevas très tragique que l'histoire offrait au théâtre.

Belin a traité ce sujet en 1705. Il faut d'abord donner une idée de sa pièce : nous verrons quelles obligations lui a M. Chamfort, et le public ju-

---

[*] Ce n'est pas dans ses *Mémoires* mais dans son *Histoire*, que de Thou raconte cet évènement.   H. Patin.

gera si, lorsque ce dernier s'est écarté de Belin, il a pris une meilleure route.

Belin a suivi l'histoire assez fidèlement. Dans la première scène, Roxelane et Rustan, réunis contre Mustapha par la même haine et par des intérêts communs, s'applaudissent d'un triomphe qu'ils croient prochain et assuré. Rustan, gendre de Roxelane, et redevable à la sultane de la place de visir, qu'elle a fait ôter à Ibrahim, avec la vie; Rustan a surpris des lettres de Mustapha, adressées à Thamas, roi de Perse, par lesquelles ce prince osa prendre sur lui de proposer la paix au roi, en lui demandant sa fille en mariage. Ces lettres ont été remises à Soliman; il a assemblé une armée près d'Alep; il vient de s'y rendre, et a mandé son fils pour le juger et le punir. Rustan ne doute pas que la mort de Mustapha ne soit jurée, soit qu'il obéisse et vienne d'Amasie dans le camp de son père, soit qu'il refuse d'y venir, et le force à marcher contre lui. Cependant Roxelane craint les retours de la tendresse paternelle, sur-tout dans un homme tel que Soliman, qu'elle représente comme très éloigné des maximes barbares de ses prédécesseurs; elle craint l'amour que Mustapha a su inspirer au peuple, l'amitié que lui porte Zéangir, ce même Zéangir qu'elle voudrait élever au trône en perdant Mustapha. Tous ces faits sont historiques, excepté que Belin, ainsi que M. Chamfort, a substitué Zéangir à Bajazet, afin que le rival et l'ami se trouvassent réunis dans la même personne; idée qui se présentait d'elle-même, et donnée par le sujet.

Roxelane s'efforce en vain de faire passer dans le cœur de Zéangir son ambition et ses projets. Zéangir, insensible à l'espoir de régner, n'a que deux sentiments, l'affection la plus tendre pour Mustapha, et l'amour le plus violent pour la princesse Sophie, fille de Thamas, faite prisonnière dans Tauris par Mustapha, envoyée à Bysance, et conduite par Soliman au camp d'Alep. Mais il se reproche cet amour; il sait que Sophie aime Mustapha; il est lui-même confident des soupirs et des chagrins de la princesse, et il étouffe les siens dans le silence. Il tremble pour un frère qu'il chérit, et partage les justes alarmes que vient lui confier Sophie. Voilà ce qui remplit le premier acte.

On apprend, au second, que Mustapha a été arrêté en arrivant. Rustan lui-même en rend compte au sultan, et ajoute que les murmures de l'armée, le zèle qui entraînait les soldats au-devant de lui, les offres de service qu'ils lui prodiguaient, les cris séditieux qu'ils ont fait entendre, tout enfin fait craindre un soulèvement. Il s'efforce, dans toute cette scène, d'aigrir le sultan contre son fils. Il fait un crime au prince, même de son obéissance, qu'il donne comme une preuve de la confiance qu'il a dans les forces de son parti. Le visir voudrait presser l'arrêt de mort qui doit condamner Mustapha. Le sultan le charge d'observer tout. Il veut connaître les mutins, mais il aime Mustapha. Il lui en coûte de se priver d'un fils qu'il regardait comme l'espoir de l'empire ottoman, et l'appui de sa vieillesse. Zéangir vient encourager les sentiments paternels;

il plaide la cause de son frère; et, quoique Soliman paraisse convaincu, par les lettres de Mustapha, qu'il ne peut pas n'être point coupable, Zéangir obtient qu'il entende son fils.

Mustapha paraît au troisième acte. Il apprend d'Acomat, son confident, qu'il est redevable à Zéangir de l'entrevue qui lui est accordée, et de la permission de se justifier devant Soliman. Zéangir lui-même accourt pour jouir de ses embrassements. Mustapha épanche son cœur devant lui. Incertain du sort qui l'attend, il lui recommande celui de Sophie. Il a promis sa foi à cette princesse; c'est pour elle qu'il s'est rendu coupable en offrant la paix à Thamas et en demandant sa fille. Il fait les mêmes aveux à Soliman, lorsque le sultan, lui montrant sa lettre, le somme de se justifier, s'il le peut. Il s'explique sur-le-champ sans détour et avec le ton de la vérité ; Soliman n'y résiste pas, et voici sa réponse, qui, malgré quelques fautes, est d'un naturel très touchant :

Qu'un père par son fils est facile à séduire!
Vois quel est l'ennemi que tu prétends détruire,
Je puis te condamner, et même je le doi :
L'appareil qui me suit fut dressé contre toi.
Justement indigné d'un projet qui m'offense,
J'avais juré ta perte en partant de Bysance,
Dans ce camp, à mes yeux, tu devais la trouver ;
J'hésite toutefois, et n'ose l'achever ;
Non que ton innocence éclate sans nuage,
Mais je ne la veux pas éclaircir davantage.
J'aime mieux t'immoler ma crainte et mes *transports*

Que de te condamner avec quelques remords.
Mes jours, qui ne sont plus qu'ennuis et que faiblesse,
N'ont pas besoin, mon fils, d'un surcroît de tristesse.
Tiens, avec cette lettre où ton crime est tracé,
Reprends tout mon amour qu'elle avait effacé.
Je me rends tout à toi; rends-toi tout à toi-même;
Ne te souviens jamais de ce péril extrême;
Mon fils, mets en oubli ta faute et mon pardon,
Et reviens, comme moi, sans feinte et sans soupçon, etc.

Ce morceau est plein d'une sensibilité vraie, d'un pathétique pénétrant, qu'on trouve fort peu, je l'avoue, dans la pièce de M. Chamfort, qui d'ailleurs offre d'autres beautés.

Tiens, avec cette lettre où ton crime est tracé,
Reprends tout mon amour qu'elle avait effacé.
. . . .
Ne te souviens jamais de ce péril extrême.

La pièce de Belin est faiblement écrite; mais voilà des traits de ce naturel heureux qu'alors on étudiait dans Racine, et qui aujourd'hui a presque entièrement disparu pour faire place au malheureux goût de déclamation qui a infecté tous les genres d'écrire.

Soliman, en pardonnant à son fils, ne lui impose qu'une condition, c'est de retourner sur-le-champ à Amasie, de renoncer à la fille de l'ennemi des ottomans, et de partir sans la voir.

Arrêtons-nous ici : c'est avec ces deux premiers actes et cette moitié du troisième que M. Chamfort a fait toute sa pièce, au dénouement près. Il s'agit de saisir quelques points de comparaison entre ces deux auteurs.

D'abord, il me semble que jusqu'ici la pièce de Belin est très bien conduite. La marche en est ferme et rapide, l'action bien graduée; le péril croît de scène en scène; tous les ressorts de l'intrigue sont bien dirigés, et le jeu ne s'arrête pas un moment. La situation de tous les personnages est exposée au premier acte. L'intérêt et le danger s'accroissent second, par la détention de Mustapha, arrêté en arrivant, et par la générosité de son frère, qui demande qu'on l'entende. Au troisième, il s'explique avec son père, la colère du sultan est apaisée. Mais l'ordre qu'il donne à son fils de renoncer à ce qu'il aime, prolonge le péril en variant la situation, et établit le nœud de la pièce, qui doit toujours se resserrer au troisième acte, comme au centre de l'action. Mustapha, pour assurer sa vie et confondre ses ennemis, obéira-t-il à son père, et renoncera-t-il à Sophie? ou bien l'amour l'emportera-t-il sur tout autre intérêt? Voilà un plan dramatique et théâtral. Celui de M. Chamfort, il faut en convenir, présente tous les défauts contraires. La marche du premier acte est la même, de scène en scène, que celle de Belin. Au second, une même scène voit éclater et finir la rivalité des deux frères et l'amour est immolé sans combat. Cet héroïsme est froid, et l'opposé de la tragédie. D'ailleurs, aucune action, ni de la part de Soliman, qui, pendant les deux premiers actes, est étranger à tout ce qui se passe, ni de la part de Mustapha, que l'on peint comme un homme passionné et impétueux, et qui ne prend aucun parti ni pour se défendre contre ses ennemis, ni pour s'assurer d'Azémire, quoiqu'on le laisse en liberté d'agir, et qu'un corps de troupes qui l'a suivi soit aux portes de Bysance. Il pleure sa mère; il gémit; il s'indigne; mais il ne veut ni ne fait rien. Belin a prévenu cet inconvénient en le jetant dans les fers. Dans le second acte de M. Chamfort l'action n'a pas fait un pas.

Au troisième, Soliman paraît sortir d'un long sommeil pour avoir une entrevue avec Roxelane, au sujet de Mustapha. Elle a dans les mains cette lettre du prince, que Belin, dans son avant-scène, suppose déjà remise au sultan, et qui fait le ressort unique des trois premiers actes de M. Chamfort. Elle accuse Mustapha; on lui demande des preuves. Il serait assez naturel que, dans une entrevue demandée exprès pour accuser le prince, elle eût sur elle la lettre qui doit le confondre. Mais non : l'auteur, qui a besoin de se ménager du terrain, fait encore attendre cette lettre, et Roxelane sort pour aller la chercher. Dans cet intervalle, il se passe une scène dont il m'est impossible de deviner le motif. Osman, visir, ennemi de Mustapha, supplie le sultan de daigner entendre l'aga des janissaires, vieux soldat, qui a des secrets importants à lui communiquer. Qui ne croirait que cet aga, introduit par le grand visir, dans le moment même où Roxelane accuse le prince, qui ne croirait qu'il vient appuyer l'accusation et qu'il est de concert avec Osman? Point du tout. Il vient assurer Soliman de la fidélité du prince et de ses soldats; il vient parler contre ce même visir qui, un moment auparavant, faisait valoir ses droits et ses services pour lui obtenir une audience. Je ne vois aucune manière d'expliquer une conduite aussi étrange; et si Roxelane a choisi Osman comme un grand politique, il ne paraît pas qu'elle l'ait bien connu. Au surplus cette scène ne produit rien, et n'est qu'un hors-d'œuvre mal amené. Roxelane revient enfin avec cette lettre tant attendue, et la remet au sultan en présence de Mustapha. Soliman la lit, demande au prince s'il reconnaît cette lettre et son seing, et, sur l'aveu de son fils, il ordonne qu'on l'arrête. Il semble que le prince, accusé avec la plus grande vraisemblance d'un crime d'état, d'une odieuse trahison qui le rendrait si coupable et comme sujet et comme fils, ne doit avoir rien de plus pressé que de repousser cette injure accablante, et d'avouer une faiblesse pour se laver d'un forfait. Tel est le mouvement de la nature, que Belin a fidèlement suivi, et même il n'y a aucun prétexte pour ne pas s'y livrer. La princesse ne court aucun danger et celui de Mustapha est pressant. Il peut, en quittant son père, être envoyé à la mort. Le soin de sa vie, de sa gloire, le cri d'un cœur innocent qui ne peut supporter la honte d'un crime, tout doit le forcer à parler, à révéler tout. Cependant il ne répond que des choses vagues, et sort sans s'expliquer. Pourquoi l'auteur a-t-il donné ce démenti à la nature? C'est qu'après cette explication qui tranche tout, il ne voyait plus que le dénouement. Il lui fallait un quatrième acte que vont lui fournir encore deux scènes de Belin, celle du second acte, où Zéangir détermine Soliman, à force de supplications, à voir, à écouter son fils ; et celle du troisième, où le fils avoue son amour au père. Mais qu'arrive-t-il de cette disposition forcée? C'est qu'une conduite opposée à la nature n'est jamais théâtrale, c'est que les trois premiers actes sont d'une extrême froideur, et qu'il est impossible que cela soit autrement, puisqu'il n'y a d'autre action pendant la durée de ces trois actes, d'autre nœud d'intrigue, qu'une lettre rendue à Soliman. Quand nous viendrons à l'examen des caractères, nous verrons encore d'autres causes de la longueur et du peu d'effet de cet ouvrage*. Si celui de Belin, qui est infiniment mieux conduit, avait été conçu et écrit avec plus de force, il serait sans doute resté au théâtre. Il y eut d'abord un grand succès ; mais ce que l'intérêt du sujet, la sagesse du plan fait réussir dans la nouveauté, souvent la faiblesse de l'exécution ne le soutient pas long-temps. Voilà ce qui a fait périr la pièce de Belin : son sujet et son plan sont au-dessus de ses forces. Nous l'avons laissé au moment où Soliman ordonne à son fils de renoncer à sa maîtresse, et de ne jamais la revoir. Cet ordre lui paraît affreux. Son frère Zéangir lui représente tout le danger où il s'expose s'il désobéit, et le conjure d'avoir soin de sa vie. Mustapha semble se résoudre à partir. Il conjure son frère de porter ses adieux à Sophie, de lui faire sentir la fatale nécessité où il est de se refuser au

---

* Les représentations ont été très peu suivies, faiblement applaudies, et presque abandonnées dans le temps de l'année le plus favorable au théâtre.

plaisir de la voir. Zéangir le lui promet, quoiqu'on sente tout ce qu'il lui en coûte à lui-même. Mustapha, resté seul, commence à craindre d'avoir un rival dans son frère; tout l'alarme et le fait trembler. Il prend le parti de voir son amante, et veut absolument s'éclaircir sur tout ce qu'il craint. Il la revoit en effet; il est surpris par le sultan; il lui jure de nouveau qu'il a promis sa main à la princesse, et qu'il tiendra sa parole. Il sort. Rustan vient enflammer la colère de Soliman, en lui apprenant que tout le camp se soulève, et qu'à peine un corps de janissaires suffit à défendre l'enceinte impériale et à contenir les mutins. Soliman sort en jurant que son fils mourra.

Zéangir, au cinquième acte, se prépare à partir: il croit avoir apaisé Soliman; il a déterminé son frère à obéir, et lui-même veut s'éloigner de Sophie. Mais on vient lui apprendre que Mustapha a été arrêté par le visir Rustan, et livré aux muets. Roxélane entre dans ce moment, et Zéangir lui dit :

Vous vouliez m'assurer la place de mon père,
Il en coûte la vie et le trône à mon frère.
Mais en me ravissant un ami si parfait,
Madame, regardez ce que vous avez fait.
(*Il se perce de son poignard.*)

Si cet amour de Mustapha avait été tracé d'un pinceau plus vigoureux et plus tragique; s'il n'avait pas, comme tant d'autres, ressemblé à des amours de roman; si le danger de Sophie avait encore autorisé la résistance de Mustapha, ces derniers actes auraient mieux répondu aux premiers. Mais depuis la fin du troisième l'action languit, parce qu'on n'a pas pris assez d'intérêt à cet amour faible et commun du prince et de Sophie, pour le voir balancer et le courroux et les bontés de Soliman, et la vie même de Mustapha. Ce sujet, quoique théâtral et susceptible de grandes beautés, n'est pourtant pas du petit nombre de ces sujets heureux qui soutiennent un écrivain médiocre, et le dispensent, jusqu'à un certain point, de cette force d'imagination, de cette sensibilité vraie et profonde, de cette éloquence des passions, qui constituent le talent.

L'amour, dans la pièce de M. Chamfort, joue un rôle encore plus faible que dans celle de Belin. Le rôle d'Azémire est presque épisodique et absolument superflu. Qu'on l'ôte de la pièce, on ne s'en apercevra pas, et l'ouvrage n'y perdra que des longueurs. L'auteur semble réserver toutes ses forces pour peindre l'amitié fraternelle, et il y a réussi. C'est la partie louable de sa tragédie, et cette peinture est d'une grande beauté dans le quatrième acte. C'est là seulement que M. Chamfort a surpassé Belin pour l'effet dramatique, comme ailleurs il le surpasse beaucoup pour l'élégance et la pureté du style. Il y a même une idée qui lui appartient et qui est très heureuse; c'est le double aveu fait en même temps de l'amour des deux frères pour Azémire; c'est ce beau mouvement de Zéangir, qui, lorsque Mustapha, avouant tout à son père, n'a plus d'autre crime que l'amour, se charge aussitôt du même crime, et, après avoir sacrifié cet amour pour le bonheur de son frère, le fait éclater de nouveau pour partager ses périls. Voilà une scène théâtrale aussi bien exécutée qu'elle est bien conçue, et le dialogue est digne de la situation.

« Il faut citer, quoique cet article soit déjà long : de pareilles citations ne l'allongeront pas ; et si mes remarques peuvent plaire à ceux qui s'intéressent à l'art dramatique, les vers M. Chamfort plairont à tout le monde :

ZÉANGIR, *à Soliman.*

Vous l'aimez, votre cœur embrasse sa défense.
Ah! si vos yeux trop tard voyaient son innocence,
Si le sort vous condamne à cet affreux malheur,
Avouez qu'en effet vous mourrez de douleur.

SOLIMAN.

Oui, je mourrais, mon fils, sans toi, sans ta tendresse,
Sans la vertu qu'en toi va chérir ma vieillesse.
Je te rends grace, ô ciel, qui, dans ta cruauté,
Veux que mon malheur même adore ta bonté;
Qui, dans l'un de mes fils prenant une victime,
De l'autre me fais voir la douleur magnanime,
Oubliant les grandeurs dont il doit hériter,
Pleurant au pied du trône, et tremblant d'y monter.

ZÉANGIR.

Ah! si vous m'approuvez, si mon cœur peut vous plaire,
Accordez-m'en le prix en me rendant mon frère :
Ces sentiments qu'en moi vous daignez applaudir,
Communs à vos deux fils, ont trop su les unir.
Vous formâtes ces nœuds aux jours de mon enfance :
Le temps les a serrés... c'était votre espérance.
Ah! ne les brisez point : songez quels ennemis
Sa valeur a domptés, son bras vous a soumis.

Quel triomphe pour eux, et bientôt quelle *audace*,
Si leur haine apprenait le coup qui le menace !
Quels vœux, s'ils contemplaient le bras levé sur lui !
Et dans quel temps veut-on vous ravir cet appui?
Voyez le Transylvain, le Hongrois, le Moldave,
Infester à l'envi le Danube et la Drave.
. . . .
Rhodes n'est plus; d'où vient que ses fiers défenseurs
Sur le rocher de Malte insultent leurs vainqueurs ?
Et que sont devenus ces projets d'un grand homme
Quand vous deviez, seigneur, dans les remparts de Rome
Détruisant des chrétiens le culte florissant,
Aux murs du Capitole arborer le croissant;
Parlez, armez nos mains, et que notre jeunesse
Fasse encor respecter cette auguste vieillesse.
Vous, craint de l'univers, revoyez vos deux fils,
Vainqueurs, à vos genoux retomber plus soumis;
Baiser avec respect cette main triomphante,
Incliner devant vous leur tête obéissante,
Et, chargés d'une gloire offerte à vos vieux ans,
De leurs doubles lauriers couvrir vos cheveux blancs.

Ces mouvements d'éloquence sont heureusement imités de la scène de *Mithridate*, où Xipharès dit à son père :

Embrasez par nos mains le couchant et l'aurore.

Peut-être y a-t-il un mot déplacé dans cette belle tirade :

Quel triomphe pour eux, et bientôt quelle *audace*.

N'y a-t-il pas trop peu d'adresse à faire entendre à Soliman que c'est Mustapha seul qui contient l'audace de ses ennemis? Ce n'est pas là ce qu'il faut dire à un vieux despote jaloux. Quoi qu'il en soit, Soliman est touché de la prière généreuse de Zéangir. Il consent à voir Mustapha, et Zéangir court lui porter cette heureuse nouvelle. Le sultan est disposé à la clémence; mais sur le trône des ottomans la clémence est dangereuse. Il s'écrie :

> Monarques des chrétiens, que je vous porte envie !
> Moins craints et plus chéris, vous êtes plus heureux.
> Vous voyez de vos lois vos peuples amoureux
> Joindre un plus doux hommage à leur obéissance ;
> Ou si quelque coupable a besoin d'indulgence,
> Vos cœurs à la pitié peuvent s'abandonner,
> Et sans effroi du moins vous pouvez pardonner.

Cette apostrophe est très belle, et le dernier vers est admirable : voilà de ces beautés que Belin n'a point connues. Mustapha paraît avec Zéangir. Son père lui demande l'explication du billet. Il avoue tout :

SOLIMAN.

> Puis-je l'entendre, ô Ciel! et qu'oses-tu me dire ?
> Est-ce là le secret que j'avais attendu ?
> Voilà donc le garant que m'offre ta vertu ?
> Quoi! tu pars de ces lieux chargé de ma vengeance,
> Et de mon ennemi tu brigues l'alliance !

ZÉANGIR.

> S'il mérite la mort, si votre haine...

SOLIMAN.
>   Eh bien !

ZÉANGIR.

> L'amour seul fait son crime, et ce crime est le mien :
> Vous voyez mon rival, mon rival que l'on aime :
> Ou prononcez sa grace, ou m'immolez moi-même.

SOLIMAN.

Ciel! de mes ennemis suis-je donc entouré?

ZÉANGIR.

De deux fils vertueux vous êtes adoré.

SOLIMAN.

O surprise! ô douleur!

ZÉANGIR.

Qu'ordonnez-vous!

MUSTAPHA.

Mon père,
Rien n'a pu m'abaisser jusques à la prière;
Rien n'a pu me contraindre à ce cruel effort,
Et je le fais enfin pour demander la mort.
Ne punissez que moi.

ZÉANGIR.

C'est perdre l'un et l'autre?

MUSTAPHA.

C'est votre unique espoir.

ZÉANGIR

Sa mort serait la vôtre.

MUSTAPHA.

C'est pour moi qu'il révèle un secret dangereux.

ZÉANGIR.

Pour vous fléchir ensemble, ou pour périr tous deux.

MUSTAPHA.

Il m'immolait l'amour qui seul peut vous déplaire.

ZÉANGIR.

J'ai dû sauver des jours consacrés à mon père.

SOLIMAN.

Mes enfants, suspendez ces généreux débats.

Ce dialogue est intéressant et dramatique. C'est ce moment d'intérêt qui, malgré le vide des trois premiers actes et les fautes du cinquième, a soutenu la pièce. Ce développement de l'amitié fraternelle, et deux ou trois morceaux qui offrent des beautés de détail suffisent pour justifier l'indulgence du public, et méritaient les faveurs qu'on a répandues sur l'auteur.

Soliman paraît vaincu; il s'écrie :

Non, je ne croirai point qu'un cœur si magnanime,
Parmi tant de vertus, ait laissé place au crime.

Voilà donc le péril passé, le nœud de l'intrigue tranché, et la pièce finie. Soliman est rendu à ses deux fils; mais le visir vient lui annoncer une révolte dans le camp et dans la ville, qui menace le trône et les jours du sultan. Cette révolte, fût-elle vraie, serait un mauvais ressort. Quand les intérêts qui divisaient les principaux personnages sont conciliés, un incident auquel ils n'ont point de part paraît une ressource gratuite que l'auteur s'est ménagée pour renouer le fil de l'intrigue qui est rompu. C'est un vice capital qui détruit tout intérêt : aussi dès ce moment il n'y a plus dans la pièce que des fautes. Ce dénouement est inexplicable. Soliman ordonne, sur le faux avis de cette révolte qui se trouve imaginaire, que l'on enferme son fils dans ce qu'il appelle l'*enceinte sacrée* : c'est, dans Byzance, l'intérieur du sérail, et, à l'armée, la tente du sultan. Le théâtre, au cinquième acte, représente cette enceinte, qui ressemble, on ne sait pourquoi, à une prison. Osman apporte à Nessir un ordre signé de Soliman, qui commande à ce Nessir, chargé de veiller sur Mustapha, de le poignarder au premier mouvement que l'on fera pour forcer l'enceinte où il est gardé. D'abord, pour donner cet ordre cruel et terrible après la scène attendrissante de la réconciliation du père et du fils, il eût fallu du moins que Soliman fût dans la plus pressante extrémité. Soliman, qui dans toute la pièce est représenté comme étant plein de justice et de clémence, aurait bien dû s'assurer du moins s'il était en effet menacé de perdre le trône et la vie. Celle de son fils méritait bien qu'il ne donnât pas si légèrement un ordre si barbare. Mais il y a plus : je suppose qu'il ait pu donner cet ordre, comment expliquer les évènements qui amènent le meurtre de Mustapha! Zéangir vient tout seul, et, sur le bruit qu'il fait en arrivant, Mustapha présente la poitrine à Nessir, qui l'égorge comme un boucher égorge un mouton. Je ne dis rien de cette exécution dégoûtante, si contraire à toutes les convenances théâtrales, qui n'admettent le meurtre que dans un personnage passionné, parce qu'alors la violence de la situation sauve l'atrocité du spectacle. Il n'est pas plus permis, pas plus supportable de faire poignarder tranquillement un prince par un chef de gardes qu'il ne le serait de faire pendre un homme sur la scène par le bourreau. Mais enfin, comment Zéangir, qui vient seul, entre-t-il dans l'*enceinte sacrée*, qui lui est défendue? Comment Nessir croit-il que l'enceinte est forcée quand il a des gardes autour de lui, et qu'il ne se présente qu'un seul homme à qui il est si facile de défendre l'entrée? Comment le bruit que fait un seul homme en marchant fait-il croire qu'on veut forcer une enceinte, et craindre qu'elle ne le soit? En ce cas, le premier eunuque qui aurait passé dans un corridor pouvait faire égorger le prince; et il faut supposer que Nessir avait ordre de le tuer au premier bruit qu'il entendrait. Ensuite, pourquoi Zéangir vient-il? Comment espère-t-il entrer dans une enceinte qui lui est interdite?

Des plus audacieux en tous temps révérée,

dit l'auteur. Il commet donc une faute capitale, et la commet sans raison, sans motif, sans prétexte. C'est un crime de vouloir pénétrer dans l'*enceinte sacrée*. Il ne peut y pénétrer, puisqu'elle est gardée, et qu'il est seul. Il commet donc gratuitement un attentat que ne commettraient pas *les plus audacieux*, lui, ce fils si respectueux, si sensible! Et qu'espère-t-il? que dit-il en entrant?

Viens (dit-il à son frère), signalons notre foi, notre zèle;
Courons vers le sultan, désarmons les soldats.

Eh quoi! pour *signaler sa foi, son zèle*, il commence par une action sacrilège dont il ne peut pas ignorer l'énormité et les conséquences dangereuses pour son frère, et même pour lui! Il veut *courir à son père, et désarmer les soldats!* Eh! que ne va-t-il en effet trouver son père au camp ou dans Byzance! Il saurait qu'il n'y a point de *soldats à désarmer*; il serait où il doit être. En un mot, nul motif ne peut l'excuser quand il vient dans l'*enceinte sacrée*, que la certitude du danger éminent de son frère, et l'impossibilité de le sauver autrement. Or, il ignore l'ordre donné par le sultan, et, s'il le savait, il n'y a pas de moyen plus sûr de faire périr Mustapha que le parti qu'il prend. Ainsi, dans tous les cas, la démarche qu'il fait est incompréhensible, et jamais on n'a assemblé dans un cinquième acte un plus grand nombre d'invraisemblances choquantes, non pas pour amener des beautés, mais pour amener de nouvelles fautes.

Car quel effet peut produire ce meurtre tranquille de Mustapha? Quel rôle jouent deux personnages tels que Soliman et Roxelane, lorsqu'ils arrivent tous deux? Voilà le grand Soliman qui avoue en entrant qu'il n'a trouvé partout que le calme et le deuil, et qui est tout étonné de voir son fils mourant par une suite de méprises plus ridicules et plus grossières les unes que les autres. Il ne comprend rien à ce qu'il voit, et cela n'est pas étonnant. Zéangir lui dit: C'est moi qui ai tué mon frère, et le sultan a l'air de prendre à la lettre ce cri de la douleur fraternelle, et ne se fait pas même expliquer comment Zéangir a pu faire périr son frère. Zéangir se tue. Roxelane, désespérée, avoue tous ses complots, et veut se tuer aussi; Soliman l'en empêche, et veut qu'elle vive dans l'avilissement, comme si cet avilissement ne retombait pas sur lui-même. Soliman peut faire périr sa femme; mais il ne faut pas que la femme de Soliman soit avilie.

On a imprimé, dit-on, que ce cinquième acte était, comme celui de *Britannicus*, plus faible que les quatre premiers. Ce sont apparemment les mêmes personnes qui ont mis *Mustapha* et *Zaïre* à côté l'un de l'autre. Voilà un zèle qui n'est pas *selon la science*. Le cinquième acte de *Britannicus*, qui offre des beautés sublimes, n'a d'autre défaut que de n'être pas d'un grand intérêt. Britannicus mort, la retraite de Junie chez les Vestales, et les regrets de Néron, qui se voit enlever le fruit de son crime, produisent peu d'effet. Mais le récit de Burrhus est de la main d'un maître, et Racine ne pouvait rien faire de déraisonnable. Comment imagine-t-on de comparer cet acte à celui de *Mustapha*, qui est l'assemblage de toutes les fautes les plus inexcusables?

Mais quel est le principe de toutes ces fautes? Le défaut de force dans les situations. L'histoire offrait à l'auteur un dénouement atroce et nécessité. Il l'a amené par des méprises qui, quand elles seraient vraisemblables, seraient encore froides. Mais s'il eût mis les caractères en proportion avec les évènements, il se serait passé de ces ressorts faibles et factices, qui sont l'opposé d'une intrigue vraiment théâtrale. Que Belin, qui a fondé sa pièce sur l'amour, n'ait fait de Mustapha qu'un prince amoureux, cela est conséquent ; mais pourquoi M. Chamfort, qui n'a rien voulu tirer de l'amour que son inutile Azémire, qui annonce Mustapha comme un homme impétueux et passionné, n'en a-t-il fait qu'un personnage passif, qui ne fait autre chose que gémir et tendre la gorge au couteau? Que Belin, qui donne à Soliman de très bonnes raisons pour faire périr son fils, qui rend Mustapha coupable d'une désobéissance formelle et déclarée, après avoir obtenu le pardon d'une première faute, qui met Soliman dans le plus grand danger et dans la nécessité de choisir entre la vie de son fils et la sienne propre; que Belin ne fasse pas du sultan un homme féroce, il est excusable. Mais M. Chamfort, au lieu de fonder sa pièce sur des méprises invraisemblables, pouvait-il mieux faire que de s'emparer du caractère que lui donnait l'histoire, de jeter le père et le fils dans des situations assez violentes pour que l'un et l'autre fussent dans le cas de tout faire et de tout craindre? Quel tableau neuf et tragique lui offraient les mœurs turques, l'esprit du sérail, la jalousie et les faiblesses d'une vieillesse tyrannique, les révolutions et les secousses d'un gouvernement sanguinaire, et la férocité d'un despote alarmé et furieux qui étouffe la nature, dont quelquefois encore il entend les cris? Je ne prétends point substituer un nouveau plan à celui que M. Chamfort a médité pendant douze ans. Mais il me semble qu'entre un homme tel que Soliman, capable de faire étrangler son fils sous ses yeux, et un prince tel que Mustapha, vainqueur des Persans, assez amoureux pour vouloir épouser la fille du mortel ennemi de son père, assez puissant pour faire trembler son souverain, la tragédie se présentait avec les attributs les plus imposants et les plus terribles, et que l'auteur l'a repoussée. Accablé de son sujet, il s'est dérobé sous le poids qu'il ne pouvait porter. Aux effets tragiques qui s'offraient il a substitué des beautés froidement morales, qui détruisent la tragédie. Il a fait de Soliman un bon homme, dupe de tout ce qui l'entoure, de sa femme, de son grand visir, et signant la mort de son fils sans savoir pourquoi; il a fait de Mustapha une victime immobile sous le glaive qui le menace et qui le frappe; il a fait de Roxelane une intrigante vulgaire, continuellement avilie auprès de son fils, à qui elle s'efforce d'inspirer une ambition qu'il dédaigne, comme si Roxelane avait besoin de l'aveu de Zéangir pour perdre Mustapha, et comme si elle devait avoir d'autre mobile que ses propres intérêts, indépendants de ce que son fils peut vouloir ou ne vouloir pas. Belin, qui ne se sentait pas non plus en état de tracer fortement un caractère ambitieux, a chargé Rustan de toute l'intrigue, et laissé Roxelane pour ainsi dire derrière l'action; elle est nulle chez lui: elle est petite et subalterne chez M. Chamfort, qui n'a pas plus profité des fautes de Belin que des richesses de l'histoire.

Lorsqu'on a borné tout son travail, toute son invention, à tirer de deux actes de Belin quatre actes, dont les trois premiers sont vides et languissants; lorsque le mérite du quatrième se réduit à une scène, dans un sujet qui en offrait tant d'autres, ou pathétiques ou terribles; lorsqu'à des caractères faibles et manqués on a joint des ressorts faux, et fondé, sur des suppositions qu'on ne peut admettre, des atrocités qu'on ne peut supporter; lorsque du dénouement le plus tragique qu'offre l'histoire on a fait le plus mauvais cinquième acte qu'on ait vu au théâtre; lorsqu'enfin tant de fautes ne peuvent pas être celles d'une composition précipitée, à laquelle le temps et la maturité ont manqué, mais que, long-temps réfléchies et travaillées, elles sont évidemment les derniers efforts de l'auteur, il résulte qu'on n'a pas une vocation bien décidée pour la carrière dramatique, et qu'il est à souhaiter qu'un homme qui a autant d'esprit, de mérite et de talent pour écrire en vers et en prose, qu'en a M. Chamfort, applique ses facultés à tout autre genre d'ouvrages.

Quant au style, je ne rétracterai point à la lecture les éloges qu'il m'a paru mériter au théâtre. Il est en général pur, clair et élégant; la versification est soignée, exempte de déclamation et de mauvais goût. Plusieurs morceaux, comme je l'ai dit, et comme j'aime à le répéter, sont d'une expression heureuse et écrits avec éloquence. C'est là sans doute un très grand mérite; mais aussi on a observé que la manière d'écrire d'un auteur était analogue à sa manière de concevoir, et que, conformément à ce principe, la diction de M. Chamfort était souvent peu tragique. Vous ne trouvez dans sa tragédie aucun trait de force, aucun de ces épanchements de verve dramatique qui ont entraîné l'auteur, et qui entraînent avec lui le spectateur sans lui laisser le temps de respirer; aucun morceau brillant d'imagination poétique, aucune énergie dans les peintures des mœurs ou dans les mouvements des personnages. Son style n'a point, dans sa correction travaillée, cette facilité gracieuse et ce naturel heureux qui nous ramènent sans cesse aux écrivains vraiment poètes; en un mot, dans cet ouvrage, souvent estimable par le travail et le goût, rien n'est marqué au coin de la supériorité, rien ne s'élève à la hauteur du grand talent. Quoiqu'il n'y ait point de comparaison à faire, pour le style, entre Belin et M. Chamfort, il y a pourtant quelques endroits où ce dernier, en imitant ou même en empruntant, est resté au-dessous de l'autre.

Vous avez entendu, seigneur, ses ennemis,
Et vous refuserez d'entendre votre fils!

Voilà les vers de Belin. Voici comme M. Chamfort les a changés:

Vous avez entendu ses mortels ennemis,
Et pouvez, sans l'entendre, immoler votre fils!

J'avoue que la simplicité des deux premiers me paraît bien préférable.

On remarque quelques vers pris dans des ouvrages connus:

De l'univers encore attachera les yeux.

Racine a dit, dans *Mithridate*:

Partout de l'univers j'attacherai les yeux.
(Act. II, sc. 4.)

Roxelane dit:

Du trône sous ses pas j'abaissais la barrière.

Il y a dans *Adélaïde*:

De Lille sous ses pas abaissez la barrière.
(Act. V, sc. 3.)

On peut relever quelques termes impropres, quelques vers négligés:

Je sais que Soliman n'a point, *dans ses rigueurs*,
De ses cruels aïeux *déployé les fureurs*.

J'avoue que je n'aime point qu'on *déploie des fureurs dans des rigueurs*. Ce sont là des négligences qu'on peut excuser; mais ce qui n'est pas aussi excusable, ce sont deux vers tels que ceux-ci:

Pardonnez si *déjà mon zèle, en diligence,
A vos embrassements vient mêler sa présence*.

Dans un ouvrage qu'on a travaillé quinze ans, il ne faudrait pas laisser ces deux étranges vers.

. . . .

Il faut dire un mot de *la Jeune Indienne*, joli petit drame qui, quoique sans intrigue, n'est pas sans intérêt. L'auteur l'a tiré tout entier du rôle de cette jeune sauvage dont la naïveté contraste agréablement avec les institutions sociales dont elle ne saurait avoir d'idée. Ce contraste, il est vrai, n'avait rien de neuf au théâtre; mais le canevas satirique qu'il présente est toujours piquant par lui-même, et bien plus encore quand la censure de ce que nous sommes est dans la bouche d'un personnage hors de nos mœurs, qui, ne voyant que ce qu'elles ont à ses yeux de factice, ne saurait deviner ce qu'elles ont de raisonnable dans les rapports de la société civilisée: de là naît l'intérêt des détails; mais quelque heureux qu'ils soient dans le rôle de Betti, cet intérêt ne suffirait pas sans celui de sa situation, qui est touchante dès qu'on la voit menacée de perdre l'amant dont elle a été la libératrice, et qu'elle croit avec raison lui appartenir. A la vérité, ce danger ne dure qu'un moment, et ne tient qu'à une espèce d'indécision faible et instantanée de l'Anglais Belton; mais c'en est assez pour donner à Betti le temps de faire entendre la plainte de l'amour dans le langage d'une habitante des bois, dont l'auteur a très bien saisi la vérité pénétrante et la douce simplicité. C'en était assez pour soutenir un acte, et le rôle de Mowbray, le premier quaker qu'on ait mis sur la scène, achève de donner à l'ouvrage une teinte d'originalité. Le style, à quelques fautes près, est en général facile et naturel, et le dialogue est ingénieux sans affectation. Ce qui est très remarquable, c'est que le naturel dans les idées, et la facilité de diction, caractères de ce coup d'essai de la jeunesse de Chamfort, ne se sont jamais retrouvés depuis dans aucune de ses compositions poétiques.

Il donna, quelques années après, un acte en prose, *le Marchand de Smyrne*, dont le fond, tiré des *Captifs* de Plaute, pouvait fournir trois actes très intéressants. C'est un Turc de Smyrne, qui, ayant été racheté à Marseille par un Français, et rendu à sa patrie et à une femme qu'il adore, a fait vœu, en reconnaissance de ce bienfait, de racheter tous les ans un captif chrétien. Le premier qui lui en présente l'occasion est précisément son libérateur, amené à Smyrne par des corsaires qui l'ont pris dans un bâtiment maltais, avec sa maîtresse qu'il allait épouser. D'un autre côté, la femme de cet honnête Turc, nommé Hassan, s'est promis aussi de racheter une femme chrétienne; et l'on conçoit au premier coup d'œil combien de situations et de sentiments on pouvait tirer de cette réunion de circonstances, susceptible de tout l'intérêt d'un roman sans en avoir l'invraisemblance. Il suffisait de faire naître des obstacles à la délivrance des deux captifs, et cela n'était pas très difficile. Mais l'auteur termine tout dès l'instant de la reconnaissance, qui, ne produisant aucune espèce de suspension ni de crainte, est par cela même sans aucun effet dramatique. L'auteur ne paraît pas en avoir cherché d'autre que celui de la satire, devenue dès lors et pour toujours le fond de son caractère et de son esprit. Il ne vit dans sa pièce que le rôle de son marchand d'esclaves, et un cadre pour des épigrammes très faciles contre les médecins, les jurisconsultes, les gentilshommes et les barons, qui peuvent être en effet, pour parler le langage de Kalid, *de dure défaite* dans un marché de Smyrne. Chamfort, qui était *philosophe*, oublia trop que Montesquieu et Newton n'y auraient pas été vendus plus cher; et c'en est assez pour sentir que ce genre de plaisanterie n'était pas réellement très philosophique, et n'avait pas ce fond de moralité qui donne tant de prix à la plaisanterie de Molière.

Le Marchand de Smyrne, que l'on joue encore, n'est donc qu'une bluette d'esprit, une espèce de proverbe plutôt qu'une comédie, et suffirait pour prouver dans l'auteur la stérilité absolue de conceptions dramatiques. Mais son *Mustapha* prouve beaucoup plus contre lui pour tout homme qui n'est pas étranger à l'art du théâtre; et si j'en parle ici en passant, c'est pour rassembler, suivant mon usage, tout ce qui regarde les compositions théâtrales de l'auteur, dont il ne pouvait être question que dans le seul genre où il reste quelque chose de lui. Il résulte de la lecture de ce *Mustapha*, que l'esprit de Chamfort était l'opposé du talent tragique. Le tragique s'offrait de lui-même dans ce sujet, traité deux fois avec succès, d'abord en 1717, par Belin, et de nos jours sous le titre de *Roxelane*, par M. de Maisonneuve. La pièce de Belin n'avait pu se soutenir à cause de l'extrême faiblesse de la diction, et surtout à cause de l'infériorité des deux derniers actes, beaucoup moins bien conçus que les premiers. Celle du jeune auteur qui vint après Belin et Chamfort a été long-temps applaudie et suivie dans la nouveauté. J'ignore pourquoi l'auteur n'a pas jugé à propos de l'imprimer; et, si elle n'a pas été reprise, c'est apparemment par les mêmes raisons qui, depuis la révolution, écartent de la scène tant d'autres ouvrages, graces à l'inquisition, si dignement *républicaine*, qui est encore un des caractères de notre *liberté**. Quoi qu'il en soit, cette heureuse tentative de l'auteur de *Roxelane*, jouée peu d'années après la pièce de Chamfort, démontrait assez combien celle-ci était déjà oubliée; et la destinée de *Mustapha* avait fait voir que la plus éclatante faveur ne peut défendre long-temps un mauvais ouvrage contre l'opinion publique. Aussi

---

* Cette tragédie de M. de Maisonneuve a été reprise il y a quelques années avec un médiocre succès. La fable en est assez intéressante, mais le style en est faible. L'épreuve de l'impression lui serait, je pense, encore moins favorable aujourd'hui que celui de la représentation. H. P.

puissamment protégé par la cour que l'avait été le *Catilina*, il ne put même, comme celui-ci, faire un moment d'illusion sur la scène. Il avait reçu à Versailles des applaudissements concertés; à Paris, il fut très froidement accueilli le premier jour, et abandonné le second. Ce drame, de la plus mortelle froideur, sans action, sans intérêt, sans conduite, sans caractères, sans situations, se traîna quelque temps dans la solitude, et tomba enfin du poids de l'ennui : jamais il n'a reparu. L'auteur avait annoncé tout haut qu'il consentait à être jugé sur ce drame, et avec d'autant plus de raison qu'il y avait travaillé quinze ans : on y reconnut unanimement l'absence totale du génie tragique. Mais apparemment les amis de l'auteur s'imaginèrent que personne en France ne se connaissait plus en vers, car ils imprimerent que le style de *Mustapha* était celui de Racine. La vérité est que la versification est en général pure et correcte, mais sans aucune espèce de force poétique et dramatique: ce n'est pas plus le style de la tragédie que ce n'en est l'esprit. Tout est glacé dans cette composition, qui est aujourd'hui dans un aussi profond oubli que les pièces jouées avant Corneille.

Chamfort, dégoûté du théâtre, ou plutôt du public, travailla quelques petits contes qu'on a recueillis après sa mort. Hors deux ou trois, qui même sont plutôt des épigrammes que des contes, on ne trouve dans les autres qu'une gaieté pénible, une diction entortillée, une recherche fatigante de ce qu'on appelle du trait, des idées décousues, du jargon, de l'obscurité, du mauvais goût; en un mot, tout ce qu'il y a de plus opposé à ce genre de poésie, c'est-à-dire tous les efforts possibles de l'esprit dans ce qui n'en doit être que le jeu et la saillie.

Nous verrons ailleurs, dans les écrits posthumes de Chamfort, comment il peut être classé dans la philosophie moderne. Ses *Éloges* de Molière et de La Fontaine sont d'un écrivain très ingénieux, mais qui a plus de critique et de goût que d'éloquence. En total, rien de ce qu'il a fait n'appartient ni à l'éloquence ni à la poésie : ce fut un homme de beaucoup d'esprit, bien plus qu'un homme de talent; il n'en avait montré que le germe dans sa *Jeune Indienne*, et ce germe avorta. Ce n'est pas ici le lieu de relever tout ce qu'il y a d'erreurs, de bévues et de faussetés dans la notice historique qu'on a jointe à l'édition de ses OEuvres. C'est la suite naturelle de cette partialité ouverte qui tient aux évènements d'une révolution dont il devint la victime dès qu'il cessa d'en être l'apôtre; et, sous ce point de vue, ce n'est pas ici que le malheureux Chamfort et son éditeur doivent être appréciés.

Les deux odes de Chamfort, *la Grandeur de l'homme* et *les Volcans*, sont écrites avec assez de correction et de pureté, comme le sont d'ordinaire les productions de cet écrivain; mais elles sont aussi frappées de langueur et de froideur, comme tout ce qu'il a composé en poésie noble. Il débute par nous dire que, quand Dieu a *promené sa vue sur les mondes et sur les soleils*,

Il arrête ses yeux sur le globe où nous sommes;
Il contemple les hommes,

4.

Et dans notre âme enfin va chercher sa grandeur.

Celui qui embrasse tout d'un coup d'œil n'a pas coutume de *promener sa vue;* et s'il *cherchait sa grandeur dans notre âme,* s'il la cherchait ailleurs qu'en lui-même, assurément il ne la trouverait pas. Sans doute, et on l'a dit mille fois, *la grandeur* de Dieu éclate dans ses ouvrages, et la créature intelligente en est le chef-d'œuvre; c'est là ce que l'auteur voulait dire; mais vous voyez comme on gâte tout avec de froides et fastueuses hyperboles. On en fait autant avec des chevilles appelées par la rime :
O prodige plus grand ! ô vertu que j'adore !
C'est par toi que nos cœurs s'ennoblissent *encore.*

Encore n'a pas de sens; nos *cœurs* peuvent-ils *s'ennoblir* autrement que par *la vertu?* S'il eût dit que notre âme, noble par son origine, ne peut soutenir cette noblesse que par la vertu, il eût dit vrai, et il eût fallu encore relever cette idée commune par des tournures poétiques. Ailleurs il peint Caton,
Sans courroux déchirant sa blessure.

Sans courroux! il n'est pas permis de démentir à ce point une histoire si connue. Il était dans la plus violente colère quand *il déchira sa blessure,* et il y fut plus d'une fois; car un moment avant de se frapper, il avait donné à un esclave un si furieux coup de poing, que lui-même se blessa la main, et qu'il fallut panser sa blessure. Il y a là de quoi gâter un peu le suicide le plus *philosophique,* et il n'était pas adroit d'en faire souvenir par une contre-vérité. Dans la strophe suivante, qui rappelle l'histoire d'Éponine et de Sabinus, il s'écrie :

De son lait! se peut-il?...Oui, de son propre père
Elle devient la mère.

Cette pointe ne pourrait passer que dans une épigramme de Martial ; mais dans une ode ! De Belloy, qui n'était assurément pas un poète bien plein de sentiment, s'échauffa pourtant sur ce trait admirable, qu'il fit rentrer dans sa tragédie de *Zelmire* :

Son sein même a nourri son père infortuné ;
Merveille respectable à la race future,
Où même en s'oubliant triomphe la nature.

Chamfort, tout froid qu'il était, le fut pourtant un peu moins sur *les Volcans* : il a ici quelques mouvements, mais son expression manque toujours de force, et ses idées manquent souvent de justesse, parce qu'il y eut toujours dans son esprit quelque chose de sophistique. Ici, par exemple, il représente

..... La nature en silence
Méditant sa destruction.

La pensée est très fausse ; les volcans ne détruisent que les ouvrages de l'homme ; et ce qu'il convenait de peindre, c'est la terrible puissance de la nature se jouant des monuments de l'industrie humaine, et renversant en un moment des ouvrages élevés pour les siècles.

La Harpe, *Cours de Littérature.*

MORCEAUX CHOISIS.

I. Scène de la jeune Indienne.

BETTI.

Tu parais inquiet?

BELTON.

Je le suis ,... non pour moi.

BETTI.

Pour qui donc, mon ami?

BELTON.

Le dirai-je? pour toi;
Je crains que dans ces lieux ton sort ne soit à plaindre.

BETTI.

Tu m'aimes, il suffit : que puis-je avoir à craindre?

BELTON.

Non, il ne suffit pas : il faut, pour être heureux,
Quelque chose de plus....

BETTI.

Que faut-il en ces lieux?

BELTON

La richesse.

BETTI.

A parler tu m'instruisis sans cesse;
Mais tu ne m'as pas dit ce qu'était la richesse.

BELTON.

Eh! peut-on se passer?...

BETTI.

Tu parles de l'amour :
On ne s'aime donc pas dans ce triste séjour?

BELTON.

On s'aime; mais souvent l'amour laisse connaître
Des besoins plus pressants...

BETTI.

Et quels peuvent-ils être?

BELTON.

L'amour sans d'autres biens...

BETTI.

L'amour sans la gaîté
Ne peut guère suffire à la félicité;

Mais dans votre pays, ainsi que dans le nôtre,
Ne peut-on à la fois conserver l'un et l'autre?
BELTON.
Il faut pour bien jouir de l'un et l'autre don
Être riche.
BETTI.
Eh! dis-moi, suis-je riche, Belton?
BELTON.
Toi, non; tu n'as point d'or.
BETTI.
Quoi! ce métal stérile
Que j'ai vu?...
BELTON.
Justement.
BETTI.
Il te fut inutile,
Tu ne t'en servis pas pendant plus de quatre ans.
Mais dans ce pays-ci tu connais bien des gens;
Ils t'en donneront tous, s'il t'est si nécessaire;
Ils ne voudront jamais laisser souffrir leur frère.
BELTON.
Écoute-moi, Betti; tu n'es plus dans tes bois,
Les hommes en ces lieux sont soumis à des lois;
Le besoin les rapproche et les unit ensemble:
Ces mortels opposés, que l'intérêt rassemble,
Voudraient ne voir admis dans la société
Que ceux dont les travaux en ont bien mérité.
BETTI.
Mais...Cela me paraît tout-à-fait raisonnable.
BELTON, *à part.*
Chaque instant, à mes yeux, la rend plus estimable.
(*Haut.*) Betti...la pauvreté m'inspire un juste effroi.
BETTI.
La pauvreté! mais c'est manquer de tout, je crois?

BELTON.
Oui.
BETTI.
J'en sauvai toujours et toi-même et mon père :
Quoi ! nous pourrions ici manquer du nécessaire ?
BELTON.
Non ; mais il ne faut pas y borner tous nos soins.
Nous sommes assiégés de différents besoins ;
Ils naissent chaque jour, chaque instant les ramène :
Et lorsque par hasard la fortune inhumaine
Ne nous a pas donné....
BETTI.
Je ne te comprends pas....
Manquer d'un vêtement, d'un abri, d'un repas,
Voilà la pauvreté ; je n'en connais pas d'autre.
BELTON.
Voilà la tienne : hélas ! connais quelle est la nôtre.
BETTI.
Une autre pauvreté ! vous en avez donc deux ?
On doit dans ce pays être bien malheureux !
BELTON.
C'est peu de contenter les besoins de la vie :
Une prévention, parmi nous établie,
Fait ici, par malheur, une nécessité
Des choses d'agrément et de commodité
Dont les yeux étonnés ont admiré l'usage ;
Et d'éternels besoins un funeste assemblage...
BETTI.
Oh ! cette pauvreté....C'est votre faute aussi ;
Pourquoi donc inventer encore celle-ci ?
Chez nous, grace à nos soins, la terre inépuisable
Était de tous nos biens la source intarissable.
Belton, comment ont fait, et comment font encor
Tous ceux qui parmi vous possèdent le plus d'or ?

BELTON.
L'un le tient du hasard, et tel autre d'un père;
Du crime trop souvent il devient le salaire;
Mais la vertu parfois a produit....
BETTI.
Que dis-tu?
Avec de l'or ici vous payez la vertu?
BELTON.
Contre le besoin d'or l'infaillible remède...
BETTI.
Eh bien!
BELTON.
C'est de servir quiconque le possède;
De lui vendre son cœur, de ramper sous ses lois.
BETTI.
O ciel! j'aime bien mieux retourner dans nos bois.
Quoi! quiconque a de l'or oblige un autre à faire
Ce qu'il juge à propos, tout ce qui peut lui plaire?
BELTON.
Souvent.
BETTI.
En laissez-vous aux malhonnêtes gens?
BELTON.
Plus qu'à d'autres.
BETTI.
De l'or dans les mains des méchants!
Mais vous n'y pensez point, et cela n'est pas sage :
N'en pourrait-ils pas faire un dangereux usage?
Vous devez trembler tous, si l'or peut tout oser.
De vous et de vos jours ils peuvent disposer;
La flèche qui dans l'air cherchait ta nourriture
Était, entre mes mains, moins terrible et moins sûre.
BELTON.
Chacun, suivant son cœur, s'en sert différemment,

Des vertus ou du vice il devient l'instrument;
Avec avidité celui-ci le resserre,
L'enfouit en secret, et le rend à la terre...

BETTI.

Ah! fuyons ces gens-là. Tu viens de me parler
D'un pays plus heureux où nous pouvons aller,
Ce pays où les gens veulent qu'on soit utile
A leur société. Si la terre est fertile,
Ils en auront de trop : nous le demanderons;
Et, comme elle est à tous, soudain nous l'obtiendrons.

BELTON.

Ils ne donneront rien; les champs les plus fertiles
Ne suffisent qu'à peine aux habitants des villes....

BETTI.

Tant pis; car j'aurais bien travaillé.

BELTON.

Dans ces lieux,
On épargne à ton sexe un travail odieux.

BETTI.

C'est que vos femmes sont languissantes, débiles;
J'en ai déjà vu deux tout-à-fait immobiles.
Mais pour moi le travail eut toujours des appas;
Dans nos champs, dès l'enfance, il exerça mes bras.

BELTON.

Tu ne peux travailler au séjour où nous sommes;
L'usage le défend.

BETTI.

Le permet-il aux hommes?

BELTON.

Sans doute, il le permet.

BETTI, *avec joie*.

Belton, embrasse-moi.

BELTON.

Quoi donc?

BETTI.

Tu me rendras ce que j'ai fait pour toi.

BELTON.

Ah! c'est trop prolonger un supplice si rude!
Vois la cause et l'excès de mon inquiétude.
Va, Betti, j'ai déjà regretté ton pays :
Ici par ces travaux nous sommes avilis.
Vois à quel sort, hélas! nous devons nous attendre!
Des besoins renaissants l'horreur va nous surprendre :
Privés d'appuis, de biens, abandonnés de tous,
L'œil affreux du mépris s'attachera sur nous.
Nous n'oserons encor prendre ces soins utiles
Que l'amour ennoblit, qu'ici l'on croit serviles;
Il faudra dévorer, mendier les dédains;
Rebutés, condamnés à l'affront d'être plaints,
Tout aigrira nos maux, jusqu'à notre tendresse.
Nous haïrons l'amour, nous craindrons la vieillesse;
En d'autres malheureux reproduits, chaque jour,
Nos mains repousseront les fruits de notre amour.

La jeune Indienne, sc. IV.

II. Maximes et pensées.

— En voyant Bacon, dans le commencement du XVIe siècle, indiquer à l'esprit humain la marche qu'il doit suivre pour reconstruire l'édifice des sciences, on cesse presque d'admirer les grands hommes qui lui ont succédé, tels que Boyle, Locke, etc. Il leur distribue d'avance le terrain qu'ils ont à défricher ou à conquérir. C'est César, maître du monde après la victoire de Pharsale, donnant des royaumes et des provinces à ses partisans ou à ses favoris.

— L'homme arrive novice à chaque âge de la vie.

— L'opinion est la reine du monde, parce que la sottise est la reine des sots.

— Qu'est-ce qu'un fat sans fatuité ? Otez les ailes à un papillon, c'est une chenille.

— La plupart des bienfaiteurs qui prétendent être cachés, après vous avoir fait du bien, s'enfuient comme la Galathée de Virgile : *et se cupit ante videri.*

— Il y a peu de bienfaiteurs qui ne disent comme Satan : *si cadens adoraveris me.*

— Quiconque n'a pas de caractère n'est pas un homme ; c'est une chose.

— Vous demandez comment on fait fortune : voyez ce qui se passe au parterre d'un spectacle, le jour où il y a foule ; comme les uns restent en arrière, comme les premiers reculent, comme les derniers sont portés en avant. Cette image est si juste que le mot qui l'exprime a passé dans la langue du peuple. Il appelle faire fortune, *se pousser.*

— Dans les grandes choses, les hommes se montrent comme il leur convient de se montrer ; dans les petites, ils se montrent tels qu'ils sont.

— Le monde et la société ressemblent à une bibliothèque, où au premier coup d'œil tout paraît en règle, parce que les livres y sont placés suivant le format et la grandeur des volumes ; mais où dans le fond tout est en désordre, parce que rien n'y est rangé suivant l'ordre des sciences, des matières ni des auteurs.

— Quand on veut plaire dans le monde, il faut se résoudre à se laisser apprendre beaucoup de choses qu'on sait par des gens qui les ignorent.

— On n'imagine pas combien il faut d'esprit pour n'être jamais ridicule.

— Il y a des sottises bien habillées, comme il y a des sots très bien vêtus.

— Le plaisir peut s'appuyer sur l'illusion, mais le bonheur repose sur la vérité.

— La philosophie, ainsi que la médecine, a beaucoup de drogues, très peu de bon remèdes, et presque point de spécifiques.

III. Caractères et anecdotes.

L'abbé Maury, étant pauvre, avait enseigné le latin à un vieux conseiller de grand'chambre, qui voulait entendre les *Instituts* de Justinien. Quelques années se passent, et il rencontre ce conseiller, étonné de le voir dans une maison honnête. — Ah! l'abbé, vous voilà, lui dit-il; par quel hasard vous trouvez-vous ici? — Je m'y trouve comme vous vous y trouvez. — Oh! ce n'est pas la même chose: vous êtes donc mieux dans vos affaires? vous avez fait quelque chose dans votre métier de prêtre? — Je suis grand vicaire de M. de Lombet. — Diable, c'est quelque chose; et combien cela vous vaut-il? — Mille francs. — C'est bien peu (et il reprend sur le ton léger.) — Mais j'ai un prieuré de mille écus. — Mille écus! bonne affaire (avec l'air de la considération.) — Et j'ai fait la rencontre du maître de cette maison-ci chez le cardinal de Rohan. — Peste! vous allez chez le cardinal de Rohan. — Oui; il m'a fait avoir une abbaye. — Une abbaye! cela posé, monsieur l'abbé, faites-moi l'honneur de venir dîner chez moi.

— Le régent avait promis de faire *quelque chose* du jeune Arouet (Voltaire), c'est-à-dire d'en faire un important, et de le placer; le jeune poète attendit le prince au sortir du conseil, au moment où il était suivi des quatre secrétaires d'état. Le régent le vit et lui dit : Arouet, je ne t'ai pas oublié, et je te destine le département des *niaiseries*. — Monseigneur, dit le jeune Arouet, j'aurais trop de rivaux; en voilà quatre. Le prince pensa étouffer de rire.

— Louis XV se fit peindre par Latour. Le peintre, tout en travaillant, causait avec le roi, qui paraissait le trouver bon. Latour, encouragé, et naturellement indiscret, poussa la témérité jusqu'à lui dire : Au fait, sire, vous n'avez point de marine? — Le roi répondit seulement : Que dites-vous là?.... et Vernet donc!

— Le maréchal Biron eut une maladie très dangereuse; il voulut se confesser, et dit devant plusieurs de ses amis : « Ce que je dois à Dieu, ce que je dois « au roi, ce que je dois à l'état.... Un de ses amis « l'interrompit : Tais toi, dit-il, tu mourras insol« vable. »

— Un plaisant ayant vu exécuter en ballet à l'Opéra, le fameux *qu'il mourût* de Corneille, pria Noverre de faire danser les *Maximes* de La Rochefoucauld.

— L'Écluse, celui qui a été à la tête des Variétés amusantes, racontait que, tout jeune et sans fortune, il arriva à Lunéville, où il obtint la place de dentiste du roi Stanislas, précisément le jour où le roi perdit sa dernière dent.

— On disputait chez madame de Luxembourg sur ce vers de l'abbé Delille :

Et ces deux grands débris se consolaient entr'eux.

On annonce le bailli de Breteuil et madame de la Regnière : « Le vers est bon, dit la maréchale. »

— L'abbé Maury, tachant de faire conter à l'abbé de Beaumont, vieux et paralytique, les détails de sa jeunesse et de sa vie : « L'abbé, lui dit celui-ci, « vous me prenez mesure ; » indiquant qu'il cherchait des matériaux pour son éloge à l'Académie.

— M.... disait, à propos de sottises ministérielles et ridicules : « Sans le gouvernement on ne rirait « plus en France. »

— L'abbé Delille entrant dans le cabinet de M. Turgot le vit lisant un manuscrit : c'était celui des *Mois* de M. Roucher. L'abbé Delille s'en douta, et dit en plaisantant :

Odeur de *vers* se sentait à la ronde.

« Vous êtes trop parfumé, lui dit M. Turgot, pour « sentir les odeurs. »

— Un homme très pauvre, qui avait fait un livre contre le gouvernement, disait : « Morbleu ! la Bas- « tille n'arrive point, et voilà qu'il faut tout à l'heure « payer mon terme. »

— M..., qui avait une collection des discours de réception à l'Académie française, me disait : « Lorsque « j'y jette les yeux, il me semble voir des carcasses « de feu d'artifices après la Saint-Jean. »

— C'est une chose remarquable que Molière, qui n'épargnait rien, n'ait pas lancé un seul trait contre les gens de finances. On dit que Molière et les auteurs comiques du temps eurent là dessus des ordres de Colbert.

— On disait à M...., vous aimez beaucoup la considération. Il répondit ce mot qui me frappa : « Non, « j'en ai pour moi; ce qui m'attire quelquefois celle « des autres. »

— On avisait dans une société aux moyens de déplacer un mauvais ministre, déshonoré par vingt turpitudes. Un de ses ennemis connus dit tout-à-coup : « Ne pourrait-on pas lui faire faire quelque « opération raisonnable, quelque chose d'honnête « pour le faire chasser. »

— On disait de M...., qui se créait des chimères tristes, et qui voyait tout en noir : « Il fait des cachots « en Espagne. »

— Vous bâillez, disait une femme à son mari ; « Ma chère amie, lui dit celui-ci, le mari et la femme « ne sont qu'un, et quand je suis seul je m'ennuie. »

— Un entrepreneur de spectacle ayant prié M. de Villars d'ôter l'entrée *gratis* aux pages, lui dit : « Monseigneur, observez que plusieurs pages font un volume. »

— Un sot disait au milieu d'une conversation, il me vient une idée. Un plaisant dit, j'en suis bien surpris.

— M. de Voltaire, passant par Soissons, reçut la visite des députés de l'académie de Soissons, qui disaient que cette académie était la fille aînée de l'Académie française. « Oui, Messieurs, répondit-il, « la fille aînée, fille sage, fille honnête, qui n'a jamais « fait parler d'elle. »

— Rulhière disait un jour: « Je n'ai jamais fait « qu'une méchanceté dans ma vie. Quand finira-t-elle, « lui demanda Chamfort. »

CHANSON. De tous les peuples de l'Europe, le Français est celui dont le naturel est le plus porté à ce genre léger de poésie. La galanterie, le goût du plaisir, la gaieté, la vivacité qui caractérisent ce peuple aimable, ont produit des chansons ingénieuses dans tous les genres.

A propos de l'ode et du dithyrambe, je parle de nos chansons à boire, et j'en cite des exemples; en voici encore un de l'enthousiasme bachique. Le poète s'adresse au vin :

>Non, il n'est rien dans l'univers
> Qui ne te rende hommage;
>Jusqu'à la glace des hivers,
> Tout sert à ton usage.
>La terre fait de te nourrir
> Sa principale gloire;
>Le soleil luit pour te mûrir;
>Nous naissons pour te boire.

Mais, comme parmi nous le vin n'est pas ennemi de l'amour, il est rare que la chanson bachique ne soit pas en même temps galante; et, à l'exemple d'Anacréon, nos buveurs se couronnent de myrtes et de pampres entrelacés. L'un dit dans sa chanson :

>En vain je bois pour calmer mes alarmes
>Et pour chasser l'amour qui m'a surpris:
> Ce sont des armes

CHANSON.

Pour mon Iris,
Le vin me fait oublier ses mépris,
Et m'entretient seulement de ses charmes.

Un autre :

J'ai passé la saison de plaire,
Il faut renoncer aux amours :
Tendres plaisirs qui faites les beaux jours,
Vous seuls rendez heureux, mais vous ne durez guère.
Bacchus, de mes regrets ne sois point en courroux ;
Regarde l'Amour qui s'envole.
Quel triomphe pour toi, si ton jus me console
De la perte d'un bien si doux !

Un autre plus passionné :

Venge-moi d'une ingrate maîtresse,
Dieu du vin, j'implore ton ivresse ;
Un amant se sauve entre tes bras.
Hâte-toi, j'aime encor, le temps presse ;
C'en est fait, si je vois ses appas.
Que d'attraits ! ô dieux ! qu'elle était belle !
Vole, Amour, vole après elle,
Et ramène avec toi l'infidèle.

C'est en général la philosophie d'Anacréon renouvelée et mise en chant.

L'amour du vin et de la table est commun à tous les états. C'est donc quelquefois les mœurs et le langage du peuple de la ville ou de la campagne, qu'on a imités dans les chansons à boire, comme dans celle-ci :

Parbleu, cousin, je suis en grand souci !
Catin me dit que j'aime tant à boire,
Qu'elle a bien de la peine à croire

CHANSON.

Que je puisse l'aimer aussi ;
Qu'il faut choisir du vin ou d'elle.
Comment sortir d'un si grand embarras ?
Déjà le vin, je ne le quitte pas ;
Et la quitter ! elle est, ma foi, trop belle.

Dufresny en a fait une, où un buveur s'enivre en pleurant la mort de sa femme. Le son des bouteilles et des vers lui rappelle celui des cloches. Hélas ! dit-il à ses amis :

Il me souvient toujours qu'hier ma femme est morte.
Le temps n'affaiblit point une douleur si forte.
    Elle redouble à ce lugubre son :
           Bin bon.
    Voudriez-vous de ce jambon ?
        Il est bin bon, etc.

Dans une chanson du même genre, un buveur ivre, en rentrant chez lui, croit voir sa femme double, et s'écrie : ô ciel !

Je n'avais qu'une femme, et j'étais malheureux :
    Par quel forfait épouvantable
Ai-je donc mérité que vous m'en donniez deux ?

La chanson n'a point de caractère fixe, mais elle prend tour à tour celui de l'épigramme, du madrigal, de l'élégie, de la pastorale, de l'ode même.

Il y a des chansons personnellement satiriques, dont je ne parlerai point ; il y en a qui censurent les mœurs sans attaquer les personnes : c'est ce qu'on appelle *vaudevilles*.

On en voit des exemples sans nombre dans le recueil des *OEuvres de Panard*. Une extrême facilité dans le style, la gêne des rimes redoublées et des petits vers, déguisée sous l'air d'une rencontre heureuse, une morale populaire, assaisonnée d'un sel agréable, souvent la naïveté de La Fontaine, caractérisent ce poète : j'en vais rappeler quelques traits.

Dans ma jeunesse,
Les papas, les mamans,
Sévères, vigilants,
En dépit des amants,
De leurs tendrons charmants
Conservaient la sagesse.
Aujourd'hui ce n'est plus cela :
L'amant est habile
La fille docile,
La mère facile,
Le père imbécile;
Et l'honneur va
Cahin caha.

Les regrets avec la vieillesse,
Les erreurs avec la jeunesse,
La folie avec les amours,
C'est ce que l'on voit tous les jours :
L'enjoûment avec les affaires,
Les graces avec le savoir,
Le plaisir avec le devoir,
C'est ce qu'on ne voit guères.

Sans dépenser,
C'est en vain qu'on espère
De s'avancer
Au pays de Cythère.
Mari jaloux,
Femme en courroux,

Ferment sur nous
Grille et verroux;
Le chien nous poursuit comme loups;
Le temps n'y peut rien faire.
Mais si Plutus entre dans le mystère,
Grille et ressort
S'ouvrent d'abord;
Le mari sort;
Le chien s'endort;
Femme et soubrette sont d'accord :
Un jour finit l'affaire.

On est quelquefois étonné de l'aisance avec laquelle ce poète place des vers monosyllabiques : il semble s'être fait à plaisir des difficultés pour les vaincre.

Mettez-vous bien cela
Là,
Jeunes fillettes;
Songez que tout amant
Ment
Dans ses fleurettes.
Et l'on voit des commis
Mis
Comme des princes,
Qui jadis sont venus
Nus,
De leurs provinces.

Nous avons des chansons naïves, ou dans le genre pastoral, ou dans le goût du bon vieux temps. En voici une où l'on fait parler alternativement deux vieilles gens, témoins des amours et des plaisirs de la jeunesse de leur village :

LE VIEUX.

J'ai blanchi dans ces hameaux
Entre les amours et les belles;
J'ai vu naître ces ormeaux,
Témoins de vos ardeurs fidèles.
   Du plaisir que j'ai goûté
   J'aime à vous voir faire usage :
   Tout plaît de la volupté,
     Jusques à son image.

LA VIEILLE.

J'ai brillé dans ces hameaux,
On me préférait aux plus belles;
Les bergers sous ces ormeaux,
Me juraient des ardeurs fidèles.
   Du plaisir qu'on a goûté,
   Ah! l'on perd trop tôt l'usage!
   Faut-il de la volupté
     N'avoir plus que l'image?

Marot est le premier modèle de ce genre ; et plusieurs de ses épigrammes seraient de jolies chansons, comme celle-ci, par exemple :

Plus ne suis ce que j'ai été,
Et ne le saurais jamais être.
Mon beau printemps et mon été
Ont fait le saut par la fenêtre.
Amour, tu as été mon maître;
Je t'ai servi sur tous les dieux.
Oh! si je pouvais deux fois naître,
Combien je te servirais mieux!

Nous avons aussi des chansons plaintives sur des sujets attendrissants : celles-ci s'appellent *romances;*

c'est communément le récit de quelque aventure amoureuse; leur caractère est la naïveté : tout y doit être en sentiment.

La même chanson est le plus souvent composée de plusieurs couplets que l'on chante sur un seul air; et, comme il est très difficile de donner exactement le même rhythme à tous les couplets, on est contraint, pour les chanter, d'en altérer la prosodie. Les Italiens, dont l'oreille est plus délicate et plus sensible que la nôtre à la précision des mouvements, ont pris le parti de varier les airs de leurs chansons, et de donner à chacun des couplets une modulation qui lui est analogue. Je ne propose pas de suivre leur exemple à l'égard du vaudeville,

Aimable libertin, qui, conduit par le chant,
Passe de bouche en bouche, et s'accroît en marchant.

Mais celles de nos chansons qui, moins négligées, ont plus de grace et d'élégance, mériteraient qu'on se donnât le soin d'en varier le chant, soit pour y observer la prosodie, soit pour y ajouter un agrément de plus.

MARMONTEL, *Éléments de Littérature*.

MÊME SUJET.

Voltaire a dit avec raison qu'il n'y avait point de peuple qui eût un aussi grand nombre de jolies chansons que le peuple français; et cela doit être, s'il est vrai qu'il n'y en a pas de plus gai. Cette gaieté a été sur-tout satirique ou galante : quant à la satire, les couplets qu'elle a dictés sont partout : on les trouvera particulièrement dans un recueil en quatre volumes, publiés de nos jours, où l'on a imaginé de rappeler et de caractériser les évènements et les personnages du dernier siècle, par les chansons dont ils ont été le sujet. Cette idée est prise dans le caractère français : on n'aurait pas imaginé chez les Romains, ni même chez les Athéniens, aussi légers que les Romains étaient sérieux, de trouver leur histoire dans leurs chansons. Celles d'Horace et d'Anacréon n'ont pour objets que leurs plaisirs et leurs amours; et les guerres civiles et les proscriptions n'ont point été chez les anciens des sujets de vaudeville. Salvien, il est vrai, a dit des Germains, qu'ils consolaient leurs infortunes par des chansons*; mais il ne fait entendre en aucune manière que ces chansons fussent des épigrammes, et la gravité, de tout temps naturelle aux Germains, ne permet pas de le supposer. Chez nous la Ligue et la Fronde firent éclore des milliers de satires en chansons, et la plupart de celles qui nous restent de cette folle guerre de la Fronde sont pleines d'un sel qu'on appellerait le sel français, si nous étions des anciens; car notre vaudeville est vraiment national, et d'une tournure qu'on ne trouverait pas ailleurs. Le refrain le plus commun, le dicton le plus trivial a souvent fourni les traits les plus heureux. Ceux des chansons du temps de Louis XIV ont plus de finesse et de grâce que ceux de la Fronde, et le sel en est moins âcre. Mais quoi de plus gai, par exemple, que ce couplet contre Ville-

* Cantilenis infortunia sua solantur.

roi, sur le refrain si connu, *Vendôme, Vendôme :*

>Villeroi,
>Villeroi,
>A fort bien servi le roi...
>Guillaume, Guillaume.

Y a-t-il une rencontre plus heureuse, et une chute plus inattendue et plus plaisante ! Et cet autre sur le même général fait prisonnier dans Crémone :

>Palsambleu, la nouvelle est bonne,
>Et notre bonheur sans égal !
>Nous avons recouvré Crémone,
>Et perdu notre général.

Ce tour d'esprit est toujours le même en France, et n'a rien perdu de nos jours ; témoin ce couplet sur la déroute de Rosbach, si prompte et si imprévue ; et c'est encore ici la parodie d'un refrain populaire très bien appliqué ; c'est le général qui parle ;

>*Mardi, mercredi, jeudi,*
>*Sont trois jours de la semaine :*
>Je m'assemblai le mardi ;
>Mercredi je fus en plaine ;
>Je fus battu le jeudi.
>*Mardi, mercredi,* etc.

En un mot, on peut assurer qu'il n'y a pas eu en France un seul évènement public, de quelque nature qu'il fût, qui n'ait été la matière d'un couplet, et le Français est le peuple chansonnier par excellence. Il n'y a dans toute son histoire qu'une seule époque où il n'ait pas chansonné ; c'est celle de *la terreur;* mais aussi ce n'est pas une époque humaine, puisque ni les bourreaux ni les victimes n'ont été des hommes; et, dès qu'on a cessé d'égorger, le Français a recommencé à chanter.

Il est à remarquer que cette facilité à faire des chansons est une sorte d'esprit tellement générale, et pour ainsi dire endémique, que dans cette multitude de jolis couplets de tout genre qui ont été retenus, le nom des auteurs a le plus souvent échappé à la mémoire. Tant de personnes en ont fait et peuvent en faire! Boileau accordait ce talent, même à Linière; d'ailleurs les chansonniers de profession n'ont pas été renommés. Les Haguenier, les Têtu, les Vergier et autres du même métier ne sont pas ceux qui brillent dans nos recueils, et nos chansons les mieux faites sont de ces bonnes fortunes de société que tout homme d'esprit peut avoir, et beaucoup en ont eu de cette sorte.

La chanson galante et amoureuse avait, dans le dernier siècle, plus de simplicité, de sentiment et de grace; elle a eu, dans le nôtre, plus d'esprit et de tournure. Je ne sais si l'on pourrait citer une chanson de ce siècle, aussi tendre et aussi naïve que celle-ci :

> De mon berger volage
> J'entends le flageolet;
> De ce nouvel hommage
> Je ne suis plus l'objet.
> Je l'entends qui fredonne
> Pour un autre que moi.
> Hélas! que j'étais bonne
> De lui donner ma foi!

CHANSON.

Autrefois l'infidèle
Faisait dire à l'écho
Que j'étais la plus belle
Des filles du hameau;
Que j'étais sa bergère,
Qu'il était mon berger;
Que je serais légère
Sans qu'il devînt léger.

Un jour (c'était ma fête)
Il vint de grand matin;
De fleurs ornant ma tête,
Il plaignait son destin.
Il dit : veux-tu, cruelle,
Jouir de mes tourments?
Je dis : sois moi fidèle,
Et laisse faire au temps.

Le printemps qui vit naître
Ses volages ardeurs,
Les a vu disparaître,
Aussitôt que les fleurs.
Mais s'il ramène à Flore
Les inconstants zéphirs,
Ne pourrait-il encore
Ramener ses désirs?

Il y a dans cette chanson une scène, une conversation et un tableau; et comme tout est précis, quoique tout soit si loin de la sécheresse! Le troisième couplet sur-tout est charmant, et la chanson entière est un modèle en ce genre.

Je citerai encore un couplet très bien fait et beaucoup moins connu. L'idée en est ingénieuse et la tournure intéressante. Il est de madame de Murat:

> Faut-il être tant volage?
> Ai-je dit au doux plaisir?
> Tu nous fuis! las! quel dommage!
> Dès qu'on a cru te saisir.
> Ce plaisir tant regrettable
> Me répond : Rends grace aux dieux;
> S'ils m'avaient fait plus durable,
> Ils m'auraient gardé pour eux.
>
> La Harpe, *Cours de Littérature.*

CHANSONS CHOISIES.

I. Le vrai buveur*.

De tous les dieux que la fable
A mis dans son Panthéon,
Il n'en est qu'un véritable
Qui soit digne de ce nom :
C'est Bacchus que je veux dire.
Pour les autres immortels,
Je crois qu'un buveur peut rire
Jusqu'aux pieds de leurs autels.

Aussitôt que la lumière
A redoré nos coteaux,
Je commence ma carrière
Par visiter mes tonneaux :
Ravi de revoir l'Aurore,
Le verre en main je lui dis :
Vois-tu sur la rive maure
Plus qu'à mon nez de rubis?

---

* Haguenier dégagea cette chanson d'Adam du style marotique, donna la même mesure à tous les couplets, supprima le premier, en ajouta trois autres, et la publia telle que nous la donnons.

CHANSON.

Le plus grand roi de la terre,
Quand je suis dans un repas,
S'il me déclarait la guerre,
Ne m'épouvanterait pas :
A table rien ne m'étonne,
Et je pense, quand je bois,
Si là-haut Jupiter tonne,
Que c'est qu'il a peur de moi.

Si quelque jour, étant ivre,
La mort arrêtait mes pas,
Je ne voudrais pas revivre
Pour changer ce doux trépas :
Je m'en irais dans l'Averne
Faire enivrer Alecton,
Et bâtir une taverne
Dans le manoir de Pluton.

Par ce nectar délectable
Les démons étant vaincus,
Je ferais chanter au diable
Les louanges de Bacchus.
J'appaiserais de Tantale
La grande altération,
Et, passant l'onde infernale,
Je ferais boire Ixion...

Au bout de ma quarantaine
Cent ivrognes m'ont promis
De venir, la tasse pleine,
Au gîte où l'on m'aura mis :
Pour me faire une hécatombe
Qui signale mon destin,
Ils arroseront ma tombe
De plus de cent brocs de vin.

De marbre ni de porphyre
Qu'on ne fasse mon tombeau;
Pour cercueil je ne désire
Que le contour d'un tonneau,
Et veux qu'on peigne ma trogne
Avec ces vers à l'entour :
« Ci-gît le plus grand ivrogne
« Qui jamais ait vu le jour. »

II. Le vrai mangeur, (*Parodie de la chanson précédente*).

Aussitôt que la lumière
Vient éclairer mon chevet,
Je commence ma carrière
Par visiter mon buffet.
A chaque mets que je touche
Je me crois l'égal des dieux,
Et ceux qu'épargne ma bouche
Sont dévorés par mes yeux.

Boire est un plaisir trop fade
Pour l'ami de la gaîté :
On boit lorsqu'on est malade,
On mange en bonne santé.
Quand mon délire m'entraîne
Je me peins la Volupté
Assise, la bouche pleine,
Sur les débris d'un pâté.

A quatre heures, lorsque j'entre
Chez le traiteur du quartier,
Je veux que toujours mon ventre
Se présente le premier.
Un jour les mets qu'on m'apporte
Sauront si bien l'arrondir,

CHANSON.

Qu'à moins d'élargir la porte
Je ne pourrai plus sortir.

Un cuisinier, quand je dîne,
Me semble un être divin,
Qui, du fond de sa cuisine,
Gouverne le genre humain.
Qu'ici bas on le contemple
Comme un ministre du ciel;
Car sa cuisine est un temple
Dont les fourneaux sont l'autel.

Mais, sans plus de commentaires,
Amis, ne savons-nous pas
Que les noces de nos pères
Finirent par un repas;
Qu'on vit une nuit profonde
Bientôt les envelopper,
Et que nous vînmes au monde
A la suite d'un souper?

Je veux que la mort me frappe
Au milieu d'un grand repas;
Qu'on m'enterre sous la nappe
Entre quatre larges plats,
Et que sur ma tombe on mette
Cette courte inscription :
« Ci-gît le premier poète
« Mort d'une indigestion. »

DÉSAUGIERS.

III. Vaudeville en écho.

Maître d'un joli jardinet,
  Lucas y fait
    Peu d'ouvrage;
Et, quand quelqu'un veut se mêler

CHANSON.

D'y travailler,
Il fait rage.
N'a-t-il pas, ce butor,
Tort
Quant il nous prive
D'un bien que ce balourd,
Lourd,
Si mal cultive?

Quand de ses feux un jeune cœur
D'un ton flatteur
Vous assure,
Croyez-moi, répondez toujours
A ses discours,
Turelure.
Mettez-vous bien cela
Là,
Jeunes fillettes;
Songez que tout amant
Ment
Dans ses fleurettes.

Si jamais je ressens le feu
Du petit dieu
De Cythère,
Ce sera pour un soupirant
Vif et charmant,
D'âge à plaire.
Si quelque vieux galant,
Lent,
A moi s'adresse,
Je réserve au ch'napan,
Pan,
Cette caresse.

CHANSON.

Mon cœur, sensible et délicat,
Veut un contrat
Pour se rendre :
C'est un trompeur que Cupidon,
Et la raison
Sut m'apprendre
Qu'on n'a de ce vaurien
Rien
Quand la bergère
Donne à quelque garçon
Son
Cœur sans notaire.

Maris, voulez-vous fuir l'affront
Qu'à votre front
On peut faire?
Au logis ne lésinez point;
C'est là le point
Nécessaire :
On est pour vous constant
Tant
Que rien ne chomme.
Qui ménage l'argent
Jean
Bientôt se nomme.

Où l'amour ne règne-t-il pas!
Tout ici-bas
Le courtise;
Le ciel même contre son feu
N'est pas un lieu
De franchise.
Les tritons sont ardents
Dans

CHANSON.

L'humide empire ;
Pluton dans son manoir
Noir
D'amour soupire.

Le financier est libéral ;
Mais il dit mal
Ce qu'il pense :
Le robin parle joliment ;
Mais rarement
Il dépense.
Pour nous plaire, un plumet
Met
Tout en usage ;
Mais on trouve souvent
Vent
Dans son langage.

C'est vainement qu'à double clé
L'on a baclé
Tout passage ;
De Cupidon les traits aigus
Chez nos argus
Font ravage :
Par lui le plus expert
Perd
Toutes ses peines ;
Et ce petit larron
Rompt
Verroux et pènes.
Paris est un séjour charmant
Où promptement
L'on s'avance :
Là, par un manège secret,

CHANSON.

    Le gain qu'on fait
        Est immense :
  On y voit des commis
          Mis
    Comme des princes,
  Après être venus
         Nus
   De leurs provinces.
PANARD.

IV. L'amour et le vin.

Folâtrons, rions sans cesse ;
Que le vin et la tendresse
Remplissent tous nos moments !
De myrte parons nos têtes,
Et ne composons nos fêtes
Que de buveurs et d'amants.

Quand je bois, l'âme ravie,
Je ne porte point d'envie
Aux trésors du plus grand roi :
Souvent j'ai vu sous la treille
Que Thémire et ma bouteille
Étaient encor trop pour moi.

S'il faut qu'à la sombre rive
Tôt ou tard chacun arrive,
Vivons exempts de chagrin,
Et que la Parque inhumaine
Au tombeau ne nous entraîne
Qu'ivres d'amour et de vin.
LAUJON.

V. Plus on est de fous, plus on rit.

Des frèlons bravant la piqûre,
Que j'aime à voir dans ce séjour

CHANSON.

Le joyeux troupeau d'Épicure
Se recruter de jour en jour !
Francs buveurs, que Bacchus attire
Dans ces retraites qu'il chérit,
Avec nous venez boire et rire...
Plus on est de fous, plus on rit.

Ma règle est plus douce et plus prompte
Que les calculs de nos savants ;
C'est le verre en main que je compte
Mes vrais amis, les bons vivants !
Plus je bois, plus leur nombre augmente ;
Et quand ma coupe se tarit,
Au lieu de quinze, j'en vois trente !
Plus on est de fous, plus on rit.

Si j'avais une salle pleine
Des vins choisis que nous sablons,
Et grande au moins comme la plaine
De Saint-Denis ou des Sablons,
Mon pinceau, trempé dans la lie,
Sur tous les murs aurait écrit :
« Entrez, enfants de la Folie...
« Plus on est de fous, plus on rit.

« Entrez, soutiens de la sagesse,
« Apôtres de l'humanité ;
« Entrez, amis de la richesse ;
« Entrez, amants de la beauté ;
« Entrez, fillettes dégourdies,
« Vieilles qui visez à l'esprit ;
« Entrez, auteurs de tragédies...
« Plus on est de fous, plus on rit. »

Puisque notre vie a des bornes,
Aux enfers un jour nous irons ;

Et, malgré le diable et ses cornes,
Aux enfers un jour nous rirons...
L'heureux espoir!... que vous en semble?
Or, voici ce qui le nourrit :
Nous serons là-bas tous ensemble...
Plus on est de fous, plus on rit.

ARMAND-GOUFFÉ.

VI. La treille de sincérité.

Nous n'avons plus cette merveille,
Ce phénomène regretté,
  La treille
  De sincérité.
Cette treille miraculeuse,
Dont la vertu tient du roman,
Passa long-temps pour fabuleuse
Chez le Gascon et le Normand ;
Mais des garants très authentiques
Ont lu, dans un savant bouquin,
Que son raisin des plus antiques
Existait sous le roi Pépin.
 Nous n'avons plus, etc.

Un docteur, qui faisait parade
De son infaillibilité,
Allant visiter un malade,
Vit le raisin, et fut tenté ;
Puis de son homme ouvrant la porte,
Et le trouvant sans pouls ni voix :
C'est, dit-il, (le diable m'emporte!)
Le trentième depuis un mois.
 Nous n'avons plus, etc.

Un auteur, sous son frais ombrage,
Lisant un poème fort beau,

CHANSON.

A chaque feuille de l'ouvrage
S'humectait d'un raisin nouveau.
« Çà, lui dit-on, un tel poème
« Vous a coûté six mois et plus ?...
—« Non, reprit-il à l'instant même...
« Il m'a coûté cinquante écus... »
Nous n'avons plus, etc.

Sous la treille, un petit Pompée
Criait aux badauds étonnés :
« Dans ma vie, ah ! quels coups d'épée,
« Quels coups de sabre j'ai donnés !
« Quels coups de fusil, quels coups !... » Zeste,
Il mord la grappe là-dessus,
Et poursuit, d'un air plus modeste :
« Quels coups de bâton j'ai reçus ! »
Nous n'avons plus, etc.

Au moment de donner la vie
A l'héritier de son époux,
Une jeune femme eut envie
De ce raisin si beau, si doux ;
Et le pauvre homme, ayant pour elle
Cueilli le fruit qu'elle happa :
« Que mon cousin, lui dit la belle,
« Sera content d'être papa ! »
Nous n'avons plus, etc.

Mais, hélas ! par l'ordre du prince,
Ce raisin, justement vanté,
Un jour, du fond de sa province,
Près du trône fut transplanté.
« Pauvre treille, autrefois si belle,
« Que venais-tu faire à la cour ? »
L'air en fut si malsain pour elle,

Qu'elle y mourut le premier jour.
Nous n'avons plus cette merveille,
Ce phénomène regretté,
La treille
De sincérité.
DÉSAUGIERS.

VII. Le peintre dans son ménage.

Jaloux de donner à ma belle
Le duplicata de mes traits,
Je demande quel est l'Apelle
Le plus connu par ses portraits.
C'est, me répond l'ami d'Orlange,
Un artiste nommé Mathieu ;
Il prend fort peu ;
Mais ventrebleu !
Quel coloris, quelle grace et quel feu !
Il vous attrape comme un ange,
Et loge près de l'Hôtel-Dieu.

Vite je cours chez mon Apelle,
Je monte et ne sais où j'en suis.
Son escalier est une échelle,
Et sa rampe une corde à puits.
Un chantre est au premier étage,
Au deuxième est un chaudronnier,
Puis un gaînier,
Un rubanier ;
Puis au cinquième un garçon cordonnier ;
Je reprends haleine et courage,
Et j'arrive enfin au grenier.

J'entre, et d'abord sur une chaise
Je vois le buste de Platon ;
Sur un Hercule de Farnèse,

S'élève un bonnet de coton ;
Un briquet est dans une mule,
Dans un verre un peigne édenté,
Un bas crotté
Sur un pâté ;
Un pot-à-l'eau sur une volupté ;
L'Amour près du tison qui brûle,
Et la frileuse à son côté.

Le portrait d'un acteur tragique
Est vis-à-vis d'un mannequin ;
Je vois sur la Vénus-Pudique
Une culotte de nankin ;
Une tête de Diogène
A pour pendant un potiron ;
Près d'Apollon
Est un poltron ;
Psyché sourit à l'ombre d'un chaudron,
Et les restes d'une romaine
Sont sous l'œil du cruel Néron.

Au coin d'une vitre cassée
S'agite un morceau de miroir.
Dessous la barbe de Thésée
Est une lame de rasoir ;
Sous un Plutus une Lucrèce ;
Sous un tableau récemment peint,
Je vois un pain,
Un escarpin,
Une Vénus sur un lit de sapin ;
Et la Diane-Chasseresse
Derrière une peau de lapin.

Seul, j'admirais ce beau désordre,
Quand un homme armé d'un bâton,

CHANSON.

Entre, et m'annonce que par ordre
Il va me conduire en prison.
Je résiste; il me parle en maître,
Je lui lance un Caracalla,
  Un Attila,
  Un Scévola,
Un Alexandre, un Socrate, un Sylla,
 Et j'écrase le nez du traître
 Sous le poids d'un Caligula.

Mais au bruit, au fracas des bosses,
Je vois vers moi de l'escalier
S'élancer vingt bêtes féroces,
Vrais visages de créanciers;
Sur ma tête assiettes, bouteilles
Pleuvent au gré de leur fureur,
  Et le traiteur,
  Le blanchisseur,
Le parfumeur, le bottier, le tailleur
 Font payer à mes deux oreilles
 Le nez de leur ambassadeur.

Au lieu d'emporter mon image,
Comme je l'avais espéré;
Je sors, n'emportant qu'un visage
Pâle, meurtri, défiguré.
O vous! sensibles créatures,
 Aux traits bien fins, bien réguliers,
  Des noirs huissiers,
  Des noirs greniers,
Évitez bien les assauts meurtriers,
 Et que Dieu garde vos figures
 Des peintres et des créanciers.

LE MÊME.

CHANSON.

VIII. Le retour dans la patrie.

Qu'il va lentement le navire
A qui j'ai confié mon sort !
Au rivage où mon cœur aspire,
Qu'il est lent à trouver un port !
  France adorée !
  Douce contrée !
Mes yeux cent fois ont cru te découvrir.
  Qu'un vent rapide
  Soudain nous guide
Aux bors sacrés où je reviens mourir.
Mais enfin le matelot crie :
Terre ! terre ! là-bas, voyez !
Ah ! tous mes maux sont oubliés.
  Salut à ma patrie !

Oui, voilà les rives de France ;
Oui, voilà le port vaste et sûr,
Voisin des champs où mon enfance
S'écoula sous un chaume obscur.
  France adorée !
  Douce contrée !
Après vingt ans, enfin, je te revois.
  De mon village
  Je vois la plage ;
Je vois fumer la cime de nos toits.
Combien mon âme est attendrie !
Là furent mes premiers amours ;
Là, ma mère m'attend toujours.
  Salut à ma patrie !

Loin de mon berceau, jeune encore,
L'inconstance emporta mes pas
Jusqu'au sein des mers où l'aurore

CHANSON.

Sourit aux plus riches climats.
>France adorée!
>Douce contrée!

Dieu te devait leurs fécondes chaleurs.
>Toute l'année,
>Là, brille ornée

De fleurs, de fruits, et de fruits et de fleurs;
>Mais là, ma jeunesse flétrie
>Rêvait à des climats plus chers;
>Là, je regrettais nos hivers.
>>Salut à ma patrie!

>J'ai pu me faire une famille,
>Et des trésors m'étaient promis.
>Sous un ciel où le sang pétille,
>A mes vœux l'amour fut soumis.
>>France adorée!
>>Douce contrée!

Que de plaisirs quittés pour te revoir!
>>Mais sans jeunesse,
>>Mais sans richesse,

Si d'être aimé je dois perdre l'espoir;
>De mes amours, dans la prairie,
>Les souvenirs seront présents;
>C'est du soleil pour mes vieux ans.
>>Salut à ma patrie!

>Poussé chez des peuples sauvages
>Qui m'offraient de régner sur eux,
>J'ai su défendre leurs rivages
>Contre des ennemis nombreux.
>>France adorée!
>>Douce contrée!

Tes champs alors gémissaient envahis.
>>Puissance et gloire,

CHANSON.

Cris de victoire,
Rien n'étouffa la voix de mon pays :
De tout quitter mon cœur me prie :
Je reviens pauvre, mais constant.
Une bêche est là qui m'attend.
Salut à ma patrie !

Au bruit des transports d'allégresse,
Enfin le navire entre au port.
Dans cette barque où l'on se presse,
Hâtons-nous d'atteindre le bord.
France adorée !
Douce contrée !
Puissent tes fils te revoir ainsi tous !
Enfin j'arrive,
Et sur la rive
Je rends au ciel, je rends grace à genoux.
Je t'embrasse, ô terre chérie !
Dieu ! qu'un exilé doit souffrir !
Moi, désormais, je puis mourir.
Salut à ma patrie !

BÉRANGER.

IX. Ma vocation.

Jeté sur cette boule,
Laid, chétif et souffrant ;
Étouffé dans la foule,
Faute d'être assez grand ;
Une plainte touchante
De ma bouche sortit ;
Le bon Dieu me dit : Chante,
Chante, pauvre petit !

Le char de l'opulence
M'éclabousse en passant ;

CHANSON.

J'éprouve l'insolence
Du riche et du puissant;
De leur morgue tranchante
Rien ne nous garantit.
Le bon Dieu me dit: Chante,
Chante, pauvre petit!

D'une vie incertaine
Ayant eu de l'effroi,
Je rampe sous la chaîne
Du plus modique emploi.
La liberté m'enchante;
Mais j'ai grand appétit.
Le bon Dieu me dit: Chante,
Chante, pauvre petit!

L'amour, dans ma détresse,
Daigna me consoler;
Mais avec la jeunesse
Je le vois s'envoler.
Près de beauté touchante
Mon cœur en vain pâtit;
Le bon Dieu me dit: Chante,
Chante, pauvre petit!

Chanter, ou je m'abuse,
Est ma tâche ici-bas.
Tous ceux qu'ainsi j'amuse
Ne m'aimeront-ils pas?
Quand un cercle m'enchante,
Quand le vin divertit,
Le bon Dieu me dit: Chante,
Chante, pauvre petit!

LE MÊME.

CHANT. Dans *un Essai sur l'expression en musique*, (par Avison) ouvrage rempli d'observations fines et justes, il est dit : « Ce n'est pas la vérité, mais
« une ressemblance embellie que nous demandons
« aux arts ; c'est à nous donner mieux que la nature,
« que l'art s'engage en imitant : tous les arts font
« pour cela une espèce de pacte avec l'âme et les
« sens qu'ils affectent ; ce pacte consiste à demander
« des licences, et à promettre des plaisirs qu'ils ne
« donneraient pas sans ces licences heureuses.

« La poésie demande à parler en vers, en images,
« et d'un ton plus élevé que la nature.

« La peinture demande aussi à élever le ton de la
« couleur et à corriger ses modèles.

« La musique prend des licences pareilles : elle
« demande à cadencer sa marche, à arrondir ses pé-
« riodes, à soutenir, à fortifier la voix par l'accom-
« pagnement, qui n'est certainement pas dans la
« nature. Cela, sans doute, altère la vérité de l'imi-
« tation, mais en augmente la beauté, et donne à
« la copie un charme que la nature a refusé à l'ori-
« ginal.

« Homère, le Guide, Pergolèse font éprouver à
« l'âme des sentiments délicieux que la nature seule
« n'aurait jamais fait naître ; ils sont les modèles de
« l'art. L'art consiste donc à nous donner mieux que
« la nature.

« On ne trouve pas dans la nature des airs me-
« surés, des chants suivis et périodiques, des ac-
« compagnements subordonnés à ces chants ; mais
« on n'y trouve pas non plus les vers de Virgile, ni

« l'Apollon du Belvédère ; l'art peut donc altérer
« la nature pour l'embellir.

« Rien ne ressemble tant au chant du rossignol,
« que les sons de ce petit chalumeau que les en-
« fants remplissent d'eau, et que leur souffle fait ga-
« zouiller : quel plaisir nous fait cette imitation ?
« aucun, ou tout au plus celui de la surprise. Mais
« qu'on entende une voix légère et une sympho-
« nie agréable, qui expriment (moins fidèlement
« sans doute) le chant du même rossignol, l'oreille
« et l'âme sont dans le ravissement : c'est que les
« arts sont quelque chose de plus que l'imitation
« exacte de la nature.

« Il y a des moments où la nature toute simple a
« tout le charme que l'imitation peut avoir : telle mère
« ou telle amante se plaint naturellement avec des
« sons de voix si tendres, que la musique pourrait être
« touchante, en se contentant de saisir et de répéter
« ses plaintes ; mais la nature n'est pas toujours éga-
« lement belle : la véritable Bérénice a dû laisser
« échapper des cris désagréables à l'oreille. La mu-
« sique, comme la peinture, en choisissant les ex-
« pressions les plus belles de la douleur, et en écar-
« tant toutes celles qui pourraient blesser les or-
« ganes, embellira donc la nature, et nous donnera
« des plaisirs plus grands : chacun des traits de la
« Vénus de Médicis a existé dans la nature ; l'en-
« semble n'a jamais existé. De même un bel air pathé-
« tique est la collection d'une multitude d'accents
« échappés à des âmes sensibles. Le sculpteur
« et le musicien réunissent ces traits dispersés,

« sous une forme qui leur donne de l'ensemble et
« de l'unité, et, par cet artifice, ils nous font éprou-
« ver des plaisirs que la nature et la vérité ne nous
« auraient jamais donnés. »

Voilà sur quoi se fonde la licence du chant, et pourquoi il a été permis d'associer la parole avec la musique.

Or cette espèce de prestige ne s'opère que de concert avec la poésie. Le drame lyrique doit donner lieu à une expression vive, mélodieuse et variée, tantôt passionnée à l'excès, tantôt plus tranquille et plus douce, et susceptible tour à tour de tous les accents et de toutes les modulations qui peuvent toucher l'âme et flatter l'oreille. Si une passion trop violente et trop douloureuse y régnait sans relâche, l'expression musicale ne serait qu'une suite de gémissements et de cris : si la couleur en était continuellement sombre, l'expression serait tristement monotone et sombre comme elle : s'il n'y régnait que des sentiments doux et faibles, l'expression serait sans chaleur et sans force ; elle n'aurait aucun relief.

C'est donc le mélange des ombres et des lumières qui fait le charme et la magie d'un poème destiné à être mis en chant ; ce doit être l'esquisse d'un tableau : le poète le compose, le musicien l'achève. C'est au premier à ménager à l'autre les passages du clair-obscur ; mais ces passages ne doivent être ni trop fréquents, ni trop rapides : on s'y est trompé, lorsque, pour éviter la monotonie ou pour augmenter les effets, on a cru devoir passer brusquement et sans cesse du blanc au noir. Un mélange continuel de couleurs tranchantes fatigue l'imagination comme les yeux. L'art d'éviter ce papillotage est d'observer les gradations, et, par des nuances légères, de joindre l'harmonie à la variété : c'est à quoi se prête tout naturellement le système de l'opéra français, et à quoi répugne absolument le système de l'opéra italien. Pour s'en convaincre, il suffit de comparer le sujet de *Régulus* avec celui d'*Armide*. *Voyez* LYRIQUE.

Depuis que l'on s'occupe en France à perfectionner la musique, la théorie du chant a été discutée par des gens d'esprit et de goût, et leur objet commun a été d'examiner si le chant italien pouvait ou devait être appliqué à la langue française. L'un des premiers qui ont examiné cette question, a cru la décider, en assurant que non-seulement les Français n'avaient point de musique, mais que leur langue n'en aurait jamais [*]. On dit qu'il vient d'avouer son erreur; il y a long-temps que cet aveu aurait pu lui échapper. Nombre d'essais en divers genres ont prouvé par les faits, et par des faits multipliés, que ni la syntaxe, ni la prosodie, ni les éléments de notre langue, ni son génie, n'étaient incompatibles avec une bonne musique.

Nous avons vu depuis quelques années des airs brillants et légers ; des airs comiques d'un caractère très fin, très vif, et très piquant ; des airs gracieux et tendres ; des airs touchants et d'un pathétique

[*] Marmontel parle ici, je crois, de la *Lettre sur la musique française* par J.-J. Rousseau. H. P.

assez fort ; et, dans ces airs, la langue et la musique sont aussi à leur aise que dans le chant italien. Il faut avouer cependant que les syncopes, les prolations, les inversions de mots, que l'italien permet plus aisément que le français, peut-être aussi un retour plus fréquent des voyelles les plus sonores, donnent au chant italien plus de jeu et plus de brillant que le chant français n'en peut avoir ; mais avec ce désavantage, il est possible encore d'avoir une bonne musique. Dans cette langue, dont on dit tant de mal, Racine et Quinault ont fait des vers aussi mélodieux que l'Arioste et que Métastase. Un musicien, homme de génie, et un poète, homme de goût, en vaincront de même les difficultés, s'ils veulent s'en donner la peine. (Lorsque cet article fut imprimé pour la première fois, M. Piccini n'avait pas encore travaillé sur notre langue. Ses opéra sont la preuve la plus incontestable que cette langue, dans tous les caractères de l'expression noble et tragique, se prête sans contrainte à l'accent musical.)

Mais l'homme de lettres qui a pris la défense de notre langue contre celui qui voulait lui interdire l'espérance même d'avoir une musique, a été trop loin, ce me semble, en avançant que la musique est indépendante des langues. « Comment, dit-il, fait-on
« dépendre ce qui chante toujours de ce qui ne
« chante jamais » ?

Et quelle est la langue qui ne chante pas, dès que l'expression s'anime et peint les mouvements de l'âme ?

« Je ne conçois pas, ajoute-t-il, la différence es-
« sentielle qu'on voudrait établir entre le chant

« vocal et l'instrumental. Quoi ! celui-ci émanerait
« des seules lois de l'harmonie et de la mélodie ;
« et l'autre, dépendant des inflexions de la parole,
« en serait une imitation ? C'est créer deux arts au
« lieu d'un. »

Ce n'est qu'un art, mais dont l'imitation est tantôt plus vague et tantôt plus déterminée. Il en est de la musique comme de la danse : celle-ci n'est souvent qu'un développement de toutes les graces dont le corps humain est susceptible, dans ses pas, ses mouvements, ses attitudes, en un mot, dans son action de tel ou de tel caractère, comme la gaieté, la mélancolie, la volupté, etc. Mais souvent aussi la danse est pantomime, et se propose l'imitation précise et propre d'un personnage et de son action : il en est de même du chant.

Que la musique instrumentale flatte l'oreille, sans présenter à l'âme aucune image distincte, aucun sentiment décidé, et qu'à travers le nuage d'une expression légère et confuse, elle laisse imaginer et sentir à chacun ce qu'il veut selon le caractère et la situation de son âme, c'en est assez. Mais on demande à la musique vocale une imitation plus fidèle, ou de l'image, ou du sentiment que la poésie lui donne à peindre ; et alors il n'est pas vrai de dire que la musique soit indépendante de la langue, puisqu'en s'éloignant trop des inflexions naturelles, sur-tout en les contrariant, elle n'aurait plus d'expression.

Les inflexions de la langue ne sont pas toutes appréciables, mais elles sont toutes sensibles ; et l'o-

7.

reille s'aperçoit très bien si le chant les imite, ou s'il en est trop éloigné.

La musique n'observe de l'accent prosodique que la durée relative des syllabes ; et peu lui importe sans doute qu'une syllabe soit plus ou moins longue ou qu'elle soit plus ou moins brève, pourvu qu'elle soit longue ou brève, c'est-à-dire qu'elle soit susceptible de lenteur ou de rapidité : dès que la voix peut se reposer deux temps de suite sur un son, il lui est permis dans toutes les langues de s'y reposer tant que la mesure l'exige : mais l'accent oratoire est un guide que la musique ne doit jamais abandonner, parce qu'il est lui-même la musique naturelle de la parole, c'est-à-dire le système des intonations et des inflexions qui, dans chaque langue, caractérisent et distinguent toutes les affections et tous les mouvements de l'âme. La plainte, la menace, la crainte, le désir, l'inquiétude, la surprise, l'amour, la joie et la douleur, toutes les passions enfin, tous leurs degrés, toutes leurs nuances, les intentions même de l'esprit et les modes de la pensée, comme la dissimulation, l'ironie, le badinage, ont leur expression naturelle, non-seulement dans la parole, mais dans les accents de la voix. Aux paroles qui expriment telle ou telle passion de l'âme, telle ou telle intention de l'esprit, attacher un accent contraire à celui que la nature ou que l'habitude y attache, ce serait donc ôter à l'expression son caractère et son effet. Or, il est certain que l'accent oratoire a, d'une langue à l'autre, des différences si marquées, qu'une Anglaise ou un Italien qui réciterait sur le théâtre français le rôle de Zaïre ou celui d'Orosmane, avec les accents de sa langue les plus touchants et les plus vrais, nous ferait rire au lieu de nous faire pleurer.

Si notre langue est musicale, ce n'est donc point parce que toutes les langues sont indifférentes à la musique, mais parce qu'elle a réellement de la mélodie et du nombre, et que ses inflexions naturelles sont assez sensibles pour servir de modèle aux inflexions du chant.

L'homme de lettres dont nous parlons a donc pu donner dans un excès ; mais un homme de lettres, non moins éclairé, a donné dans l'excès contraire. « Je vous félicite, nous dit-il, dans un *Traité du Mé-*
« *lodrame*, d'avoir abandonné vos vieilles psalmo-
« dies, pour vous faire initier dans la bonne mu-
« sique, dont les Pergolèse, les Galuppi vous ont
« facilité l'accès ; mais je ne puis m'empêcher de
« vous plaindre d'avoir poussé l'enthousiasme jus-
« qu'à prendre vos maîtres pour modèles. Oui, sans
« doute, la musique italienne est belle et touchante ;
« elle connaît seule toute la puissance de l'harmonie
« et de la mélodie ; sa marche, ses moyens, ses formes
« habituelles sont très propres à lui donner tout le
« charme dont elle est susceptible ; simple et précise
« dans le récit ordinaire, hardie et pittoresque dans
« le récit obligé, mélodieuse, périodique, cadencée,
« *une* enfin dans l'*air*, elle nous offre des procédés
« méthodiques et fondés sur sa propre nature ; mais
« tout cela, qu'est-ce en dernière analyse ? De la
« musique, un concert. Que si vous transportez sur

« un théâtre toutes ces formules nouvelles ; si vous
« voulez les employer pour faire mieux qu'un drame
« ordinaire, pour exagérer dans votre âme toutes
« les impressions que la scène, que la déclamation
« simple, ont coutume de lui faire éprouver, vous
« verrez que votre art sera contradictoire à votre
« objet, et vos moyens à votre fin. »

Voici donc quel est son système : « Il y a deux
« sortes de musiques, une musique simple et une
« musique composée; une musique qui chante et
« une musique qui peint, ou, si l'on veut, une mu-
« sique de concert et une musique de théâtre. Pour
« la musique de concert, choisissez de beaux mo-
« tifs, suivez bien vos chants, phrasez-les exacte-
« ment, et rendez-les périodiques; rien ne sera
« meilleur. Mais pour la musique de théâtre, n'ayons
« égard qu'aux paroles, et contentons-nous d'en
« renforcer l'expression par toutes les puissances
« de notre art. Ici j'oublie tous les principes ana-
« logiques, auxquels j'avoue que la musique est
« redevable de ses plus grands effets. Je ne m'em-
« barrasse plus des formes du récit, ni de celles que
« vous donnez à l'air; je néglige enfin toute idée
« de rhythme et de proportion; je ne veux qu'ex-
« primer chaque pensée, que rendre avec exactitude
« tout ce que je voudrai peindre; je quitterai mes
« motifs, je les multiplierai, je les tronquerai, je
« mêlerai l'air et le récit, je changerai les rhythmes,
« je multiplierai les phrases; mais je saurai bien
« vous en dédommager. »

Et nous dédommagerez-vous de la vérité simple,

énergique et inimitable d'une déclamation naturelle? Noterez-vous les accents de la voix de Mérope, les sanglots, les cris déchirants de la voix d'une Dumesnil? Avec des tons et des demi-tons, donnerez-vous à la parole les nuances si précieuses de son expression pathétique? Dédommagerez-vous la tragédie de l'espèce de mutilation à laquelle on l'a condamnée, pour épargner à la musique les gradations, les développements dont celle-ci est ennemie? Nous dédommagerez-vous des pensées approfondies que le poète s'est interdites, par la raison que leur caractère tranquille et grave de majesté, de force et d'élévation, sans aucun mouvement rapide et varié, n'était pas favorable au chant? Où sera la compensation de toutes les beautés qu'on aura sacrifiées à la musique? Une déclamation rompue, où le rhythme et la période seront tronqués à chaque instant; une déclamation entremêlée de traits de chant brisés, mutilés, avortés; une déclamation qui n'aura ni la vérité de la nature, ni aucun des agréments de l'art, vaut-elle bien ces sacrifices?

L'expression en sera pathétique dans les moments de force; mais dans les intervalles où la chaleur de la passion vous abandonnera, quelle monotonie et quelle insipide langueur! Et dans les moments même les plus passionnés, oubliez-vous que la vérité, dont vous voulez être l'esclave, vous interdit encore plus l'harmonie que la mélodie, et que l'accompagnement est une licence plus hardie et moins vraisemblable que le tour symétrique des chants phrasés et arrondis?

Mais cédons la parole à l'auteur de l'*Essai sur l'union de la poésie et de la musique* *.

« S'il est, dit-il en répondant au sévère auteur du
« *Traité du Mélodrame*, s'il est de l'essence de la mu-
« sique d'être mélodieuse ; si les formes de cette mu-
« sique de concert m'arrache des larmes, me ravit,
« me transporte, m'enchante, en exprimant des pas-
« sions dans la manière qui lui est propre, c'est-à-
« dire sans que l'expression nuise au chant, sans
« que la musique cesse d'être de la musique, pour-
« quoi l'interdire au théâtre? Est-ce pour avoir une
« déclamation plus vraie, que vous renoncez aux
« agréments du chant? Si c'est là votre objet, vous
« êtes averti que la Comédie-Française est très bien
« placée aux Tuileries; qu'on y joue tous les jours
« les pièces des trois grands tragiques; et que c'est
« là qu'il faut aller, plutôt qu'à l'Opéra, pour être
« fortement ému. »

Depuis quelque temps, on a beaucoup raisonné sur la nature du chant. Les uns ont dit que la musique était un art *indisciplinable*; qu'elle n'imitait que *par complaisance*; qu'*une expression soutenue et suivie n'était pas compatible avec ses formes passagères et fugitives*; que dans l'air le plus expressif, il y avait *nécessairement des passages contradictoires avec l'expression dominante*; et ils en ont donné pour exemple le premier verset du *Stabat* de Pergolèse. Les autres ont répondu qu'il était difficile, et non pas impossible de concilier avec l'expression l'unité du dessein dans un chant régulier; que c'était là le

* Le marquis de Chastellux.

problême de l'art, résolu cent fois par le génie ; et que ce premier verset du *Stabat*, où l'on ne trouvait des disparates que parce qu'on l'exécutait mal, était, d'un bout à l'autre, l'expression la plus sublime d'une douleur profonde, mêlée de plaintes et de sanglots. Le parti opposé au chant suivi, à la période musicale, a prétendu que les airs italiens les plus pathétiques et dans lesquels le dessein du chant était le mieux rempli, n'étaient rien que des madrigaux. L'autre parti en a appelé aux chants de madame Todi, au ravissement que nous causaient les airs pathétiques et mélodieux qu'elle exécutait dans nos concerts ; ils ont demandé si la scène de l'*Alexandre dans l'Inde*, *Poro dunque mori*, que le public ne s'est jamais lassé d'entendre et d'applaudir avec transport, était terminé par un madrigal ; et si cet air : *Se il ciel mi divide*, manquait ou d'unité dans le dessein, ou d'analogie dans l'expression ? ils ont demandé si l'air de l'*Olympiade, Se cerca l'amico*; si l'air du *Démophonte, Misero pargoletto*, étaient des madrigaux en paroles ? et si jamais aucun compositeur en avait fait des madrigaux en musique ? On a répondu que tous ces airs-là et mille autres n'étaient que de la musique de pupitre. On a répliqué qu'ils avaient commencé par avoir au théâtre les succès les plus éclatants. On a dit à cela que ce qui avait paru le sublime de l'expression sur les théâtres d'Italie et sur tous les théâtres de l'Europe, n'était pas digne de la scène française ; qu'un chant développé ralentirait trop l'action, et que *pour courir après elle*, il fallait qu'il s'interrompît. A quoi l'on a répondu encore, que, si le chant devait s'interrompre, ce n'était pas la peine qu'il commençât; qu'un dessein avorté ne faisait que tromper l'oreille; que, lorsque l'action devait courir, elle n'avait besoin que d'une déclamation courante; mais que l'intérêt de l'action demandait bien souvent que l'âme, affectée d'un sentiment, s'en occupât, et que la passion se repliât sur elle-même; que dans la tragédie l'action ne courait pas toujours; que non-seulement elle permettait, mais qu'elle exigeait, dans la scène, des développements qui en faisaient l'éloquence, et que c'était par-là sur-tout que les grands poètes se distinguaient; que ces développements, loin d'affaiblir l'intérêt de la situation, ne le rendaient que plus sensible; et qu'en retrancher les nuances et les gradations, ce ne serait pas abréger, ce serait mutiler la scène; qu'il en était de l'expression musicale comme de l'expression poétique; et qu'un sentiment développé par un beau chant, dans toutes ses nuances et dans toutes ses gradations, en devenait bien plus touchant; qu'à l'Opéra l'office du poète était d'esquisser le tableau, et que c'était au compositeur de remplir le dessein du poète; qu'ainsi le précepte d'Horace, *semper ad eventum festinat*, avait été mal entendu; qu'il fallait se hâter sans doute, mais quelquefois *se hâter lentement*, laisser à l'éloquence poétique, dans la tragédie, et à l'éloquence musicale, dans l'opéra, le temps d'employer ses moyens, et ne pas regarder comme perdus pour l'intérêt, les quatre ou cinq minutes, où dans l'air, par exemple, *Misero pargoletto*, un père exprime, par les accents les plus sensibles de la nature, sa tendresse pour son enfant, sa douleur et son désespoir.

Cette querelle n'aurait jamais fini, si l'un des plus habiles compositeurs d'Italie ne fût venu la terminer de la seule façon dont elle pouvait l'être. Il a essayé de rendre notre opéra chantant; et ses airs, où le chant est aussi développé, aussi arrondi, aussi fidèle au rhythme et à l'unité du dessein que dans la musique italienne, ont paru, même aux oreilles françaises, des modèles d'expression. Voilà, je crois, la question décidée; et les seuls airs d'Oreste et de Pilade dans l'*Iphigénie en Tauride* de M. Piccini, ont mieux résolu la difficulté que cent brochures, pour et contre, n'auraient jamais pu l'éclaircir.

Vinci est regardé comme l'inventeur de la période musicale, c'est-à-dire du chant réduit à l'unité du dessein. Dans des vers faits à la louange de ce compositeur célèbre, voici la leçon qu'on a feint que Polymnie lui avait donnée lorsqu'il était encore enfant. Je ne cite ces vers que parce qu'ils rendent plus sensible la théorie de l'art du chant[*] :

> Lorsqu'à tes yeux la rose ou l'anémone
> S'épanouit; quand les dons de Pomone,
> Le doux raisin, la pêche au teint vermeil
> Sont colorés aux rayons du soleil ;

---

[*] Ces vers sont extraits du poëme de *Polymnie*, que composa Marmontel dans la chaleur de la guerre des Piccinistes et des Gluckistes. Cette production n'a été long-temps connue que par des fragments insérés, soit dans la collection des œuvres de l'auteur, soit dans divers recueils. Il en a paru pour la première fois une édition complète en 1818. H. P.

Tu crois jouir de la simple nature :
Apprends, mon fils, que la fleur, que le fruit
Tient sa beauté d'une lente culture ;
Que la nature a d'abord tout produit
Négligemment, comme le fruit sauvage,
Comme la fleur des champs et des buissons ;
Et que plus riche, et plus belle, et plus sage,
Elle doit tout à l'heureux esclavage
Où la tient l'art, formé par ses leçons.
Oui, son disciple est devenu son maître :
En l'imitant, il sait la corriger ;
Il suit ses pas pour la mieux diriger ;
Il rend meilleur tout ce qu'elle fait naître,
Et l'avertit de ne rien négliger.
Si tu veux voir la mélodie éclore,
Du laboureur écoute la chanson :
Elle ressemble au fruit de ce buisson,
A cette fleur pâle, simple, inodore,
Qui sous la faux tombe avec la moisson.
Je l'avais pris inculte à son aurore,
Ce fruit sauvage, et pour moi précieux ;
Je le cultive ; il croît, il se colore :
Je le cultive ; il s'embellit encore ;
Le voilà mûr ; il est délicieux.
Imite-moi. Sous un orme où l'on danse,
Tu vois souvent Philémon et Baucis
Sauter ensemble : un pas lourd, mais précis,
Marque le nombre et note la cadence.
Ce mouvement, dans les sons de la voix,
A pour l'oreille un attrait qui l'enchante :
Dans les forêts, le sauvage qui chante,
Fidèle au rhythme, en observe les lois.
Tel est le chant, même dès sa naissance.

Et garde-toi, par l'erreur aveuglé,
De lui donner un moment de licence :
Comme un pendule il doit être réglé ;
Et la mesure en est l'âme et l'essence.
Ce n'est pas tout : suspendus à propos,
Ses mouvements sont mêlés de repos.
Ainsi les sons, liés en période,
Auront leur cercle aussi bien que les mots.
Et, mon enfant, laisse dire les sots :
Comme l'esprit, l'oreille à sa méthode.

On te dira qu'un style mutilé,
Dur, raboteux, dissonant, empoulé,
A la nature est un chant qui ressemble ;
N'en crois jamais que l'oreille et l'instinct
Qui d'un chant pur, analogue, et distinct,
A préféré la rondeur et l'ensemble.
Le grand problême et l'écueil de mon art,
C'est le motif ; c'est ce coup de lumière,
Ce trait de feu, cette beauté première,
Que le génie obtient seul du hasard.
Un long travail peut donner tout le reste :
Par des calculs on aura des accords,
Avec du bruit on remuera... les corps ;
Mais la pensée est comme un don céleste.
Je la réserve à mes vrais favoris ;
Je te la donne, à toi que je chéris.
Un maladroit quelquefois la rencontre ;
Mais il la gâte, ou la laisse échapper.
L'esprit, le goût, l'habileté se montre
Dans le talent de la développer.
D'un dessin pur l'unité variée,
Un tour facile, élégant, arrondi,
Un essor libre et sagement hardi,

Et la nature avec l'art mariée ;
Voilà le chant par les dieux applaudi.
Marmontel, *Éléments de Littérature.*

CHAPELAIN (Jean), né à Paris, le 4 décembre 1595, était fils d'un notaire au Châtelet. Il fit d'excellentes études ; outre le grec et le latin qu'il possédait parfaitement, il parvint à apprendre l'espagnol et l'italien sans le secours d'aucun maître. Chargé de l'éducation des deux fils de M. de la Trousse, grand-prévôt de France, il dirigea avec tant de succès les études de ses élèves, que leur père lui confia l'administration de ses affaires. Cette éducation dura dix-sept ans. Au milieu de ces occupations, il traduisit le roman espagnol de *Gusman d'Alfarache*, et désireux de se faire un nom dans la littérature, il étudia à fond les principes de la poétique. Une circonstance inattendue lui fournit bientôt l'occasion de se faire connaître. Le cavalier Marini étant venu en France pour faire imprimer son poème de l'*Adone*, il consulta Chapelain, qui mit en tête de l'ouvrage une préface. Le cardinal de Richelieu la remarqua, et dès ce moment il devint le protecteur de Chapelain. Lorsque l'Académie française fut créée, Chapelain, qui faisait partie de cette réunion d'hommes de lettres dont elle fut primitivement formée, fut un des commissaires désignés pour en rédiger les statuts. Il détermina le genre de travaux dont cette compagnie aurait à s'occuper, et dressa le plan d'un dictionnaire et d'une grammaire française. Ce fut encore lui qui, dans la suite, tint la plume pour la rédaction des *sentiments de l'Académie sur le Cid*. Préférant des occupations de son goût à toute autre destinée plus avantageuse, il avait refusé, vers 1632, la place de secrétaire d'ambassade du comte de Noailles, qui lui avait proposé de l'emmener à Rome. Richelieu lui sut bon gré de ce refus, et le dédommagea par ses bienfaits : une pension de mille écus, et une pleine autorité sur tous les poètes qu'il avait à ses gages, telles furent les premières faveurs du cardinal, à qui la reconnaissance de Chapelain dédia une ode qui est restée le meilleur de ses ouvrages, et qui n'est pas sans mérite, puisque Boileau lui-même la trouvait assez belle. Chapelain devint, dès ce moment, l'oracle de tous les écrivains et sur-tout des poètes. Racine, dans sa jeunesse, ne le consulta pas sans fruit sur son ode de la *Nymphe de la Seine*, puisqu'il lui dut plusieurs corrections utiles, et ce qui ne valait guère moins, 100 louis et une pension de 600 livres de la part du roi. Chapelain fut chargé par Colbert de dresser la liste des savants et des littérateurs tant étrangers que nationaux, sur qui Louis XIV voulait répandre ses libéralités; mais comme on doit s'y attendre, le choix dont il fut honoré sans lui faire beaucoup de partisans, accrut encore le nombre de ses ennemis. Chapelain était en France le chef de la littérature, lorsque parut sa *Pucelle*, ouvrage de plus de 20 années de travail, et prôné d'avance comme le chef-d'œuvre de l'esprit humain. Le plan d'abord en prose avait été jugé fort beau; mais lorsqu'elle fut mise au jour, ses vers durs et anti-poétiques désenchantèrent un grand nombre de ses admirateurs; et une gloire de quarante années s'écroula en un instant. A la vérité, ce poème eut six éditions en dix-huit mois, et reçut beaucoup d'éloges pompeux; mais il ne s'attira pas moins d'épigrammes sanglantes, et les épigrammes prévalurent parce qu'elles étaient justes. Montmaur adressa ce distique à Chapelain:

Illa Capellani dudùm expectata puella,
 Post tanta in lucem tempora prodit anus.

Le poète Linière le traduisit ainsi:

Nous attendions de Chapelain
Une pucelle
Jeune et belle:
Vingt ans à la former il perdit son latin;
Et de sa main
Il sort enfin
Une vieille sempiternelle.

Pour consoler l'auteur, le duc de Longueville doubla la pension de mille écus qu'il lui avait faite pendant tout le cours de son travail; pension dont Chapelain, très ami de l'argent, fut soupçonné d'avoir prolongé la durée, en prolongeant celle de sa composition. Boileau, sans égard pour les hauts personnages protecteurs déclarés de l'auteur de *la Pucelle*, couvrit le poème et le poète d'un ridicule ineffaçable. Mais quand il disait de Chapelain:

Qu'on vante en lui la foi, l'honneur, la probité,
Qu'on prise sa candeur et sa civilité,
Qu'il soit doux, complaisant, officieux, sincère,
On le veut, j'y souscris, et suis prêt à me taire.

Boileau ne faisait pas seulement une concession maligne à l'avantage de l'homme, pour retomber avec plus de force sur l'écrivain, il rendait aussi un témoignage sincère des bonnes qualités de Chapelain, qui était en effet homme d'honneur et très officieux. On a déjà cité une preuve de son désintéressement : on pourrait y en ajouter plusieurs autres ; mais ce qui surprendra, c'est qu'à cette vertu il alliait un vice tout contraire : il était d'une avarice sordide, et cette avarice fut cause de sa mort. Un jour qu'il allait à l'Académie par un temps de pluie, n'ayant voulu ni payer pour passer le ruisseau sur une planche, ni attendre qu'il fût moins large, dans la crainte de perdre ses jetons, il eut, en le traversant, de l'eau jusqu'à mi-jambe, et, arrivé à l'Académie, au lieu de s'approcher du feu, il s'assit à un bureau, pour qu'on ne s'aperçût pas que ses jambes étaient mouillées. Le froid le saisit, et il en eut une oppression de poitrine, dont il mourut le 22 février 1674, âgé de soixante-dix-neuf ans. On trouva 50,000 écus chez lui.

Le poème de *la Pucelle* n'a point été publié en entier. Il parut en 1656, et les premières éditions n'en contiennent que douze chants ; celle de 1755 en a quinze, celle de 1756, dix-huit, et celle de 1757, vingt. Mais les quatre derniers n'ont jamais été imprimés. Outre ce poème et la traduction de *Gusman d'Alfarache*, on a de Chapelain une *paraphrase en vers du Miserere*, 1636, in-4°, des *Odes* et des *Mélanges de littérature*, Paris, 1726, in-12. On y trouve le *Mémoire de* (sur) *quelques gens de lettres vivant en* 1662, *dressé par ordre de Colbert.*

Auger.

JUGEMENTS.

I.

Sans *la Pucelle*, Chapelain aurait eu de la réputation parmi les gens de lettres. Ce mauvais poème lui valut beaucoup plus que l'*Iliade* à Homère. Chapelain fut pourtant utile par sa littérature*. Ce fut lui qui corrigea les premiers vers de Racine. Il commença par être l'oracle des auteurs, et finit par en être l'opprobre.

Voltaire, *Siècle de Louis XIV*.

II.

Chapelain a plus de jugement que Scudery : la marche de son poème est plus raisonnable, et pouvait avoir quelque intérêt, s'il avait su écrire. Voltaire a blâmé le choix de son sujet, qu'il ne croyait pas susceptible d'être traité sérieusement. Un de mes confrères à l'Académie française a combattu cette opinion avec beaucoup d'esprit; et l'on peut croire en effet qu'avant l'existence d'un autre poème, fort différent de celui de Chapelain, l'héroïne d'Orléans, appelée *la Pucelle*, pouvait avoir dans la poésie la dignité qu'elle a dans l'histoire. Mais je doute, même dans cette supposition, que cette époque de l'histoire de France pût fournir à l'épopée

---

*Si Chapelain eût pris le parti que lui conseillait Boileau, par le fameux hémistiche, *Que n'écrit-il en prose ?* il se fût épargné bien des tourments; et se fût peut-être fait un nom autrement que par le ridicule.

Chamfort, *Maximes et Pensées*.

un ouvrage intéressant. Il est bon qu'un poème trouve l'imagination déjà prévenue pour le héros; et ni Dunois, ni même Charles VII, ni Jeanne d'Arc, malgré son courage et ses exploits, n'ont joué, ce me semble, un assez grand rôle pour remplir la majesté de l'épopée: c'est là sur-tout que l'héroïsme doit être au plus haut point. Je ne parle pas des fictions que ne permettent guère une époque si récente et le lieu de la scène si voisin : les fictions aujourd'hui ne se présentent naturellement que dans l'éloignement des temps et des lieux. L'auteur de *la Henriade* s'en est passé, mais il est soutenu par l'intérêt attaché au nom de son héros, et par les beautés d'une philosophie aimable qui remplace, du moins en partie, le charme des fictions poétiques; et, malgré ces ressources et son talent supérieur pour la versification, il est resté fort au-dessous d'Homère, de Virgile et du Tasse, pour l'imagination et l'intérêt, tant la machine de l'épopée a besoin des ressorts du merveilleux*!

La dureté du style de Chapelain est célèbre, et il a été de son vivant assez tourmenté par Boileau pour obtenir aujourd'hui qu'on laisse en paix sa cendre. Mais, si l'on veut voir encore un exemple

* On pourrait soutenir contre La Harpe, que la délivrance de la France par Jeanne-d'Arc offre à l'épopée un sujet qui ne manque certainement ni d'intérêt ni de grandeur, et dans lequel le merveilleux se place naturellement, avantage qui manque à la plupart des sujets modernes. Mais c'est à un poète qu'il appartient d'en fournir la démonstration; espérons qu'elle ne nous manquera pas, et que l'héroïne française sera enfin vengée par un beau poème des profanations si diverses de Chapelain et de Voltaire. H. P.

des fausses idées que l'on prenait alors dans les anciens législateurs des beaux arts, si mal interprétés par les modernes, il n'y a qu'à lire la préface où il rend compte du dessein de son poème et de la manière dont il a voulu conformer son plan aux principes d'Aristote. Le philosophe grec a dit que l'épopée avait pour objet, non pas le réel, mais le possible, l'universel; ce qui signifiait simplement que le poète n'était point astreint à la vérité historique, et qu'il était le maître de présenter les faits, non pas tels qu'ils étaient, mais tels qu'ils pouvaient être. Chapelain abuse de ce précepte si clair et si raisonnable pour l'appliquer à un système d'allégorie, rêverie purement moderne, et qui n'a jamais existé dans la tête des anciens; et voici comme il nous explique *le mystère* de son poème : c'est le terme dont il se sert avec beaucoup de raison, comme on va voir :

« Je lèverai ici le voile dont ce mystère est cou-
« vert, et je dirai en peu de paroles qu'afin de ré-
« duire l'action à l'universel, suivant les préceptes,
« et de ne la priver pas du sens allégorique par
« lequel la poésie est faite un des principaux ins-
« truments de l'architectonique, je disposai la ma-
« tière de telle sorte, que la France devait repré-
« senter *l'âme de l'homme* en guerre avec elle-même,
« et travaillée par les plus violentes de toutes les
« émotions : le roi Charles, *la volonté*, maîtresse
« absolue et portée au bien par sa nature, mais
« facile à porter au mal par l'apparence du bien;
« l'Anglais et le Bourguignon, sujets et ennemis de

« Charles, les divers transports de *l'appétit irascible*,
« qui altèrent l'empire légitime de la volonté;
« Amaury et Agnès, l'un favori et l'autre amante du
« prince, les différents mouvements de *l'appétit con-*
« *cupiscible*, qui corrompent l'innocence de *la vo-*
« *lonté*, par leurs inductions et par leurs charmes; le
« comte de Dunois, parent du roi, inséparable de
« ses intérêts, et champion de sa querelle, *la vertu*,
« qui a ses racines dans *la volonté*, qui maintient
« les semences de la justice qui sont en elle; et qui
« combat toujours pour l'affranchir de la tyrannie
« des passions; Tannegui, chef du conseil de Char-
« les, *l'entendement* qui éclaire *la volonté* aveugle;
« la Pucelle qui vient assister le monarque contre
« le Bourguignon et l'Anglais, et qui le délivre
« d'Agnès et d'Amaury, *la grâce divine*, qui, dans
« l'embarras ou l'abattement de toutes les puissances
« de *l'âme*, vient raffermir *la volonté*, soutenir
« *l'entendement*, se joindre à *la vertu*, et, par un
« victorieux effort, assujettissant à *la volonté les*
« *appétits irrascible* et *concupiscible* qui la trou-
« blent et l'amollissent, produire cette paix inté-
« rieure et cette parfaite tranquillité en quoi toutes
« les opinions conviennent que consiste *le souverain*
« *bien.* »

On connaissait déjà, graces à Boileau, quelques
traits de la muse de Chapelain; mais j'ai cru que
peu de gens connaissaient sa prose, et que cet échan-
tillon pouvait paraître curieux. On voit qu'il est
bon quelquefois de tout lire, et de feuilleter jusqu'aux préfaces de ces poudreux auteurs, placés

comme des épouvantails dans les bibliothèques, où ils semblent se défendre par leur masse *in-folio* autant que par l'effroi que leur seul titre inspire. Il faut bien ne pas s'épouvanter, et se résoudre à acheter quelques découvertes par un peu d'ennui. On trouvera d'abord tout simple qu'il n'y ait pas beaucoup de poésie dans une tête remplie de ce galimatias métaphysique. Mais, dans le fait, ce n'était qu'un tribut payé à la mode, généralement reçue, d'affecter une érudition scolastique; et il est probable que Chapelain, dont l'ouvrage, ridicule par le style, n'est pas déraisonnable par le fond, avait arrangé toutes ses allégories sur son plan déjà tout fait, et non pas son plan sur ses allégories. Ce qui rend cette opinion plausible, c'est que le Tasse lui-même donna une explication à peu près semblable de sa *Jérusalem délivrée*, qui n'en est pas moins un ouvrage admirable. On sait qu'il ne prit ce parti que pour répondre aux critiques qui avaient blâmé ses fictions, et pour les rendre respectables sous le voile de l'allégorie morale et religieuse, qui semblait alors devoir tout consacrer.

La Harpe, *Cours de Littérature*.

III.

Balzac mit Chapelain en réputation, et véritablement ce dernier avait beaucoup de littérature. Son poème de *la Pucelle*, trop vanté avant de paraître, détruisit en un moment la réputation prématurée qu'il avait eu l'adresse d'usurper. Cet exemple doit effrayer tous ces écrivains qui se pressent de recueillir les suffrages des sociétés par des ouvrages qu'ils gardent prudemment dans leurs portefeuilles, et qui devraient n'en sortir jamais.

Le moindre défaut de *la Pucelle* est d'être ennuyeuse. Le style d'ailleurs, à quelques endroits près, en est si âpre et si hérissé d'inversions dures, que Racine et Boileau s'imposaient pour punition, dans des jeux de société, d'en lire quelques vers. Nous avons vu les tragédies de Marmontel servir au même usage.

La satire la plus juste est toujours mêlée d'exagération : si Chapelain était loin du sommet, il n'était pas du moins au plus bas degré du Parnasse; et Boileau lui-même ne put s'empêcher de dire :

>Un vers noble, quoique dur,
>Peut s'offrir dans *la Pucelle.*

Mais nous en connaissons de très nobles, et qui ne sont pas durs. Voici, entre autres, une comparaison qui nous tombe sous les yeux, et qui prouve qu'avec un peu de goût, Chapelain n'eût pas été médiocrement poète :

>Tel est un fier lion, roi des monts de Cyrène,
>Lorsque de tout un peuple entouré sur l'arène,
>Contre sa noble vie, il voit de toutes parts
>Unis et conjurés les pieux et les dards;
>Reconnaissant pour lui la mort inévitable,
>Il résout à la mort son courage indomptable;
>Il y va sans faiblesse, il y va sans effroi,
>Et la devant souffrir, la veut souffrir en roi.

Nous serions flattés de trouver de pareils vers dans quelques-uns de nos jeunes poètes.

PALISSOT, *Mémoires sur la Littérature.*

CHAPELAIN.

MORCEAUX CHOISIS.

I. Dieu.

Loin des murs flamboyants qui renferment le monde,
Dans le centre caché d'une clarté profonde,
Dieu repose en lui-même, et, vêtu de splendeur,
Sans bornes est rempli de sa propre grandeur ;
Une triple personne, en une seule essence,
Le suprême pouvoir, la suprême science,
Et le suprême amour unis en Trinité,
Dans son règne éternel forment sa majesté*.
Au même tribunal où, tout bon, il réside,
La sage Providence à l'univers préside ;
Et plus bas, à ses pieds, l'inflexible Destin
Recueille les décrets du jugement divin.
De son être incréé tout est la créature :
Il voit rouler sous lui l'ordre de la nature ;
Des éléments divers il est l'unique lien,
Le père de la vie et la source du bien.
Tranquille possesseur de la béatitude,
Il n'a le sein troublé d'aucune inquiétude ;
Et voyant tout sujet aux lois du changement,
Seul, ne pouvant changer, dure éternellement.

II. Au cardinal de Richelieu.

Grand Richelieu, de qui la gloire,
Par tant de rayons éclatants,
De la nuit de ces derniers temps
Éclaircit l'ombre la plus noire ;

---

* C'est peut-être à ces vers de Chapelain qu'on est redevable de ces deux beaux vers de Voltaire, sur la Trinité :

> La puissance, l'amour, avec l'intelligence,
> Unis et divisés, composent son essence.
>
> F.

CHAPELAIN.

Puissant esprit, dont les travaux
Ont borné le cours de nos maux,
Accompli nos souhaits, passé notre espérance,
Tes célestes vertus, tes faits prodigieux
Font revoir en nos jours, pour le bien de la France
La force des héros, et la bonté des dieux.

    Le long des rives du Permesse
    La troupe de ses nourrissons
    Médite pour toi des chansons
    Dignes de l'ardeur qui les presse;
    Ils sentent ranimer leurs voix
    A l'aspect de tes grands exploits,
Et font de ta louange un concert magnifique.
La gravité s'y mêle avecque les douceurs;
Apollon y préside, et, d'un ton héroïque,
Fait soutenir leur chant par celui des neuf sœurs.

    Ils chantent quel fut ton mérite
    Quand, au gré de nos matelots,
    Tu vainquis les vents et les flots,
    Et domptas l'orgueil d'Amphitrite;
    Quand notre commerce affaibli,
    Par toi puissamment rétabli,
Dans nos hâvres déserts ramena l'abondance;
Et que, sur cent vaisseaux maîtrisant les dangers,
Ton nom seul aux Français redonna l'assurance,
Et fit naître la crainte aux cœurs des étrangers.

    Ils chantent l'effroyable foudre
    Qui, d'un mouvement si soudain,
    Partit de ta puissante main
    Pour mettre Pignerol en poudre:
    Ils disent que tes bataillons,
    Comme autant d'épais tourbillons,

Ébranlèrent ce roc jusque dans ses racines ;
Que même le vaincu t'eut pour libérateur,
Et que tu lui bâtis, sur ses propres ruines,
Un rempart éternel contre l'usurpateur.

   Ils chantent nos courses guerrières,
    Qui, plus rapides que le vent,
    Nous ont acquis, en te suivant,
   La Meuse et le Rhin pour frontières :
    Ils disent qu'au bruit de tes faits
    Le Danube crut désormais
N'être pas en son antre assuré de nos armes :
Qu'il redouta le joug, frémit dans ses roseaux,
Pleura de nos succès, et, grossi de ses larmes
Plus vite vers l'Euxin précipita ses eaux.

   Ils chantent tes conseils utiles,
   Par qui, malgré l'art des méchants,
   La paix refleurit dans nos champs,
   Et la justice dans nos villes :
   Ils disent que les immortels
   De leur culte et de leurs autels
Ne doivent qu'à tes soins la pompe renaissante,
Et que ta prévoyance et ton autorité
Sont les deux forts appuis dont l'Europe tremblante
Soutient et raffermit sa faible liberté.

   . . . .

   Je pourrais parler de ta race,
   Et de ce long ordre d'aïeux
   De qui les beaux noms dans les cieux
   Tiennent une si belle place ;
   Dire les rares qualités
   Par qui ces guerriers indomptés
Ajoutent tant de lustre à nos vieilles histoires ;

Et montrer aux mortels, de leur gloire étonnés,
Quel nombre de combats, d'assauts et de victoires
Les rend dignes des rois qui nous les ont donnés.

  De quelque insupportable injure
  Que ton renom soit attaqué,
  Il ne saurait être offusqué;
  La lumière en est toujours pure.
  Dans un paisible mouvement
  Tu t'élèves au firmament,
Et laisse contre toi murmurer sur la terre.
Ainsi le haut Olympe à son pied sablonneux
Laisse fumer la foudre et gronder le tonnerre,
Et garde son sommet tranquille et lumineux*.

  Tu vois dessous toi l'injustice
  Tâcher en vain de t'offenser;
  D'un regard tu peux renverser
  Et l'insolence et l'artifice:
  Ton courage au monstre fatal
  Est toujours plus fort que le mal:
Sur le solide honneur sa base est établie;
Le droit et la raison l'accompagnent toujours;
Et, sans que sa vigueur soit jamais affaiblie,
Qu'on cède ou qu'on résiste, il va d'un même cours.

 * Le Brun, dans son *Ode à Buffon*, a ainsi imité cette strophe:

    Buffon, laisse gronder l'envie;
    C'est l'hommage de sa terreur:
    Que peut sur l'éclat de ta vie
    Son obscure et lâche fureur?
    Olympe, qu'assiège un orage,
    Dédaigne l'impuissante rage
    Des aquilons tumultueux;
    Tandis que la noire tempête
    Gronde à ses pieds, sa noble tête
    Garde un calme majestueux.

CHAPELAIN.

  Tu n'es point charmé des richesses;
  Les dons ne te peuvent tenter;
  Et tu n'en saurais accepter
  Que pour en faire des largesses.
  Si ton prince, outre ton souhait,
  T'honore de quelque bienfait,
Soudain tu le répands en des graces diverses;
Tu n'en as que la fleur, nous en avons le fruit :
Recevant les faveurs, aussitôt tu les verses;
Et le bien qui te cherche en même temps te fuit.

  Durant la plus fière tempête
  Il abandonne son salut,
  Et n'a pour véritable but
  Que d'en garantir notre tête :
  Avec quelque noire fureur
  Que, plein de colère et d'horreur,
Le ciel tonne sur nous, et le sort nous poursuive,
A leurs traits inhumains il s'expose pour nous;
Et, parmi les transports d'une amour excessive,
Il n'est point de tourment qui ne lui semble doux.

  Ébloui de clartés si grandes,
  Incomparable Richelieu,
  Ainsi qu'à notre demi-dieu
  Je te viens faire mes offrandes.
  L'équitable siècle à venir
  Adorera ton souvenir,
Et du siècle présent te nommera l'Alcide;
Tu serviras un jour d'objet à l'univers,
Aux ministres d'exemple, aux monarques de guide,
De matière à l'histoire, et de sujet aux vers.

CHAPELLE (Claude-Emmanuel LUILLIER), fils naturel de François Luillier, maître des comptes, naquit en 1626, au village de La Chapelle, entre Paris et Saint-Denis. On voit que c'est le lieu de sa naissance qui lui a donné le nom qu'il a toujours porté, quoique son père l'ait fait légitimer lorsqu'il eut atteint sa seizième année. Les jésuites avaient commencé les études du jeune Chapelle, et Gassendi, ami de son père, les acheva. Il lui donna des leçons de philosophie auxquelles furent admis Molière et Bernier. Après la mort de son père, en 1652, Chapelle, possesseur d'une fortune assez considérable, et trop ami du plaisir et de l'indépendance pour sacrifier ses goûts au choix d'un état, ne songea qu'à briller dans le monde. La délicatesse et la vivacité de son esprit, son goût naturel pour la poésie le firent rechercher des gens de lettres les plus célèbres. Il fut l'ami et quelquefois le conseil de Racine, de Despréaux, de Molière et de La Fontaine. Aimé pareillement et recherché des grands, il ne put jamais se résoudre à leur sacrifier une heure du plaisir qu'il trouvait à passer avec des égaux ou des inférieurs. Le duc de Brissac lui avait fait promettre d'aller séjourner avec lui quelque temps dans une de ses terres : Chapelle part, arrive à Angers et va dîner chez un chanoine de ses amis. En feuilletant un vieux *Plutarque* qui lui tombe sous la main, ses yeux se fixent sur le chapitre intitulé : *Qui suit les grands, serf devient*. Il croit lire son devoir dans cet axiome, et va sur-le-champ dire à M. de Brissac qu'il lui est impossible de l'accompagner plus loin, et il lui en donne la raison. Le duc lui représente vainement qu'il serait entièrement libre chez lui, Chapelle répond à toutes ses instances : « Plutarque l'a dit; cela ne vient pas « de moi. Ce n'est pas ma faute; mais Plutarque « a raison. » On assure que Chapelle a fourni plusieurs traits à la comédie des *Plaideurs*, de Racine, qui, s'il en faut croire la tradition, fut en partie composée à table. Racine lui dèmandant un jour ce qu'il pensait de *Bérénice* : « Ce que j'en pense, ré-« pondit-il :

« Marion pleure, Marion crie,
« Marion veut qu'on la marie. »

Cette critique plaisante fit, dit-on, beaucoup de peine à Racine, dont la susceptibilité était fort grande. Le bruit courait que Chapelle aidait beaucoup Molière dans la composition de ses comédies, et il ne démentait pas ce bruit assez fortement pour le faire tomber. Pressé pour sa comédie des *Fâcheux*, Molière le pria de lui faire la scène de Caritidès; celle qu'il apporta était si mauvaise que Molière le menaça de la montrer à tout le monde, s'il laissait encore croire qu'il travaillait à ses pièces.

Chapelle, comme tous les épicuriens, était très adonné au vin : Boileau avait entrepris de le guérir de son penchant, et le rencontrant un jour dans la rue, il commence à le prêcher et à lui faire de sérieux reproches. « J'ai résolu de me corriger, dit « Chapelle; je sens la force de vos raisons; mais pour « achever de me persuader, entrons ici; vous mora-

« liserez plus à votre aise. » Il l'entraîne dans un cabaret, et voilà Boileau qui, toujours prêchant et toujours buvant, s'enivre lui-même.

Chapelle, à la fin d'un repas, était fort éloquent, et formait alors les projets les plus extravagants. Il restait ordinairement le dernier à table, et se mettait à expliquer aux valets la philosophie d'Épicure. Un jour, s'étant enivré tête-à-tête avec un maréchal de France, ils formèrent le dessein d'aller prêcher la foi en Turquie, et de s'y faire martyriser; mais en discutant avec chaleur sur les prérogatives de leurs droits respectifs, ils s'envoyèrent des assiettes à la tête, et leurs beaux projets de conversion finirent par un combat à coup de poings. Chapelle était de ce fameux souper d'Auteuil, où les convives, après avoir bien bu, moralisèrent sur les misères de la vie humaine, et résolurent d'aller chercher un meilleur sort au fond de la rivière, résolution qu'ils voulaient exécuter sur-le-champ, mais dont Molière, qui était alors au régime, les détourna, en leur représentant que le grand jour devait éclairer une action si héroïque. On sait que le lendemain aucun d'eux ne se pressa de tenir sa promesse. La conversation de Chapelle était si vive, si séduisante qu'on ne pouvait s'empêcher de prendre beaucoup de part à ce qu'il racontait. Un jour, la femme de chambre de mademoiselle Chouars, son amie, surprend sa maîtresse et lui tout en pleurs; effrayée d'abord, elle en demande la cause avec empressement : « Nous pleurons, dit Chapelle, la mort de ce « pauvre Pindare que les médecins ont tué; » et là-dessus il recommence un récit si pathétique de la mort de ce poète, arrivée depuis plus de deux mille ans, que la femme de chambre elle-même se met de la partie et fond en larmes. On doit croire qu'un homme de l'humeur et de la conduite de Chapelle ne pouvait faire de la poésie une occupation sérieuse. Ses vers négligés et faciles portent l'empreinte de son caractère; ils paraissent inspirés par le plaisir et l'indolence; mais ils ont du naturel, de l'esprit et de l'enjouement : ces qualités se trouvent au plus haut degré

> Dans le récit de ce voyage,
> Qui du plus charmant badinage
> Fut la plus charmante leçon.

C'est ainsi que Voltaire caractérise ce *Voyage à Montpellier*, que Chapelle fit et écrivit en société avec son ami Bachaumont. « Sa vie voluptueuse et « son peu de prétention, dit encore Voltaire, con- « tribuèrent à la célébrité de ses petits ouvrages ». Il mourut à Paris en septembre 1686. Outre son *Voyage*, on a de lui quelques petites pièces fugitives en vers et en prose. Lefèvre de Saint-Marc a donné en 1755, en deux volumes in-12, une édition du *Voyage de Chapelle et de Bachaumont*, et des ouvrages du premier, avec des notes et des mémoires sur la vie de l'un et de l'autre.

La méprise d'un éditeur qui avait confondu l'écrivain dont nous parlons avec Lachapelle, auteur du roman des *Amours de Catulle et de Tibulle*, de la tragédie de *Cléopâtre*, et d'autres ouvrages oubliés, donna occasion à cette épigramme de l'abbé de Chaulieu :

> Lecteur, sans vouloir t'expliquer,
> Dans cette édition nouvelle,
> Ce qui pourrait t'alambiquer
> Entre Chapelle et Lachapelle,
> Lis leurs vers, et dans le moment
> Tu verras que celui qui si maussadement
> Fit parler Catulle et Lesbie,
> N'est pas cet aimable génie
> Qui fit ce voyage charmant
> Mais quelqu'un de l'Académie.
>
> AUGER.

JUGEMENT.

On ne sait pas ce qui appartient en propre à Chapelle dans ce *Voyage*, qu'il fit en commun avec Bachaumont, et qui est de tout point un petit chef-d'œuvre. C'est encore un de ces morceaux qui prouvent que le dernier siècle eut, jusque dans les petites choses, une originalité et une richesse de talent qui lui sont propres; car, quoique nous ayons plusieurs *Voyages*, où des auteurs de beaucoup de mérite, Desmahis, Lefranc, M. de Parny, ont essayé de rivaliser avec celui de Chapelle, aucun n'a pu en approcher. Mais c'est là tout Chapelle. Ses autres poésies, qu'on a jointes à celles du chevalier d'Aceilly, ne les valent même pas, quoique celles-ci soient extrêmement faibles. Chapelle devait pourtant se tirer assez bien de l'impromptu (qui d'ailleurs est assez ami du vin), si l'on en juge par les deux suivants, que je ne me souviens pas d'avoir imprimés nulle part, et qui sont en effet de ces bagatelles qui ne méritent que les honneurs de la tradition, après avoir eu ceux de la table. Le premier est adressé à Boileau, qui venait aussi de s'égayer jusqu'à faire, entre deux vins, un petit quatrain contre Chapelle :

> Qu'avec plaisir de ton haut style
> Je te vois descendre au quatrain !
> Bon Dieu ! que j'épargnai de bile
> Et d'injures au genre humain,
> Quand, renversant ta cruche à l'huile,
> Je te mis le verre la main.

L'autre est sur le fameux gourmand Broussin, celui à qui le *Voyage* fut adressé:

> Broussin, dès l'âge le plus tendre,
> Inventa la Sauce-Robert,
> Mais jamais il ne put apprendre
> Ni son *Credo*, ni son *Pater*.

CHARRON (Pierre) naquit à Paris en 1541. Après avoir étudié le droit dans les écoles d'Orléans et de Bourges, il fut reçu avocat et suivit le barreau pendant l'espace de cinq ou six ans. Mais s'étant dégoûté de cette carrière, il s'appliqua à l'étude de la théologie et embrassa l'état ecclésiastique. Ses prédications dans la Gascogne et le Languedoc lui valurent plusieurs bénéfices. Il fut successivement théologal de Baras, d'Acqs, de Leictoure, d'Agen, de Cahors, de Condom et de Bordeaux, et il obtint le titre de prédicateur ordinaire de la reine

Marguerite. A l'âge de quarante-sept ans, Charron revint à Paris pour y accomplir le vœu qu'il avait fait d'entrer dans un ordre religieux; mais ayant été refusé aux Chartreux et aux Célestins, à cause de son âge, il se crut dégagé de ce vœu, et alla reprendre les stations à Angers et à Bordeaux. Ce fut dans cette dernière ville qu'il se lia de la plus étroite amitié avec Montaigne, dont il devint le disciple, et qui lui permit par testament de porter les armes de sa maison. Charron, par reconnaissance, laissa tous ses biens au beau-frère de Montaigne.

En 1595, Charron fut nommé député de la province ecclésiastique de Cahors, à l'assemblée générale du clergé à Paris, et fut choisi pour en être le premier secrétaire. Il mourut subitement à Paris, le 16 novembre 1603, d'une apoplexie dont il fut atteint dans la rue. On a de lui: *les Trois vérités*, 1595, in-8°, ouvrage où il combat les athées, les payens, les juifs, les mahométans, les hérétiques et les schismatiques; le *Traité de la Sagesse*, qui fut son principal ouvrage, et dans lequel il a souvent copié Montaigne, sans atteindre à la vivacité et à l'originalité piquante de son modèle. Ce livre, qui parut à Bordeaux en 1601, in-8°, contient plusieurs propositions répréhensibles qui suscitèrent à l'auteur des censures sévères; il fut attaqué par le médecin Chanet et par le jésuite Garasse, qui appela Charron le *Patriarche des esprits forts*. Cependant Charron allait donner une seconde édition de son livre lorsqu'il mourut. Le parlement se disposait à supprimer l'ouvrage, et la faculté de théologie à le censurer ; mais le président Jeannin, chargé de le réviser, y fit des corrections au moyen desquelles il parut à Paris, en 1604, in-8°, avec une vie de l'auteur, par Rochemaillet son ami. Cette édition eut peu de succès. Il en parut une autre, Paris, 1607, in-8°, conforme à l'édition originale, augmentée des observations de Jeannin. La plus recherchée est celle des Elzévir, Leyde, 1646, in-12. On préfère les exemplaires qui ne portent point de date. Peu de temps avant sa mort, Charron avait composé, sous le titre de *Traité de la Sagesse*, un abrégé et une apologie du précédent; ce *Traité* fut publié à Paris, en 1608, in-8°. M. de Luchet a donné une *Analyse* raisonnée de *la Sagesse* de Charron, Amsterdam (Paris), 1763, in-12. On a encore de Charron un recueil de seize *Discours chrétiens*, sur la Divinité, la Création, la Rédemption, l'Eucharistie; Bordeaux, 1600; Paris, 1604, in-4°. M. Amaury-Duval a publié une nouvelle édition du *Traité de la Sagesse*, dans la collection des *Moralistes français*.

JUGEMENTS.

I.

Le *Traité de la Sagesse*, livre estimé depuis longtemps et digne de l'être, n'est qu'une compilation morale : l'auteur, s'entourant de tous les excellents matériaux que lui fournissent les anciens et quelques modernes, sur-tout son ami, ne se réserve que le mérite de les disposer; et l'on s'aperçoit facilement qu'il donne tous ses soins à la savante régularité de son ouvrage. Il semble avoir juré de tout diviser et subdiviser; il procède toujours par distinctions, définitions, tables à compartiments égaux. Si différent en cela de son modèle, il lui ressemble par les idées, par la force et quelquefois par la licence de l'expression; par la longueur, la minutie et le charme des détails. Il a fondu symétriquement et aligné en chapitres et paragraphes, les observations et les vérités que son maître avait répandues pêle-mêle. Il emploie les mêmes comparaisons, les mêmes exemples, les mêmes preuves, souvent les mêmes termes; il lui prend jusqu'à ses citations; enfin on pourrait sans injustice intituler son livre : *Esprit raisonné de Montaigne*, ou *Essais mis en ordre*. Son style est ferme, robuste, austère, plus pur et plus soigné que celui de l'auteur gascon, mais il n'en a pas les graces : il vous laisse froid et indifférent; les graces ne se copient pas. Ce traité doit plaire beaucoup plus à ceux qui n'ont pas lu Montaigne; passez de l'un à l'autre, le mérite de Charron diminue de moitié.

M. J. V. LE CLERC, *Éloge de Montaigne*.

II.

Charron, imitateur de Montaigne, remplaçant par la méthode et la correction ce qui lui manquait de verve et d'originalité, donne aux vérités éternelles de la conscience cette simplicité qui est éloquente, lorsque ces idées sont trop grandes pour être ornées, et cette force d'expression qu'une âme vertueuse trouve toujours en parlant de ses devoirs.

VILLEMAIN, *Discours d'ouverture du cours d'Éloquence française*.

MORCEAUX CHOISIS.

I. Des gênes.

Que dirons-nous de l'invention des gênes, qui est plutôt un essai de patience, que de vérité? car celui qui les peut souffrir, et ne les peut souffrir, cachera la vérité. Pourquoi la douleur fera-t-elle plutôt dire ce qui est, que ce qui n'est pas*? Si l'on pense que l'innocent est assez patient pour supporter les tourments, et pourquoi ne le sera celui qui est coupable, étant question de sauver sa vie? « Illa tormenta gubernat dolor, moderatur natura « cujusque tum animi, tum corporis, regit quæsitor, « flectit libido, corrumpit spes, infirmat metus, ut « in tot rerum angustiis nil veritati loci relinquatur. » Pour excuse on dit que la torture étonne le coupable, l'affaiblit, et lui fait confesser sa fausseté; et au rebours fortifie l'innocent : mais il s'est tant souvent vu le contraire, ceci est captieux, et à dire vrai un pur moyen plein d'incertitude et de doute. Que ne dirait et ne ferait-on pas pour fuir à telles douleurs? « Etenim innocentes mentiri cogit dolor**; »

---

* Charron copie ici textuellement Montaigne (*Essais*, liv. II, chap. 5) : « C'est une dangereuse invention que celle des gênes ; il semble que ce soit plutôt un essai de patience que de vérité. Et celui qui le peut souffrir cache la vérité, et celui qui ne peut le souffrir ; car, pourquoi la douleur me fera-t-elle plutôt confesser ce qui est, qu'elle ne me forcera de dire ce qui n'est pas. »   F.

** Voici le vers de Publius Syrus, que Charron aurait dû copier aussi dans Montaigne :

Etiam innocentes cogit mentiri dolor :

« La douleur force à mentir ceux même qui sont innocents. » On connaît la manière admirable dont M. Raynouard a rendu cette idée, dans sa tragédie des *Templiers* (acte IV, scène 5.)   F.

La torture interroge, et la douleur répond.

tellement qu'il advient que le juge, qui donne la gêne, afin de ne faire mourir l'innocent, il le fait mourir et innocent et gêné. Mille et mille ont chargé leurs têtes de fausses accusations * : mais, au bout du compte, est-ce pas grande injustice et cruauté de tourmenter et rompre un homme, de la faute duquel on doute encore? Pour ne le tuer sans occasion, l'on lui fait pire que le tuer: s'il est innocent et supporte la peine, quelle raison lui est-il faite du tourment injuste? Il sera absous, grand merci.

De la Sagesse, liv. I, ch. 39.

II. L'ambition.

L'ambition (qui est une faim d'honneur et de gloire, un désir glouton et excessif de grandeur) est une bien douce passion qui se coule aisément ès esprits plus généreux, et ne s'en tire qu'à peine. Nous pensons devoir embrasser le bien, et entre les biens nous estimons l'honneur plus que tout : voilà pourquoi nous le courons à force. L'ambitieux veut être le premier; jamais ne regarde derrière, mais toujours devant, à ceux qui le précèdent : et lui est

---

* « Pour dire vrai, c'est un moyen plein d'incertitude et de danger. Que ne dirait-on, que ne ferait-on pour éviter de si grièves douleurs :

Etiam innocentes cogit mentiri dolor.

D'où il advient que celui qui le juge à gêne pour ne le faire mourir innocent, il le fera mourir innocent et gêné. Mille et mille en ont chargé leurs têtes de fausses confessions. »

Nous pourrions citer beaucoup d'autres emprunts que Charron a faits à Montaigne, ayant en notes plus de soixante passages qu'il a, non pas imités, mais, comme on vient de le voir, copiés presque littéralement ; nous en ferons connaître encore quelques-uns à l'article MONTAIGNE.   F.

plus grief d'en laisser passer un devant, qu'il ne prend de plaisir d'en laisser mille derrière. *Habet hoc vitium omnis, ambitio, non respicit.* Elle est double : l'une, de gloire et honneur : l'autre, de grandeur et commandement : celle-la est utile au monde, et en certains sens permise, comme il sera dit; celle-ci, pernicieuse.

L'ambition a sa semence et sa racine naturelle en nous : il y a un proverbe qui dit que nature se contente de peu, et un autre tout contraire, que nature n'est jamais soule ni contente, toujours désire, veut monter et s'enrichir, et ne va point seulement le pas, mais court à bride abattue, et se rue à la grandeur et à la gloire. *Natura nostra imperii est avida, et ad implendam cupiditatem præceps.* Et de force qu'ils courent, souvent se rompent le cou, comme tant de grands hommes à la veille et sur le point d'entrer et jouir de la grandeur qui leur avait tant coûté; c'est une passion naturelle, très puissante, et enfin qui nous laisse bien tard, dont quelqu'un l'appelle la chemise de l'âme; car c'est le dernier vice duquel elle se dépouille. *Etiam sapientibus cupido gloriæ novissima exuitur.*

L'ambition, comme c'est la plus forte et puissante passion qui soit, aussi est-elle la plus noble et hautaine; sa force et puissance se montre en ce qu'elle maitrise et surmonte toutes autres choses, et les plus fortes du monde, toutes autres passions et cupidités, même celle de l'amour, qui semble toutefois contester de la primauté avec celle-ci.

Elle vainc aussi l'amour, non-seulement de sa

santé, de son repos (car la gloire et le repos sont choses qui ne peuvent loger ensemble), mais encore de sa propre vie, comme montra Agrippina, mère de Néron, laquelle désirant et consultant pour faire son fils empereur, et ayant entendu qu'il le serait, mais qu'il lui coûterait la vie, répondit le vrai mot d'ambition : *Occidat modo imperet.*

Tiercement l'ambition force toutes les loix, et la conscience même, disant les docteurs de l'ambition, qu'il faut être partout homme de bien, et perpétuellement obéir aux lois, sauf au point de régner, qui seul mérite dispense, étant un si friand morceau, qu'il vaut bien que l'on en rompe son jeûne : *Si violandum est jus, regnandi causâ violandum est, in cæteris pietatem colas.*

Elle foule et méprise encore la révérence et le respect de la religion : témoins Jeroboam, Mahomet, qui ne se soucie, et permet toute religion, mais qu'il règne : et tous les hérésiarques, qui ont mieux aimé être chefs de parti en erreur et menterie, avec mille désordres, qu'être disciples de vérité : dont a dit l'apôtre, que ceux qui se laissent embabouiner à cette passion et cupidité, font naufrage et s'égarent de la foi, et s'embarrassent en diverses peines.

Bref, elle force et emporte les propres lois de nature; les meurtres de parents, enfants, frères, sont venus de là, témoin Absalon, Abimelech, Athalias, Romulus; Seï, roi des Perses, qui tua son père et son frère; Soliman, Turc, ses deux frères. Ainsi rien ne peut résister à la force de l'ambition; elle met tout par terre : aussi est-elle hautaine, ne loge qu'aux grandes âmes, voire aux anges.

Ambition n'est pas vice ni passion de petits compagnons, ni de petits et communs efforts, et actions journalières : la renommée et la gloire ne se prostituent pas à si vil prix : elle ne se donne et ne suit pas les actions, non seulement bonnes et utiles, mais encore rares, hautes, difficiles, étranges et inusitées. Cette grande faim d'honneur et réputation basse et bélitresse, qui la fait coquiner envers toutes sortes de gens, et par tous moyens, voire abjects, à quelque vil prix que ce soit, est vilaine et honteuse : c'est honte d'être ainsi honoré : il ne faut point être avide de gloire plus que l'on n'en est capable : de s'enfler et s'élever pour toute action utile et bonne, c'est montrer le cul en haussant la tête.

L'ambition a plusieurs et divers chemins, et s'exerce par divers moyens. Il y a un chemin droit et ouvert, tel qu'ont tenu Alexandre, César, Thémistocle et autres. Il y en a un autre oblique et couvert que tiennent plusieurs philosophes et professeurs de piété, qui viennent au devant par derrière : semblables aux tireurs d'aviron, qui tirent et tendent au port lui tournant le dos. Ils se veulent rendre glorieux de ce qu'ils méprisent la gloire. Et certes il y a plus de gloire à fouler et refuser les grandeurs, qu'à les désirer et jouir, comme dit Platon à Diogène ; et l'ambition ne se conduit jamais mieux selon soi, que par une voie égarée et inusitée.

C'est une vraie folie et vanité qu'ambition, car c'est courir et prendre la fumée au lieu de la lueur, l'ombre pour le corps, attacher le contentement de son esprit à l'opinion du vulgaire, renoncer volontairement à sa liberté pour suivre la passion des autres, se contraindre à déplaire à soi-même pour plaire aux regardants, faire pendre ses affections aux yeux d'autrui, n'aimer la vertu qu'autant qu'elle plaît au vulgaire, faire du bien non pour l'amour du bien, mais pour la réputation. C'est ressembler aux tonneaux qu'on perce : l'on n'en peut rien tirer qu'on ne leur donne du vent.

L'ambition n'a point de bornes; c'est un gouffre qui n'a ni fond ni rive; c'est le vide que les philosophes n'ont encore pu trouver en la nature, un feu qui s'augmente avec la nourriture que l'on lui donne. En quoi elle paie justement son maître; car l'ambition est juste seulement en cela, qu'elle suffit à sa propre peine, et se met elle-même au tourment. La roue d'Ixion est le mouvement de ses désirs, qui tournent et retournent continuellement du haut en bas, et ne donnent aucun repos à son esprit.

Ceux qui veulent flatter l'ambition disent qu'elle sert à la vertu, et est un aiguillon aux belles actions; car pour elle on quitte les autres vices, et enfin elle-même pour la vertu : mais tant s'en faut, l'ambition cache bien quelquefois les vices, mais ne les ôte pas pourtant, ainsi les couvre pour un temps, sous les trompeuses cendres d'une malicieuse feintise, avec espérance de les renflammer tout-à-fait quand ils auront acquis assez d'autorité pour les faire régner publiquement et avec impunité. Les serpents ne perdent pas leur venin pour être engourdis par le froid; ni l'ambitieux ses vices pour les couvrir par une froide dissimulation. Car quand il est parvenu où il se demandait, il fait sentir ce qu'il est; et quant l'ambition quitterait tous ses autres vices, si ne quitte-t-elle jamais soi-même. Elle pousse aux belles et grandes actions, le profit en revient au public : mais qui les fait n'en vaut pas mieux; ce ne sont œuvres de vertu, mais de passion.

Ibid, liv. I, ch. 21.

III. La noblesse.

La noblesse est une qualité partout non commune, mais honorable, introduite avec grande raison et utilité publique.

Elle est diverse, diversement prise et entendue selon les nations et les jugements; l'on en donne plusieurs espèces; selon la plus générale et commune opinion et usage, c'est une qualité de race. Aristote dit que c'est antiquité de race et de richesses. Plutarque l'appelle vertu de race, ἀρετὴ γένους entendant une certaine qualité et habitude continuée en la race. Quelle est cette qualité ou vertu, tous n'en sont du tout d'accord, sauf en ce qu'elle soit utile au public : car à aucuns, et la plupart c'est la militaire, aux autres c'est encore la politique, la littéraire des savants, la palatine des officiers du prince : mais la militaire a l'avantage; car outre le service qu'elle rend au public comme les autres, elle est pénible, laborieuse, dangereuse, dont elle en est plus digne et recommandable; aussi a-t-elle emporté chez nous, comme par préciput, le titre honorable de vaillance. Il faut donc, selon cette opinion, y avoir deux choses en la vraie et parfaite noblesse : profession de cette vertu et qualité utile au public, qui est comme la forme; et la race comme le sujet et la matière, c'est-à-dire continuation longue de cette qualité par plusieurs degrés et races, et par temps immémorial, dont ils sont appelés en notre jargon, gentils, c'est-à-dire de race, maison, famille, portant de long-temps même nom et faisant même profession. Parquoi celui est vraiment et entièrement noble, lequel fait profession singulière de vertu publique, servant bien son prince et sa patrie, étant sorti de parents et ancêtres qui ont fait le même.

Il y en a qui séparent ces deux, et pensent que l'un d'eux seul suffise à la noblesse, savoir la vertu et qualité seule, sans considération aucune de race et des ancêtres : c'est une noblesse personnelle et acquise, et si on la prend à la rigueur, elle est rude; qu'un sorti de la maison d'un boucher et vigneron soit tenu pour noble, quelque service qu'il puisse faire au public. Toutefois cette opinion a lieu en plusieurs nations, nommément chez les Turcs, mépriseurs de la noblesse de race et de maison, ne faisant compte que de la personnelle et actuelle vaillance militaire. Ou bien l'antiquité de race seule sans profession de la qualité, celle-ci est au sang et purement naturelle.

S'il faut comparer ces deux simples et imparfaites noblesses, la pure naturelle à bien juger est la moindre; bien que plusieurs en parlent autrement, mais par grande vanité. La naturelle est une qualité d'autrui et non sienne : « Genus et proavos « et quæ non fecimus ipsi, vix ea nostra puto. Nemo « vixit in gloriam nostram; nec quod antè nos fuit, « nostrum est : » et qu'y a-t-il plus inepte que de se glorifier de ce qui n'est pas sien? Elle peut tomber en un homme vicieux, vaut-néant, très mal né, et en soi vraiment vilain. Elle est aussi inutile à autrui, car elle n'entre point en communication ni en commerce, comme fait la science, la justice, la bonté, la beauté, les richesses. Ceux qui n'ont en soi rien de recommandable que cette noblesse de chair et de sang, la font valoir, l'ont toujours en bouche, en enflent les joues et le cœur (ils veulent ménager ce peu qu'ils ont de bon); à cela les connaît-on, c'est signe qu'il n'y a rien plus, puisque tant et toujours ils s'y arrêtent. Mais c'est pure vanité, toute leur gloire vient par chétifs instruments, *ab utero conceptu partu*, et est ensevelie sous le tombeau des ancêtres. Comme les criminels poursuivis ont recours aux autels et sépulcres des morts, et anciennement aux statues des empereurs, ainsi ceux-ci, destitués de tout mérite et sujet de vrai honneur, ont recours à la mémoire et armoiries de leurs majeurs. Que sert à un aveugle que ses parents aient eu bonne vue, et à un bègue l'éloquence de son aïeul? et néanmoins ce sont gens ordinairement glorieux, altiers, méprisant les autres : *contemptor animus et superbia, commune nobilitatis malum.*

La personnelle et l'acquise a ses conditions toutes contraires et très bonnes; elle est propre à son possesseur, elle est toujours en sujet digne, et est très utile à autrui. Encore peut-on dire qu'elle est plus ancienne et plus rare que la naturelle; car c'est par elle que la naturelle a commencé, et en un mot c'est la vraie qui consiste en bons et utiles effets, non en songe et imagination vaine et inutile, et provient de l'esprit et non du sang, qui n'est point autre aux nobles qu'aux autres. « Quis gene-
« rosus? ad virtutem à naturâ benè compositus.
« Animus facit nobilem, cui ex quâcumque condi-
« tione suprà fortunam licet surgere. »

Mais elles sont très volontiers et souvent ensemble, et c'est chose parfaite : la naturelle est un acheminement et occasion à la personnelle : les choses retournent facilement à leur principe naturel. Comme la naturelle a pris son commencement et son être de la personnelle, aussi elle ramène et conduit les siens à elle : « Fortes creantur fortibus. Hoc
« unum in nobilitate bonum, ut nobilibus imposita
« necessitudo videatur, ne à majorum virtute dege-
« nerent. » Se sentir sorti de gens de bien, et qui ont mérité du public, est une obligation et puissant aiguillon aux beaux exploits de vertu : il est laid de forligner et démentir sa race *.

La noblesse donnée et octroyée par le bénéfice

* « Une haute naissance n'est qu'un titre, ce n'est pas une vertu : c'est un engagement à la gloire ; ce n'est pas elle qui la donne. Elle manque et s'éteint en nous dès que nous héritons du nom sans hériter des vertus qui l'ont rendu illustre. La noblesse n'est plus que pour notre nom, et la roture pour notre personne. » MASSILLON, *Petit Carême*.

et rescrit du prince, si elle est seule, elle est honteuse et plus reprochable qu'honorable; c'est une noblesse en parchemin, achetée par argent ou faveur, et non par le sang comme elle doit : si elle est octroyée pour le mérite et les services notables, lors elle est censée personnelle et acquise, comme a été dit.

Ibid, liv. I, ch. 61.

CHATAM (WILLIAM PITT, lord, comte de), l'un des plus grands hommes d'état et des plus célèbres orateurs qu'ait produits l'Angleterre, naquit à Westminster, le 15 novembre 1708. Il fut ministre de George II et de George III, et se signala sur-tout par son opposition contre les ministres qui vouliaient taxer les colonies. Malgré l'état de faiblesse où il se trouvait par suite d'une longue maladie, il se fit transporter au parlement, lorsque le duc de Richmond proposa de reconnaître l'indépendance de l'Amérique. Vivement agité à une interpellation du duc, il fit un effort violent pour y répondre, mais il ne peut prononcer un seul mot, et tomba dans un accès convulsif; il se ranima quelques moments après, et put être transporté à sa maison de campagne de Hayes, où il expira le 12 mai 1778, dans sa soixante-dixième année.

Lord Chatam laissa plusieurs enfants; le plus remarquable est William Pitt, qui peut-être est de tous les ministres anglais celui qui s'acquit le plus de célébrité, et qui a dirigé le plus long-temps les affaires de son pays.

JUGEMENT.

Lord Chatam dut son élévation aux plus importants emplois et son pouvoir dans ce royaume uniquement à son mérite : il suppléa en lui au défaut de naissance et de fortune, tandis que ces avantages suppléent trop souvent dans les autres au défaut de mérite. Il était le cadet d'une famille très nouvelle, et toute sa fortune consistait en une annuité de cent livres sterling de revenu.

La carrière des armes fut sa destination primitive, et une lieutenance de cavalerie le premier et seul grade qu'il y obtint. Ainsi dépourvu du secours de la faveur ou de la fortune, il n'eut pas de puissant protecteur pour l'introduire dans les affaires, et, si je puis me servir de cette expression, pour faire les honneurs de ses talents ; mais leur seul appui lui suffisait.

Son tempérament lui refusa les plaisirs ordinaires, et son génie l'éloigna des vaines dissipations de la jeunesse : car, dès l'âge de seize ans, il fut martyr d'une goutte héréditaire. Il consacra donc le loisir que cette importune et douloureuse infirmité lui procurait à s'enrichir d'un grand fond de connaissances utiles et précoces. Ainsi, par une relation inexplicable de causes et d'effets, ce qui semblait le plus grand malheur de sa vie fut peut-être la principale cause de sa fortune.

Sa vie privée ne fut déshonorée par aucun vice ni flétrie par aucune bassesse. Tous ses sentiments étaient nobles et généreux. Sa passion dominante était une ambition sans bornes, qui, lorsqu'elle est soutenue par de grands talents et couronnée par de grands succès, fait ce que le monde appelle *un grand homme.* Il était hautain, impérieux, impatient de la contradiction, et arrogant ; qualités qui trop souvent en accompagnent, mais trop souvent en obscurcissent de plus grandes.

Il avait des manières gracieuses et de la politesse ; mais on pouvait y reconnaître un sentiment trop intime de la supériorité de ses talents. Dans la vie sociale, c'était un homme très aimable et enjoué ; et il avait une telle flexibilité d'esprit, qu'il réussissait dans toutes les sortes de conversation. Il avait aussi des dispositions très heureuses pour la poésie mais rarement il s'y livra, et en fit l'aveu.

Il entra jeune dans le parlement, et sur ce grand théâtre il égala bientôt les plus anciens et les plus habiles orateurs. Son éloquence brillait dans tous les genres, et il excellait aussi bien dans l'argumentation que dans le discours d'apparat ; mais ses invectives étaient terribles et prononcées avec une telle énergie de diction, avec un air et une action d'une dignité si imposante, qu'il intimidait ses adversaires les plus capables et les plus jaloux de lui tenir tête : les armes leur tombaient des mains, et ils fléchissaient sous l'ascendant que son génie prenait sur le leur.

Dans cette assemblée où on parle tant de l'intérêt national, et où l'on ne s'occupe que de l'intérêt personnel, il débuta par jouer le rôle de patriote, et s'en acquitta avec tant de noblesse que le public l'adopta comme son principal ou plutôt comme son seul défenseur incorruptible.

Le poids de sa popularité, et son mérite universellement reconnu, l'imposèrent au roi George second, qui avait pour lui une répugnance particulière. Il fut nommé secrétaire d'état : dans ce poste délicat et difficile, qui, selon toute apparence, devait réduire le patriote ou le ministre à une option décisive, il se conduisit avec tant d'adresse que, tandis qu'il secondait le roi dans ses vues électorales les moins soutenables plus efficacement qu'aucun autre ministre, avec la meilleure volonté, n'avait pu le faire auparavant, il conserva tout son crédit et sa popularité dans la nation, qu'il sut abuser et convaincre que la protection et la défense du Hanovre avec une armée de soixante-quinze mille hommes à la solde de l'Angleterre était le seul moyen possible de garantir nos possessions ou nos acquisitions dans le nord de l'Amérique : tant il est plus facile de tromper que de détromper le genre humain.

Son désintéressement et même son mépris de l'argent lui aplanirent la route au pouvoir, et prévinrent ou réduisirent en grande partie au silence l'envie, qui accompagne d'ordinaire les succès. La plupart des hommes croient avoir naturellement un droit égal aux richesses, et un égal mérite pour en faire un usage convenable : mais bien peu ont l'impudence de se croire dignes du pouvoir.

En résumé, il occupera une place brillante et distinguée dans les annales de ce pays, malgré la tache que son consentement de recevoir trois mille livres sterling de pension par an réversibles sur trois têtes, lors de sa démission volontaire des sceaux, doit imprimer à sa réputation, et sur-tout à son désintéressement. Il faut néanmoins reconnaître qu'il possédait des qualités que peut seul avoir un grand homme, avec ce mélange de faiblesses qui est le partage commun de la nature humaine, corrompue et imparfaite.

CHESTERFIELD.

MORCEAU CHOISI.

Sur les affaires d'Amérique (1777).

Je ne puis, Milords, je ne veux pas m'associer à des félicitations pour la honte et le malheur. Nous voici dans une position périlleuse et redoutable, ce n'est pas le moment de l'adulation; les mensonges de la flatterie ne nous sauveraient point dans cette crise menaçante et terrible. Il est maintenant nécessaire de parler au trône le langage de la vérité. Nous devons, s'il est possible, dissiper les illusions et les ténèbres qui l'environnent, et montrer sous ses véritables couleurs toute l'étendue du danger et la ruine qui s'avance à nos portes. Les ministres se flatteraient-ils encore d'être soutenus dans leur aveugle obstination? Le parlement serait-il assez insensible à sa dignité et à son devoir pour prêter son appui aux mesures qu'on lui prescrit et qu'on lui impose avec tant de tyrannie? à des mesures, Milords, qui ont reduit cet empire, naguère florissant, au dernier degré de l'abaissement et de l'humiliation? Hier encore l'Angleterre pouvait lutter contre le monde : aujourd'hui il n'y a point d'état si chétif qui daigne lui rendre hommage. Les hommes que nous méprisions d'abord comme des *rebelles*, mais que nous reconnaissons maintenant pour des *ennemis*, sont enflammés d'ardeur contre vous, et fortifiés de toutes les ressources de la guerre ; leurs intérêts sont protégés, leurs ambassadeurs publiquement accueillis par votre éternelle rivale ; et nos ministres n'osent agir ni avec dignité ni avec vigueur. Le déplorable état de notre armée dans l'Amérique est en partie connu. Personne n'estime et n'honore plus que moi les troupes anglaises ; je connais leurs vertus et leur valeur ; je sais qu'elles peuvent exécuter tout ce qui n'est pas impossible ; mais je sais aussi que la conquête de l'Amérique anglaise est impossible. Vous ne pouvez, Milords, non, vous ne pouvez soumettre l'Amérique. Et quelle est votre situation actuelle dans cette contrée ? nous n'en connaissons pas les détails les plus affligeants, mais nous savons que dans trois campagnes nous n'avons rien gagné et que nous avons beaucoup souffert. Vous pouvez multiplier les sacrifices, redoubler de persévérance, appeler tous les secours, marchander même les satellites de tous les despotes d'Allemagne : vos efforts n'en seront pas moins vains et impuissants ; ils le seront d'autant plus que vous aurez plus d'espoir dans cette alliance mercenaire ; car ce qui irrite vos adversaires, ce qui leur inspire un implacable ressentiment, c'est de se voir attaquer par une soldatesque avide de rapine et de pillage, c'est de se voir dévouer eux et leurs possessions à la rapacité vénale de ces hordes sanguinaires. Si j'étais Américain, comme je suis Anglais, tant qu'un soldat étranger aurait le pied sur mon pays, je ne consentirais jamais à déposer mes armes, jamais ! jamais ! jamais !

Mais, Milords, quel est l'homme qui, pour ajouter aux fléaux et aux calamités de la guerre, a osé associer à nos armes la hache et le coutelas des sauvages ; appeler à l'alliance d'une nation civilisée les farouches et inhumains habitants des forêts ; confier à l'impitoyable Indien la défense des droits contestés, et salarier les horreurs de cette guerre impie contre nos frères ? Milords, ces atrocités réclament une vengeance et un châtiment exemplaire. Familiarisée avec les scènes horribles de la férocité des sauvages, notre armée ne pourra plus désormais s'enorgueillir des nobles et généreux sentiments qui élèvent l'âme du soldat.

De l'ancienne liaison entre la Grande-Bretagne et ses colonies, les deux peuples tiraient les avantages les plus importants. Pendant que le bouclier de notre protection s'étendait sur l'Amérique, elle était la source de nos richesses, le principe de notre force, le fondement de notre puissance. Milords, ce n'est pas avec des brigands sauvages et indisciplinés que nous avons à combattre : la résistance de l'Amérique est celle de citoyens libres et vertueux. Hâtons-nous donc de saisir le moment favorable d'une réconciliation. L'Amérique ne s'est pas encore irrévocablement livrée à la France ; il nous reste un moyen d'échapper aux funestes effets de notre erreur. Dans cette fatale combinaison de dangers, de faiblesse et de désastres, intimidés et insultés par les puissances voisines, incapables d'agir en Amérique, ou réduits à n'agir que pour notre perte, où est l'homme qui prétendrait nous flatter de l'espoir du succès en persévérant dans les mesures qui ont produit ces tristes résultats? Qui aurait l'impudence de l'entreprendre? Où est-il cet homme? qu'il paraisse, s'il l'ose, et qu'il montre son front. Vous ne pouvez vous concilier l'Amérique par vos mesures actuelles, vous ne pouvez la soumettre par vos mesures actuelles, ni par aucune autre. Que pouvez-vous donc faire? vous ne pouvez ni gagner les cœurs, ni vaincre; mais vous pouvez voter des adresses; vous pouvez vous endormir sur les alarmes du moment par l'oubli du danger qui les a fait naître. J'espérais, au lieu de ce vain et déplorable orgueil qui n'enfante que des pensées altières et des projets présomptueux, que les ministres s'humilieraient dans leurs erreurs qu'ils les reconnaîtraient en se rétractant, et que, par un repentir efficace, quoique tardif, ils feraient leurs efforts pour les réparer. Mais, Milords, puisqu'ils n'ont ni sagacité pour prévoir, ni humanité, ni justice pour détourner ces désastres; puisqu'une sévère expérience ne peut même les instruire, ni la ruine imminente de leur pays les réveiller de leur léthargie, c'est au parlement d'interposer sa vigilance protectrice. En conséquence je propose, Milords, un amendement à l'adresse pour Sa Majesté:

C'est de recommander la cessation immédiate des hostilités, et le commencement d'un traité qui rende la paix et la liberté à l'Amérique, la force et le bonheur à l'Angleterre, la sécurité et une prospérité durable aux deux nations. Voilà, Milords, ce qui est encore en votre pouvoir : sans doute la justice et la sagesse de vos seigneuries ne laissera pas échapper cette heureuse et peut-être unique occasion.

CHATEAUBRIAND (François-Auguste, vicomte de), figure d'une manière imposante parmi les hommes destinés à survivre au XIXe siècle. Des critiques plus ou moins vrais, plus ou moins judicieux, s'imposeront la tâche difficile de juger cet illustre contemporain ; nous allons nous borner à retracer succinctement les diverses circonstances de sa vie.

M. de Chateaubriand, issu d'une ancienne famille de la Bretagne, est né en 1769 à Combourg, près de Saint-Malo. Dès l'âge de dix-sept ans, en 1786, il eut une sous-lieutenance au régiment de Navarre, infanterie : les évènements de 1789 le déterminèrent à passer dans l'Amérique-Septentrionale. Arrivé aux États-Unis en 1790, il pénétra dans l'intérieur des terres : saisi d'admiration pour les beautés d'une nature vierge, il s'enfonça dans les solitudes immenses du Nouveau-Monde, avec cet enthousiasme qu'il a fait passer dans plusieurs de ses écrits. Dès lors il avait composé une sorte de poëme en prose, intitulé *les Natchés*, où il avait dépeint, sans doute avec les couleurs locales qu'il sait si bien employer, les mœurs des peuplades sauvages, et les profondes impressions que lui-même avait éprouvées au milieu des savanes et des forêts de l'Amérique. Cet ouvrage a été détruit; l'épisode d'*Atala* est le seul fragment qui nous en reste. Le dessein de M. de Chateaubriand était d'abord de traverser le continent américain jusqu'à l'Océan-Pacifique; mais la nouvelle de la guerre qui éclata contre la France, en 1792, étant arrivée jusqu'à lui, il crut de son devoir de venir se ranger sous les étendards royalistes. Dans le cours de cette même année, il fut blessé d'un éclat d'obus au siége de Thionville. Les suites de cette blessure, et d'autres circonstances, le décidèrent à se rendre en Angleterre. A cette époque, M. de Chateaubriand, fort jeune encore, éprouva de violents chagrins. Sa mère, incarcérée à l'âge de soixante-douze ans, succomba misérablement dans la tourmente révolutionnaire, après avoir vu périr plusieurs de ses enfants; son frère aîné, le comte de Chateaubriand, qui avait épousé mademoiselle de Rosambo, petite-fille du vertueux Malesherbes, porta sa tête sur l'échafaud. Que l'on ajoute à de tels maux les souffrances de l'abandon et de l'exil, et on ne s'étonnera plus s'il y a toujours une teinte sombre dans le coloris de M. de Chateaubriand.

C'est à Londres, en 1797, qu'il composa et publia son *Essai historique, politique et moral sur les Révolutions anciennes et modernes*; c'est aussi à Londres qu'il se lia avec M. de Fontanes de l'amitié la plus étroite. Après le 18 brumaire qui ouvrit les portes de la France aux émigrés, les deux amis revinrent ensemble à Paris. Devenu collaborateur du *Mercure*, M. de Chateaubriand y inséra, en 1801, l'épisode d'*Atala* qui inspira la plus vive curiosité pour la publication du *Génie du Christianisme*. Notre siècle littéraire s'ouvrit par cet ouvrage si impatiemment attendu. Le livre parut en 1802; l'impression en avait été commencée deux fois, et deux fois interrompue par l'auteur. Quoi qu'il en soit, si le succès n'eut pas lieu sans contradiction, il n'en fut pas moins inouï pour un temps où fermentait encore un levain anti-religieux.

En payant un juste tribut d'admiration à un style toujours brillant et parfois sublime, on ne peut s'empêcher de dire que la hardiesse y dégénère trop souvent en enflure, et l'originalité en néologisme. Ces qualités et ces défauts se montrent plus ouvertement dans les épisodes d'*Atala* et de *René*. M. de Chateaubriand a fait école; mais ses pâles imitateurs n'ont su copier que les écarts de son génie.

Cependant s'était élevé un homme porté sur les marches du trône par la victoire, et que la victoire a long-temps soutenu sur ce trône. Il venait de signer son concordat avec le pape. Le cardinal Fesch fut envoyé à Rome en qualité d'ambassadeur, et M. de Chateaubriand le suivit comme secrétaire de l'ambassade dans la capitale du monde chrétien. En 1804, nommé ministre plénipotentiaire en Valais, il avait accepté cette mission, lorsque l'attentat commis sur le duc d'Enghien, lui ôtant toute illusion, il voulut recouvrer son indépendance et donna sa démission. Le refus d'un emploi public dans une telle conjoncture était une désapprobation formelle d'une action barbare, et certes il y avait quelque courage à se mettre ainsi en opposition avec l'autorité la plus impérative qui fût jamais. Bientôt, désirant augmenter la masse de ses connaissances, peut-être aussi pour se soustraire à des actes dont il ne voulait plus partager la responsabilité, M. de Chateaubriand entreprit ce voyage auquel nous devons *les Martyrs* : il alla s'embarquer à Trieste; vit la Grèce et l'Égypte; se rendit ensuite en Judée, principal objet de son pèlerinage; puis, débarquant sur les côtes d'Afrique, où il chercha et reconnut les traces de l'ancienne Carthage, il rentra dans sa patrie par l'Espagne : parti de France au mois de juillet 1806, il était de retour en mai 1807. *Les Martyrs* parurent en 1809, et en 1811 fut imprimé l'*Itinéraire de Paris à Jérusalem*. La police d'alors ayant cru voir des allusions offensantes dans les articles que M. de Chateaubriand avait fournis au *Mercure* sur le *Voyage en Espagne* de M. de La Borde, la propriété de ce recueil périodique lui avait été enlevée dès 1807; cependant le monarque de fait, soit dissimulation de ses ressentiments, soit justice rendue au mérite, avait chargé, en 1810, son ministre de l'intérieur, M. de Montalivet, de témoigner à l'Institut sa surprise de ce que le *Génie du Christianisme* n'était pas même mentionné dans le rapport concernant les prix décennaux : en 1811, M. de Chateaubriand fut désigné pour occuper à l'Institut le fauteuil que la mort de Marie-Joseph Chénier venait de laisser vacant; mais des difficultés élevées au sujet du discours qu'il avait à prononcer le décidèrent à ne pas accepter son élection.

Les grands évènements de 1814 placèrent enfin M. de Chateaubriand dans une situation moins périlleuse, en lui donnant l'occasion de manifester, d'une manière efficace, son attachement à la cause des Bourbons. Depuis cette époque, lancé dans une nouvelle sphère d'activité, l'auteur d'*Atala* ne se présente plus à nous que comme publiciste et homme d'état : nous le suivrons très rapidement dans cette carrière, placée loin de notre domaine.

Nommé, en 1815, ambassadeur à la cour de Stockolm, il se trouvait encore à Paris lors du débarquement de Bonaparte sur les côtes de Provence. Il suivit le roi en Belgique, fut l'un des ministres du cabinet à Gand, et rentra en France avec Sa Majesté, qui le créa ministre d'état le 9 juillet 1815, et pair de France le 19 août suivant. Le 21 mars 1816 il fut élu membre de l'Académie. Depuis lors, M. de Chateaubriand a participé à la rédaction du *Conservateur* et d'autres feuilles périodiques; il a publié plusieurs écrits politiques; il a occupé de hauts emplois diplomatiques, notamment deux ministères à porte-feuille, et se trouve actuellement rendu à la vie privée.

Voici l'énumération des divers ouvrages de M. de Chateaubriand : *Essai historique, politique et moral sur les révolutions anciennes et modernes, considérées dans leur rapport avec la révolution française*, Londres, 1797, 2 parties in-8°; *ibid.*, 1814, 2 vol. in-8°; Leipsick, 1815, 2 vol. in-18; *Atala, ou les Amours de deux sauvages dans le désert*, Paris,

1801, in-18 (souvent réimprimé et traduit en plusieurs langues); *Génie du Christianisme, ou Beautés de la Religion chrétienne*, 1802, 5 vol in-8°; la dernière édition (la sixième) est de 1816, 5 vol. in-8°. Il en existe une, abrégée sous la direction de M. Frayssinous, 1809, 2 vol. in-12; *Atala-René*, 1805, in-12, seule édition isolée de ces deux épisodes; *Les Martyrs, ou le Triomphe de la Religion chrétienne*, 1809, 2 vol. in-8° et 3 vol. in-18; 1810, 3 vol. in-8°; *Itinéraire de Paris à Jérusalem*, 1811, 3 vol. in-8°; troisième édition, 1812, 3 vol. in-12; *De Bonaparte et des Bourbons*, 1814, in-8°; *Réflexions politiques sur quelques écrits du jour, et sur les intérêts de tous les Français*, 1814, in-8° (une main auguste a dirigé, assure-t-on, l'esprit de cette brochure remarquable); *Le 21 janvier*, 1815, in-8°; *Discours de réception à l'Académie française*, 1815, in-8°, édition frauduleusement faite à l'insu de l'auteur; *Rapport sur l'état de la France*, 1815, in-8°; *De la Monarchie selon la Charte*, 1816, in-8°; *Mémoires, lettres et pièces authentiques touchant la vie et la mort de S. A. R., Monseigneur Charles-Ferdinand d'Artois, duc de Berry, fils de France*, 1820, in-8°; *De la censure; De l'abolition de la censure; Lettres à un pair de France*. La plupart des ouvrages de M. de Chateaubriand ont été traduits en anglais; le *Génie du Christianisme* l'a été par H. Kett, 3 vol. in-8°; il existe une version espagnole des *Martyrs*; mademoiselle Arnassant a mis *Atala* en vers français, 1810, in-8°, six chants.

JUGEMENTS.

I.

Atala est un véritable poème où l'auteur a trouvé le secret, aujourd'hui bien rare, d'être original sans se montrer absurde. Tout est nouveau dans cette production vraiment singulière. Le poète nous transporte au milieu des déserts, dans des régions inconnues, où la nature, encore vierge, offre des aspects et des sites qu'aucun écrivain grec ou latin n'a jamais connus : c'est une source de descriptions dont on ne trouve pas même le germe dans Homère et dans Virgile. Ses personnages sont aussi étranges que la scène où ils paraissent, et les mœurs qu'il dépeint sont encore plus poétiques que les mœurs des héros de l'*Iliade* et de l'*Odyssée*.

Le Mississipi ne jouit pas, il est vrai, d'une bonne réputation en France; mais ces impressions défavorables s'effacent à la vue du tableau magnifique que nous trace l'auteur des régions arrosées par ce grand fleuve. L'imagination étonnée préfère ce spectacle majestueux de la nature sauvage aux peintures les plus riantes des campagnes cultivées et fertiles.

Le tableau du peuple chasseur et du peuple laboureur; la religion, première législatrice des sauvages; les dangers de l'ignorance et de l'enthousiasme religieux, opposés aux lumières, à la tolérance et au véritable esprit de l'Évangile; les combats des passions et des vertus dans un cœur simple; enfin, le triomphe du christianisme sur le sentiment le plus fougueux et la crainte la plus terrible, l'amour et la mort : tels sont les grands objets que présente ce petit poème épique, auquel je ne crains pas de donner ce nom, puisqu'il renferme les beautés les plus essentielles à la poésie, le pathétique des sentiments, la richesse et la variété des tableaux, et la plus heureuse imitation d'une belle et grande nature : il ne lui manque que la rime, qui souvent donne à la poésie plus d'entraves que d'agréments. On remarque sur-tout dans cet ouvrage une précieuse simplicité, et l'art merveilleux de soutenir l'intérêt par le développement du cœur et des passions, par l'heureux choix et la vérité des circonstances. Un goût sévère pourrait lui reprocher la profusion des images, et un luxe d'expressions poétiques quelquefois plus bizarres que sublimes : ce défaut est celui d'un génie ardent et vigoureux, et d'une surabondance d'imagination qui, pour bien des poètes froids et décharnés, serait un objet d'envie : on rencontre aussi dans son style audacieux certains traits qui tiennent en suspens la critique, et partagent les connaisseurs : les uns admirent comme des expressions de génie ce que les autres blâment comme une affectation froide. Par exemple, cette phrase : « Les reines ont été vues « pleurant comme de simples femmes, et l'on s'est « étonné de la quantité de larmes que contiennent « les yeux des rois, » a été citée comme digne de Bossuet. Je souscris à ce jugement quant à la première partie de la phrase; mais je n'oserais prononcer sur la dernière; et il se peut que dans cette *quantité de larmes contenues dans les yeux des rois*, il y ait plus de recherche que de vrai sublime.

Atala est une fiction vraiment originale dont les détails, aussi neufs que hardis, me semblent avoir agrandi le domaine de la haute poésie, et enrichi notre langue poétique, dont on accuse avec injustice la sécheresse et l'indigence. L'auteur a fait l'usage le plus heureux des formes antiques : le ton, les figures et les mouvements du chantre d'Achille et d'Ulysse se retrouvent dans l'auteur d'Atala, avec une teinte de mélancolie sombre, une certaine rudesse sauvage, qui semblent leur donner un nouveau degré d'énergie : c'est l'Homère des forêts et des déserts.

GEOFFROY.

II.

Le Génie du Christianisme est du petit nombre des heureuses productions qui joignent à tous les genres de mérite celui de l'*à-propos*, et qui sont à la fois des ouvrages de tous les temps et des ouvrages de circonstance : jamais elles ne furent plus favorables au développement des idées qu'il présente, que lorsque le christianisme sort de ses ruines, et reparaît comme le soleil après l'orage. Cet ouvrage s'associe à une des plus grandes époques de l'histoire, et il ne reste pas au-dessous; il commence avec l'ère nouvelle de la religion et de la France, et il ouvre une carrière nouvelle à la littérature.

Le style est partout l'expression de la pensée; et c'est tout ce que doit être un bon style. Le style du *Génie du Christianisme* a un caractère à lui;

chose aussi rare, quand tout le monde écrit bien, qu'un caractère d'homme est rare, quand tout le monde est poli. Il se plaît aux pensées mystérieuses, aux souvenirs doux et tristes, aux choses graves et élevées, c'est-à-dire à tout ce qu'il y a de plus beau, de meilleur. Enfin, la critique peut y apercevoir des taches, mais le sentiment du beau et du bon n'y a vu que des beautés, et l'amitié n'en a présagé que les succès

DE BONALD.

III.

Si l'on s'arrête au sujet de cet ouvrage (du *Génie du Christianisme*), on reconnaît qu'il est au-dessus d'un simple intérêt littéraire; il est d'une haute importance pour les sociétés humaines : c'est un tableau de toute la religion chrétienne.

En ne considérant, dans le *Génie du Christianisme*, qu'un ouvrage de littérature, il est encore remarquable par le système de tout subordonner dans les littératures à l'influence de la religion chrétienne; de lui créer une nouvelle source de gloire et de puissance par la conquête de la poésie, de l'éloquence, de la philosophie, qui n'auraient plus ailleurs les principes de leurs beautés, de leurs services, de leurs succès: il l'est encore par deux romans d'une couleur singulière introduits dans l'ouvrage sans lui appartenir; il l'est enfin par un beau talent qui s'y fait reconnaître, et par un style souvent bizarre, qui paraît moins tenir à un défaut dans le talent de l'auteur qu'à une combinaison dans son but.

Si on pouvait consentir à ne juger cet ouvrage

que par son prodigieux succès, il faudrait, avant même tout examen, le réputer une de ces productions de premier ordre, qui donnent une impulsion à tout un siècle ; qui marquent à une haute distinction l'époque qui en fut illustrée; en un mot, une de ces productions qui naissent immortelles.

. . . .

Ce sera une distinction particulière à ce livre, d'être absolument vicieux et même stérile par le fond, et néanmoins de rester digne de sa célébrité, par un grand nombre de beaux détails de tout genre, et même quelquefois d'un ordre supérieur. Mais j'ai besoin de commencer par rendre compte de la disposition d'esprit où j'ai été obligé de me placer pour les bien saisir et les goûter. J'ai conçu qu'avec un esprit sévèrement religieux, il y aurait souvent lieu de se choquer de cette continuelle envie de doter la religion d'attributs profanes, dont son indulgence peut admettre l'emploi, mais dont sa grave pureté ne pourrait se prévaloir. J'ai éprouvé aussi qu'on ne pouvait le lire avec sa raison, sans être repoussé par cette continuelle absence de la logique la plus ordinaire. Telle avait été mon impression à une première lecture. A une seconde, j'ai senti qu'il ne fallait plus garder en moi que cette facilité de l'imagination à se laisser frapper et émouvoir, comme dans ces lectures où le bon sens n'a pas à se prendre; alors j'ai reçu, par mon plaisir, tout le prix de ce sacrifice nécessaire.

Il m'a fallu encore me bien démêler à moi-même les deux éléments qui entrent dans le style de l'auteur. Nous connaissons parmi les anciens comme parmi les modernes des écrivains qui ont un défaut né pour ainsi dire de leur talent; de même qu'en morale, certaines vertus touchent presque inévitablement à certains vices; alors il faut passer les défauts pour avoir les beautés. Dans M. de Chateaubriand, ce n'est pas cela : son talent est vrai; il tient au goût; il s'appuie sur l'étude et le sentiment des meilleurs modèles : mais il semble s'être pourvu, comme à dessein, d'un autre style destiné sans doute aux lecteurs qui voudront bien prendre pour un coloris original une affectation bien caractérisée. Celle de M. de Chateaubriand tient, ce me semble, de cette teinte mystique qui a du charme dans les livres de dévotion quand elle ne domine pas trop; de cette fausse métaphysique des mots vagues et mystérieux portés dans les impressions poétiques, et des illusions poétiques substituées à l'expression naturelle des pensées et à la réalité des objets. Souvent il plaît à l'auteur de ne puiser que dans son talent; et voilà une belle pensée, un sentiment heureux, une image noble et simple, une expression juste et éclatante; une belle page, même un beau chapitre; cela va à son adresse: mais d'autrefois il lui plaît de ne puiser, tantôt avec profusion, tantôt avec réserve, que dans cette affectation étudiée, dont il s'est fait un langage subsidiaire; et cela va à son adresse aussi.

En me prêtant, dans une seconde lecture, et au système du livre et au double style de l'auteur; me contentant de ce qui est bien en soi, sans plus m'enquérir ni des principes, ni des conséquences, ni du système, ni de la marche, il m'a semblé que le livre n'offrait jamais de ces grandes vues, ni sur le sujet ni sur les accessoires, qui sont les richesses propres d'un beau traité: qu'il manquait aussi de ces grands morceaux où une belle et haute idée est développée d'une manière large et pleine, avec une énergie et une chaleur soutenues; et cela, parce que son plan s'y refusait; qu'il n'avait pu même que rarement jeter de ces pages de verve et d'inspiration qui, dans un ouvrage de ce genre, ne naissent que de la lutte d'un sentiment fort avec une grande difficulté à vaincre; et certes, la sorte de superstition générale qui conduit l'auteur lui rendait trop faciles toutes ses idées. Mais il abonde en beaux morceaux de littérature dans la partie qu'il appelle *poésie du christianisme*; en morceaux pleins du charme religieux dans ses hymnes ou ses bucoliques sur les institutions bienfaisantes et les touchantes cérémonies du christianisme. Ici, son talent est libre et abandonné; il parle avec les philosophes et pour les philosophes eux-mêmes, qui se complaisent autant que lui dans ces objets.

Nul ouvrage ne montre plus l'ambition de rivaliser, au moins par des chapitres, avec les plus grands écrivains; et celui-ci justifie souvent cette audace par le succès. Buffon a un morceau sublime, qu'il appelle *Vue sur la nature*, où le philosophe contemple en poète l'ensemble des êtres. M. de Chateaubriand trace un *aspect de la nature*, pris d'un vaisseau au milieu de l'Océan, entre un beau soir et une belle nuit. Le morceau se termine, avec autant de goût que d'intérêt, à la prière du soir sur le vaisseau ; c'est un des plus beaux endroits de l'ouvrage. Plein du poète dont la muse a créé les premières scènes du monde, il a tracé celle du déluge universel; et il approche des pinceaux fiers et terribles du peintre du chaos et des enfers.

Il ose quelquefois penser à grands traits avec Montesquieu ; et, parmi quelques chapitres qui aspirent à ce genre de style, celui intitulé *Beau côté de l'Histoire moderne*, ne serait pas indigne d'entrer dans *l'Esprit des lois*. Il a voulu narrer, après Voltaire, l'histoire du phénomène politique que les jésuites avaient réalisé au Paraguay ; là, le morceau est pur et bon, mais au-dessous du modèle ; ce qui prouverait que le talent peut davantage s'approcher de l'éloquence originale qu'emprunter une élégance exquise. Il a saisi de beaux traits dramatiques dans le tableau de *la Mort de la Femme athée*, qu'il aurait appelée plus justement *la Femme sans pudeur et sans conscience*, comme pour l'opposer à l'admirable tableau de *la Mort du pécheur*, dans Massillon. Plusieurs écrivains du dernier siècle ont élevé la critique littéraire à la hauteur des beaux ouvrages; c'est là particulièrement où un rang distingué appartiendrait à M. de Chateaubriand, si la partialité de son système n'avait sans cesse comprimé la force de son jugement et la délicatesse de son goût. On juge bien que les deux grands hommes avec lesquels il cherche le plus de rapprochements, ce sont Fénelon et Bossuet; il a souvent quelque chose des heureux mouvements du style de l'auteur de *l'Existence de Dieu*, dans ses peintures des rites religieux; et il participe des élans prophétiques, et de ce langage à part du premier des orateurs, lorsqu'il veut le peindre lui-même.

Pour qu'on ne se méprenne point à cet éloge, je dois répéter ici que M. de Chateaubriand lutte avec ces écrivains, mais sans les imiter : il ne se montre jamais plus lui-même que dans ces morceaux qui provoquent des comparaisons si redoutables. Je pourrais ajouter que ses deux romans sont des contre-épreuves de deux romans célèbres, *le Jeune Werther* et *Paul et Virginie*; mais ces deux épisodes de son ouvrage mériteraient d'être appréciés séparément.

LACRETELLE aîné, *Portraits et tableaux*.

IV.

Un homme célèbre (Necker) a dit du *Génie du Christianisme*, « que le plus mince littérateur en « corrigerait aisément les défauts, et que les plus « grands écrivains en atteindraient difficilement les « beautés. » Ce jugement explique assez bien la fortune de cet ouvrage depuis qu'il a paru; l'admiration et l'enthousiasme qu'il a excités, la critique de détail et les plaisanteries qu'il a essuyées, et le zèle également actif des admirateurs et des détracteurs. Au milieu de cette controverse, qui continue toujours pendant que les éditions se multiplient, s'il y a quelque chose de parfaitement prouvé et hors de toute discussion, c'est le succès de l'ouvrage; et il semble, au premier abord, qu'il devait dispenser l'auteur d'en écrire la défense.

Il ne nous appartient pas de marquer la place du *Génie du Christianisme* : ce soin regarde la postérité, qui se venge presque toujours lorsqu'on devance ses arrêts. Si l'on recueille cependant les suffrages éclairés que cet ouvrage a mérités depuis sa publication, on peut assurer que cette place ne sera pas sans honneur. Partout on y retrouve ce caractère de magnificence et de sensibilité, de tendresse et de grandeur, qui est le caractère distinctif du talent de son auteur. Mais il se montre avec plus d'avantage encore dans ces descriptions si éloquentes, dont l'intérêt est varié à chaque instant par d'agréables rêveries, par des rapports inattendus, et par ces expressions sorties du cœur, qui donnent presque du mépris pour les saillies de l'esprit. Toutefois, ce plaisir n'est point stérile pour l'esprit, comme l'ont prétendu des hommes qui comptent les *idées*, et qui prennent pour telles les tournures sèches et ambitieuses des penseurs modernes. Les belles images, les sentiments profonds sont inséparables des fortes pensées; mais elles sont perdues pour ceux qui n'aiment ni les sentiments profonds, ni les belles images, et disparaissent alors au milieu des richesses d'une élocution abondante, comme les hardiesses d'expressions se dissimulent dans les artifices d'un style savant.

On a reproché avec plus de raison à l'auteur du *Génie du Christianisme* des incorrections, des négligences, et quelques expressions qui sont triviales lorsqu'elles ne sont pas sublimes. En général, il s'abandonne plutôt aux inspirations de son talent et à la beauté de son sujet, qu'il ne se précautionne contre la critique, et il nous semble qu'il remplit avec moins de succès ces intervalles de la composition, dont l'unique intérêt consiste dans un certain degré d'élégance et de précision qui s'acquiert par le travail. On sent d'ailleurs qu'un essor aussi élevé entraîne des chutes et des inégalités nécessaires, et qu'il n'est pas possible de parcourir du même pas une carrière aussi étendue. Sans doute, pour oser la mesurer tout entière, il fallait une imagination agrandie par le spectacle des catastrophes de la société, et des scènes magnifiques de la nature. Semblable à ces vents féconds et puissants qui apportent de nouveaux germes et de nouvelles semences, elle a fourni des couleurs et des images à la poésie, des aperçus nouveaux aux talents qui se nourrissent d'imitations ou d'emprunts, des pensées favorites à ceux qui aiment à vivre avec eux-mêmes; en un mot, elle a favorisé, par les influences les plus heureuses, ce retour salutaire de l'opinion publique, qui se lassait depuis long-temps dans des voies égarées.

D. M.

V. Parallèle de Bernardin de Saint-Pierre et de M. de Chateaubriand.

L'auteur d'*Atala* paraît avoir bien des rapports avec Bernardin de Saint-Pierre, et je ne doute pas même que les *Études de la nature* n'aient beaucoup contribué à développer ses idées et son talent; ils ont peint tous deux une nature étrangère; l'un nous a transporté sous le ciel de l'Afrique; l'autre nous ouvre le spectacle de l'Amérique : ils se sont l'un et l'autre proposé un grand but moral, et semblent avoir été guidés par les mêmes principes et les mêmes sentiments; mais l'auteur de *Paul et Virginie* est plus doux, plus coulant, plus châtié; celui d'*Atala*, plus nerveux, plus fort, plus énergique : l'un ménage ses couleurs avec un goût exquis et un art d'autant plus merveilleux, qu'il paraît moins; l'autre les répand et les prodigue avec une profusion et une abondance qui nuisent quelquefois à l'effet : l'un est plus sage et plus retenu; l'autre plus hardi et plus impétueux. L'auteur de *Paul et Virginie* accorde plus aux idées morales; celui d'*Atala*, aux idées religieuses. Le premier a honoré la religion avec transport, en censurant ses ministres avec amertume; le second honore à la fois et confond dans les mêmes hommages, et le dogme et le culte, et les ministres et la religion. Dans *Paul et Virginie*, un prêtre devient la cause indirecte, mais toujours odieuse de la fatale catastrophe; dans *Atala*, c'est un prêtre qui répare tous les maux causés par les passions, l'ignorance et le fanatisme. L'ouvrage de Bernardin de Saint-Pierre se ressent de ces temps où dominaient la satire anti-religieuse et l'esprit d'innovation; celui de M. de Chateaubriand, d'une époque où la pitié, la commisération et la vraie philosophie lui ont succédé.

Dussault, *Annales littéraires*.

MORCEAUX CHOISIS.

I. Les Nations modernes.

Que de traits caractéristiques n'offrent point les nations nouvelles! Ici ce sont les Germains, peuple où la profonde corruption des grands n'a jamais influé sur les petits, où l'indifférence des premiers pour la patrie n'empêche point les seconds de l'aimer; peuple où l'esprit de révolte et de fidélité, d'esclavage et d'indépendance, ne s'est jamais démenti depuis les jours de Tacite. Là, ce sont ces industrieux Bataves qui ont de l'esprit par bon sens, du génie par industrie, des vertus par froideur, et des passions par raison. L'Italie aux cent princes et aux magnifiques souvenirs contraste avec la Suisse obscure et républicaine. L'Espagne, séparée des autres nations, présente encore à l'historien un caractère plus original: l'espèce de stagnation de mœurs dans laquelle elle repose lui sera peut-être utile un jour; et, lorsque tous les peuples de l'Europe seront usés par la corruption, elle seule pourra reparaître avec éclat sur la scène du monde, parce que le fond des mœurs subsistera chez elle.

Mélange du sang allemand et du sang français, le peuple anglais décèle de toutes parts sa double origine. Son gouvernement formé de royauté et d'aristocratie, sa religion moins pompeuse que la catholique, et plus brillante que la luthérienne, son militaire à la fois lourd et actif, sa littérature et ses arts, chez lui, enfin, le langage, les traits, et jusqu'aux formes du corps, tout participe des deux sources dont il découle. Il réunit à la simplicité, au calme, au bon sens, à la lenteur germanique, l'éclat, l'emportement, la déraison, la vivacité et l'élégance de l'esprit français.

Les Anglais ont l'esprit public, et nous l'honneur

national; nos belles qualités sont plutôt des dons de la faveur divine que les fruits d'une éducation politique: comme les demi-dieux, nous tenons moins de la terre que du ciel.

Fils aînés de l'antiquité, les Français, Romains par le génie, sont Grecs par le caractère. Inquiets et volages dans le bonheur; constants et invincibles dans l'adversité; formés pour tous les arts ; civilisés jusqu'à l'excès durant le calme de l'état; grossiers et sauvages dans les troubles politiques; flottants, comme des vaisseaux sans lest, au gré de toutes les passions; à présent dans les cieux, l'instant d'après dans l'abîme; enthousiastes et du bien et du mal, faisant le premier sans en exiger de reconnaissance, et le second sans en sentir de remords; ne se souvenant ni de leurs crimes, ni de leurs vertus; amants pusillanimes de la vie pendant la paix, prodigues de leurs jours dans les batailles; vains, railleurs, ambitieux, à la fois routiniers et novateurs, méprisant tout ce qui n'est pas eux; individuellement, les plus aimables des hommes; en corps, les plus désagréables de tous; charmants dans leur propre pays, insupportables chez l'étranger; tour à tour plus doux, plus innocents que l'agneau qu'on égorge, et plus impitoyables, plus féroces que le tigre qui déchire : tels furent les Athéniens d'autrefois, et tels sont les Français d'aujourd'hui *.

* « Le caractère d'Alcibiade n'est pas rare en France, » dit Duclos dans les *Considérations sur les Mœurs*.   F.

II. Effets pittoresques des ruines.

Les ruines, considérées sous les rapports pittoresques, sont d'une ordonnance plus magique dans un tableau, que le monument frais et entier. Dans les temples que les siècles n'ont point percés, les murs masquent une partie du paysage, et empêchent qu'on ne distingue les colonnades et les cintres de l'édifice; mais quand ces temples viennent à crouler, il ne reste que des masses isolées, entre lesquelles l'œil découvre au haut et au loin les astres, les nues, les forêts, les fleuves, les montagnes: alors, par un jeu naturel de l'optique, les horizons reculent, et les galeries, suspendues en l'air, se découpent sur les fonds du ciel et de la terre. Ces beaux effets n'ont pas été inconnus des anciens; ils élevaient des cirques sans masses pleines, pour laisser un libre accès à toutes les illusions de la perspective.

Les ruines ont ensuite des accords particuliers avec leurs déserts, selon le style de leur architecture, les lieux où elles se trouvent placées, et les règnes de la nature, au méridien qu'elles occupent.

Dans les pays chauds, peu favorables aux herbes et aux mousses, elles sont privées de ces graminées qui décorent nos châteaux et nos vieilles tours; mais aussi de plus grands végétaux se marient aux plus grandes formes de leur architecture. A Palmyre, le dattier fend les têtes d'hommes et de lions qui soutiennent les chapiteaux du temple du Soleil. Le palmier remplace de sa colonne la colonne tombée; et le pêcher, que les anciens consacraient à

Harpocrate, s'élève dans la retraite du silence. On y voit encore une espèce d'arbre, dont le feuillage échevelé, et les fruits en cristaux, forment, avec les débris pendants, de beaux accords de tristesse. Une caravane, arrêtée dans ces déserts, y multiplie les effets pittoresques. Le costume oriental allie bien sa noblesse à la noblesse de ces ruines; et les chameaux et les dromadaires semblent en accroître les dimensions, lorsque, couchés entre de grands fragments de maçonnerie, ces énormes animaux ne laissent voir que leurs têtes fauves et leurs dos bossus.

Les ruines changent de caractère en Égypte; souvent elles étalent, dans un petit espace, toutes les sortes d'architecture et toutes les sortes de souvenirs. Le sphinx et les colonnes du vieux style égyptien, s'élèvent auprès de l'élégante colonne corinthienne. Un morceau d'ordre toscan s'unit à une tour arabesque. D'innombrables débris sont roulés dans le Nil, enterrés dans le sol, cachés sous l'herbe : des champs de fèves, des rizières, des plaines de trèfles, s'étendent à l'entour. Quelquefois des nuages, jetés en ondes sur les flancs des ruines, les partagent en deux moitiés : le chakal, monté sur un piédestal vide, allonge son museau de loup derrière le buste d'un Pan à tête de bélier : la gazelle, l'autruche, l'ibis, la gerboise, sautent parmi les décombres; et la poule sultane s'y tient immobile, comme un oiseau hiéroglyphique de granit et de porphyre.

La vallée de Tempé, les bois de l'Olympe, les côtés de l'Attique et du Péloponèse, étalent de toutes parts les ruines de la Grèce. Là, commencent à paraître les mousses, les plantes grimpantes et les fleurs saxatiles ; une guirlande vagabonde de jasmin embrasse une Vénus antique, comme pour lui rendre sa ceinture. Une barbe de mousse blanche descend du menton d'une Hébé; le pavot croît sur les feuillets du livre de Mnémosyne, aimable symbole de la renommée passée, et de l'oubli présent de ces lieux. Les flots de l'Égée qui viennent expirer sous de croulants portiques, Philomèle qui se plaint, Alcyon qui gémit, Cadmus qui roule ses anneaux autour d'un autel, le cygne qui fait son nid dans le sein d'une Léda : tous ces accidents, produits par les Graces, enchantent ces poétiques débris. Un souffle divin anime encore la poussière des temples d'Apollon et des Muses; et le paysage entier, baigné par la mer, ressemble à un beau tableau d'Apelle, consacré à Neptune, et suspendu à ses rivages.

Ibid.

III. Le Meschacebé.

Ce fleuve, dans un cours de plus de mille lieues, arrose une délicieuse contrée, que les habitants des États-Unis appellent le nouvel Éden, et à qui les Français ont laissé le doux nom de Louisiane. Mille autres fleuves, tributaires du Meschacebé, le Missouri, l'Illinois, l'Akanza, l'Ohio, le Wabache, le Tenaze, l'engraissent de leur limon et la fertilisent de leurs eaux. Quand tous ces fleuves se sont gonflés des déluges de l'hiver, quand les tempêtes ont abattu des pans entiers de forêts, le temps assemble, sur toutes les sources, les arbres déracinés : il les unit avec des lianes, il les cimente avec des vases, il y plante de jeunes arbrisseaux, et lance son ouvrage sur les ondes. Charriés par les vagues écumantes, ces radeaux descendent de toutes parts au Meschacebé. Le vieux fleuve s'en empare, et les pousse à son embouchure pour y former une nouvelle branche. Par intervalle il élève sa grande voix, en passant sous les monts ; il répand ses eaux débordées autour des colonnades des forêts et des pyramides des tombeaux indiens : c'est le Nil des déserts. Mais la grace est toujours unie à la magnificence dans les scènes de la nature ; et, tandis que le courant du milieu entraîne vers la mer les cadavres des pins et des chênes, on voit sur les deux courants latéraux, remonter le long des rivages, des îles flottantes de pistia et de nénuphar, dont les roses jaunes s'élèvent comme de petits pavillons. Des serpents verts, des hérons bleus, des flammants roses, de jeunes crocodiles, s'embarquent passagers sur ces vaisseaux de fleurs, et la colonie, déployant au vent ses voiles d'or, va aborder, endormie, dans quelque anse retirée du fleuve.

Les deux rives du Meschacebé présentent le tableau le plus extraordinaire. Sur le bord occidental, des savanes se déroulent à perte de vue : leurs flots de verdure, en s'éloignant, semblent monter dans l'azur du ciel, où ils s'évanouissent. On voit, dans ces prairies sans bornes, errer à l'aventure des troupeaux de trois ou quatre mille buffles sauvages. Quelquefois un bison, chargé d'années, fendant les flots à la nage, se vient coucher, parmi les hautes herbes, dans une île du Meschacebé. A son front orné de deux croissants ; à sa barbe antique et limoneuse, vous le prendriez pour le dieu mugissant du fleuve, qui jette un regard satisfait sur la grandeur de ses ondes et la sauvage abondance de ses rives.

Telle est la scène sur le bord occidental; mais elle change tout-à-coup sur la rive opposée, et forme avec la première un admirable contraste. Suspendus sur le cours des ondes, groupés sur les rochers et sur les montagnes, dispersés dans les vallées, des arbres de toutes les formes, de toutes les couleurs, de tous les parfums, se mêlent, croissent ensemble, montent dans les airs à des hauteurs qui fatiguent les regards. Les vignes sauvages, les bignonias, les coloquintes s'entrelacent au pied de ces arbres, escaladent leurs rameaux, grimpent à l'extrémité des branches, s'élancent de l'érable au tulipier, du tulipier à l'alcée, en formant mille grottes, mille voûtes, mille portiques. Souvent égarées d'arbre en arbre, ces lianes traversent des bras de rivières, sur lesquels elles jettent des ponts et des arches de fleurs. Du sein de ses massifs embaumés, le superbe magnolia élève son cône immobile : surmonté de ses larges roses blanches, il domine toute la forêt, n'a d'autre rival que le palmier, qui balance légèrement auprès de lui ses éventails de verdure.

Une multitude d'animaux, placés dans ces belles retraites par la main du Créateur, y répandent l'enchantement et la vie. De l'extrémité des avenues on aperçoit des ours enivrés de raisins, qui chancellent sur les branches des ormeaux; des troupes de cariboux se baignent dans un lac, des écureuils noirs se jouent dans l'épaisseur des feuillages; des oiseaux moqueurs, des colombes virginiennes de la grosseur d'un passereau, descendent sur les gazons rougis par les fraises; des perroquets verts, à tête jaune, des piverts empourprés, des cardinaux de feu, grimpent en circulant au haut des cyprès; des colibris étincellent sur le jasmin des Florides, et des serpents oiseleurs sifflent suspendus aux dômes des bois, en s'y balançant comme des lianes.

Si tout est silence et repos dans les savanes, de l'autre côté du fleuve, tout ici, au contraire, es mouvement et murmure : des coups de bec contre le tronc des chênes, des froissements d'animaux qui marchent, broutent ou broient entre leurs dents les noyaux des fruits; des bruissements d'ondes, de faibles gémissements, de sourds meuglements, de doux roucoulements, remplissent ces déserts d'une tendre et sauvage harmonie. Mais quand une brise vient à animer toutes ces solitudes, à balancer tous ces corps flottants, à confondre toutes ces masses de blanc, d'azur, de vert, de rose, à mêler toutes les couleurs, à réunir tous les murmures, il se passe de telles choses aux yeux, que j'essaierais en vain de les décrire à ceux qui n'ont point parcouru ces champs primitifs de la nature.

Ibid.

IV. Eudore défend la Religion chrétienne devant l'Empereur et le Sénat.

Auguste, César, Pères Conscrits, peuple romain, au nom de ces hommes victimes d'une haine injuste, moi, Eudore, fils de Lasthénès, natif de Mégalopolis en Arcadie, et chrétien, salut!

Hiéroclès a commencé son discours par excuser la faiblesse de son éloquence. Je réclame à mon tour l'indulgence du sénat : je ne suis qu'un soldat, plus accoutumé à verser mon sang pour mes princes, qu'à demander en termes fleuris le massacre d'une foule de vieillards, de femmes et d'enfants.

Je remercie d'abord Symmaque de la modération qu'il a montrée envers mes frères. Le respect que je dois au chef de l'Empire, me force à me taire sur le culte des idoles. J'observerai cependant que les Camille, les Scipion, les Paul-Émile, n'ont point été de grands hommes parce qu'ils suivaient le culte de Jupiter; mais parce qu'ils s'éloignaient de la morale et des exemples des divinités de l'Olympe. Dans notre religion, au contraire, on ne peut atteindre au plus haut degré de perfection qu'en imitant notre Dieu. Nous plaçons aussi de simples mortels dans les éternelles demeures; mais il ne suffit pas, pour acquérir cette gloire, d'avoir porté le bandeau royal, il faut avoir pratiqué la vertu : nous abandonnons à votre ciel les Néron et les Domitien.

Toutefois l'effet d'une religion quelconque est si salutaire à l'âme, que le pontife de Jupiter a parlé des chrétiens avec douceur, tandis qu'un homme, qui ne reconnaît point de Dieu, demande notre sang au nom de l'humanité et de la vertu. Eh quoi! Hiéroclès, c'est sous le manteau que vous portez, que vous voulez semer la désolation dans l'Empire! Magistrat romain, vous provoquez la mort de plusieurs millions de citoyens romains! Car, Pères Conscrits, vous ne pouvez vous le dissimuler, nous ne sommes que d'hier, et déjà nous remplissons vos cités, vos colonies, vos camps, le palais, le sénat, le forum : nous ne vous laissons que vos temples....

La raison politique de l'établissement de Jérusalem au centre d'un pays stérile était trop profonde pour être aperçue de l'accusateur des chrétiens. Le législateur des Israélites voulait en faire un peuple qui pût résister au temps, conserver le culte du vrai Dieu au milieu de l'idolâtrie universelle, et trouver dans ses institutions une force qu'il n'avait point par lui-même ; il les enferma donc dans la montagne. Leurs lois et leur religion furent conformes à cet état d'isolement : ils n'eurent qu'un temple, qu'un sacrifice, qu'un livre. Quatre mille ans se sont écoulés, et ce peuple existe encore. Hiéroclès, montrez-nous ailleurs un exemple d'une législation aussi miraculeuse dans ses effets, et nous écouterons ensuite vos railleries sur le pays des Hébreux....

Princes, je n'entrerai point dans les preuves de la religion chrétienne : une longue suite de prophéties, toutes vérifiées, des miracles éclatants, des témoins sans nombre, ont depuis long-temps attesté la divinité de celui que nous appelons le Sauveur. Sa vertu sublime est reconnue de l'univers; plusieurs empereurs romains, sans être soumis à Jésus-Christ, l'ont honoré de leurs hommages; des philosophes fameux ont rendu justice à la beauté de sa morale, et Hiéroclès lui-même ne la conteste pas....

Il serait bien étrange que ceux qui adorent un tel Dieu, fussent des monstres dignes du bûcher. Quoi! Jésus-Christ serait un modèle de douceur, d'humanité, de chasteté, et nous penserions l'honorer par des mystères de cruauté et de débauche? même dans le paganisme, célèbre-t-on les fêtes de Diane par les prostitutions des fêtes de Vénus? Le christianisme, dit-on, est sorti de la dernière classe du peuple, et de là les infamies de son culte. Reprochez donc à cette religion ce qui fait sa beauté et sa gloire. Elle est allée chercher, pour les consoler, des hommes auxquels les hommes ne pensaient point, et dont ils détournaient les regards; et vous le lui imputez à crime! Pense-t-on qu'il n'y a de douleur que sur la pourpre, et qu'un Dieu consolateur n'est fait que pour les grands et les rois? Loin d'avoir pris la bassesse et la férocité des mœurs du peuple, notre religion a corrigé ces mœurs. Dites: est-il un homme plus patient dans ses maux qu'un vrai chrétien, plus résigné sous un maître, plus fidèle à sa parole, plus ponctuel dans ses devoirs, plus chaste dans ses habitudes? Nous sommes si éloignés de la barbarie, que nous nous retirons de vos jeux où le sang des hommes est une partie du spectacle. Nous croyons qu'il y a peu de différence entre commettre le meurtre et le voir commettre avec plaisir. Nous avons une telle horreur d'une vie dissolue, que nous évitons vos théâtres comme une école de mauvaises mœurs et une occasion de chute: Mais, en justifiant les chrétiens sur un point, je m'aperçois que je les expose sur un autre.

Nous fuyons la société, dit Hiéroclès, nous haïssons les hommes! s'il en est ainsi, notre châtiment est juste, frappez nos têtes : mais auparavant, venez reprendre dans nos hôpitaux les pauvres et les infirmes que vous n'avez point secourus; faites appeler ces femmes romaines qui ont abandonné les fruits de leur honte. Elles croient peut-être qu'ils sont tombés dans ces lieux infâmes, seul asyle offert par vos dieux à l'enfance délaissée? Qu'elles viennent reconnaître leurs nouveaux nés entre les bras de nos épouses! le lait d'une chrétienne ne les a point empoisonnés : les mères selon la grace les rendront, avant de mourir, aux mères selon la nature....

Les chrétiens des séditieux! poussés à bout par leurs persécuteurs, et poursuivis comme des bêtes féroces, ils n'ont pas même fait entendre le plus léger murmure. Neuf fois ils ont été massacrés, et, s'humiliant sous la main de Dieu, ils ont laissé l'univers se soulever contre les tyrans. Qu'Hiéroclès nomme un seul fidèle engagé dans une conspiration contre son prince! Soldats chrétiens que j'aperçois ici, Sébastien, Pacôme, Victor, dites-nous où vous avez reçu les nobles blessures dont vous êtes couverts? Est-ce, dans les émeutes populaires, en assiégeant le palais de vos empereurs, ou bien en affrontant, pour la gloire de vos princes, la flèche du Parthe, l'épée du Germain et la hache du Franc? Hélas! généreux guerriers, mes compagnons, mes amis, mes frères, je ne m'inquiète point de mon sort, bien que j'aie quelque raison de regretter à présent la vie; mais je ne puis m'empêcher de m'attendrir sur votre destinée. Que n'avez-vous choisi un défenseur plus éloquent! J'aurai pu mériter une couronne civique en vous sauvant des mains des barbares, et je ne pourrai vous dérober au fer d'un proconsul romain!

Finissons ce discours. Dioclétien, vous trouverez chez les chrétiens des sujets respectueux qui vous seront soumis sans bassesse, parce que le principe de leur obéissance vient du ciel. Ce sont des hommes de vérité : leur langage ne diffère point de leur conduite; ils ne reçoivent point les bienfaits d'un maître en le maudissant dans leur cœur. Demandez à de tels hommes leurs fortunes, leur vie, leurs enfants, ils vous les donneront, parce que tout cela vous appartient : mais voulez-vous les forcer à encenser les idoles, ils mourront. Pardonnez, Prince, à cette liberté chrétienne; l'homme a aussi ses devoirs à remplir envers le ciel. Si vous exigez de nous des marques de soumission qui blessent ces devoirs sacrés, Hiéroclès peut appeler les bourreaux : nous rendrons à César notre sang qui est à César, et à Dieu notre âme qui est à Dieu.

Les Martyrs, liv. XIV.

V. La Tempête dans le Désert.

Figurez-vous, Seigneurs, des plages sablonneuses, labourées par les pluies de l'hiver, brûlées par les feux de l'été, d'un aspect rougeâtre et d'une nudité affreuse. Quelquefois seulement des nopals épineux couvrent une petite partie de l'arène sans bornes; le vent traverse ces forêts armées sans pouvoir courber leurs inflexibles rameaux; çà et là des débris de vaisseaux pétrifiés étonnent les regards, et des monceaux de pierres élevés de loin en loin servent à marquer le chemin aux caravanes.

Nous marchâmes tout un jour dans cette plaine. Nous franchîmes une autre chaîne de montagnes, et nous découvrîmes une seconde plaine, plus vaste et plus désolée que la première.

La nuit vint. La lune éclairait le désert vide : on n'apercevait sur une solitude sans ombre, que l'ombre immobile de notre dromadaire, et l'ombre errante de quelques troupeaux de gazelles. Le silence n'était interrompu que par le bruit des sangliers qui broyaient des racines flétries, ou par le chant du grillon, qui demandait en vain dans ce sable inculte le foyer du laboureur.

Nous reprîmes notre route avant le retour de la lumière. Le soleil se leva dépouillé de ses rayons, et semblable à une meule de fer rougie. La chaleur augmentait à chaque instant. Vers la troisième heure du jour, le dromadaire commença à donner des signes d'inquiétude : il enfonçait ses nazeaux dans le sable, et soufflait avec violence. Par intervalle, l'autruche poussait des sons lugubres; les serpents et les caméléons se hâtaient de rentrer dans le sein de la terre. Je vis le guide regarder le ciel et pâlir. Je lui demandai la cause de son trouble.

« Je crains, dit-il, le vent du midi : sauvons-
« nous ! »

Tournant le visage au nord, il se mit à fuir de toute la vitesse de son dromadaire. Je le suivis : l'horrible vent qui nous menaçait était plus léger que nous.

Soudain, de l'extrémité du désert accourt un tourbillon. Le sol, emporté devant nous, manque à nos pas, tandis que d'autres colonnes de sable, enlevées derrière nous, roulent sur nos têtes. Égaré dans un labyrinthe de tertres mouvants et semblables entre eux, le guide déclare qu'il ne reconnaît plus sa route; pour dernière calamité, dans la rapidité de notre course, nos outres remplies d'eau s'écoulent. Haletants, dévorés d'une soif ardente, retenant fortement notre haleine dans la crainte d'aspirer des flammes, la sueur ruisselle à grands flots de nos membres abattus. L'ouragan redouble de rage : il creuse jusqu'aux antiques fondements de la terre, et répand dans le ciel les entrailles brulantes du désert. Enseveli dans une atmosphère de sable embrasé, le guide échappe à ma vue. Tout-à-coup, j'entends son cri, je vole à sa voix : l'infortuné, foudroyé par le vent de feu, était tombé mort sur l'arène, et son dromadaire avait disparu.

En vain j'essayai de ranimer mon malheureux compagnon; mes efforts furent inutiles. Je m'assis à quelque distance, tenant mon cheval en main, et n'espérant plus que dans celui qui changea les feux de la fournaise d'Azarias en un vent frais et une douce rosée. Un acacia qui croissait dans ce lieu me servit d'abri. Derrière ce frêle rempart, j'attendis la fin de la tempête. Vers le soir, le vent du nord reprit son cours; l'air perdit sa chaleur cuisante; les sables tombèrent du ciel et me laissèrent voir les étoiles : inutiles flambeaux qui me montrèrent seulement l'immensité du désert.

Ibid., liv. XI.

VI. Aspect physique et moral de Constantinople.

Constantinople, et sur-tout la côte d'Asie, étaient noyées dans le brouillard : les cyprès et les minarets que j'apercevais à travers cette vapeur, présentaient l'aspect d'une forêt dépouillée. Comme nous approchions de la pointe du sérail, le vent du nord se leva et balaya en moins de quelques minutes la brume répandue sur ce tableau ; je me trouvai tout-à-coup au milieu des palais du commandeur des croyants. Devant moi le canal de la mer Noire serpentait entre des collines riantes, ainsi qu'un fleuve superbe : j'avais à droite la terre d'Asie et la ville de Scutari : la terre d'Europe était à ma gauche : elle formait, en se creusant, une large baie pleine de grands navires à l'ancre, et traversée par d'innombrables petits bateaux. Cette baie, renfermée entre deux coteaux, présentait en regard et en amphithéâtre Constantinople et Galata. L'immensité de ces trois villes étagées, Galata, Constantinople et Scutari; les cyprès, les minarets, les mâts des vaisseaux qui s'élevaient et se confondaient de toutes parts; la verdure des arbres, les couleurs des maisons blanches et rouges; la mer qui étendait sous ces objets sa nappe bleue, et le ciel qui déroulait au-dessus un autre champ d'azur : voilà ce que j'admirais; on n'exagère point quand on dit que Constantinople offre le plus beau point de vue de l'univers.

Nous abordâmes à Galata : je remarquai sur-le-champ le mouvement des quais, et la foule des porteurs, des marchands et des mariniers; ceux-ci annonçaient par la couleur diverse de leurs visages, par la différence de leurs langages, de leurs habits, de leurs chapeaux, de leurs bonnets, de leurs turbans, qu'ils étaient venus de toutes les parties de l'Europe et de l'Asie habiter cette frontière de deux mondes. L'absence presque totale des femmes, le manque de voitures à roues, et les meutes de chiens sans maîtres, furent les trois caractères distinctifs qui me frappèrent d'abord dans l'intérieur de cette ville extraordinaire. Comme on ne marche guère qu'en babouches, qu'on n'entend point de bruits de carrosses et de charrettes, qu'il n'y a point de cloches, ni presque point de métiers à marteau, le silence est continuel. Vous voyez autour de vous une foule muette, qui semble vouloir passer sans être aperçue, et qui a toujours l'air de se dérober aux regards du maître. Vous arrivez sans cesse d'un bazar à un cimetière, comme si les Turcs n'étaient là que pour acheter, vendre et mourir. Ces cimetières sans murs, et placés au milieu des rues, sont des bois magnifiques de cyprès : les colombes font leurs nids dans ces cyprès et partagent la paix des morts. On découvre çà et là quelques monuments antiques, qui n'ont de rapport ni avec les hommes modernes, ni avec les monuments nouveaux dont ils sont environnés : on dirait qu'ils ont été transportés dans cette ville orientale par l'effet d'un talisman. Aucun signe de joie, aucune apparence de bonheur ne se montre à vos yeux : ce qu'on voit n'est pas un peuple, mais un troupeau qu'un iman conduit et qu'un janissaire égorge. Il n'y a d'autre plaisir que la débauche, d'autre peine que la mort. Au milieu des prisons et des bagnes s'élève un sérail, capitole de la servitude : c'est là qu'un gardien sacré conserve les germes de la peste et les lois primitives de la tyrannie. De pâles adorateurs rôdent sans cesse autour du temple, et viennent apporter leurs têtes à l'idole. Rien ne peut les soustraire au sacrifice ; ils sont entraînés par un pouvoir fatal : les yeux du despote attirent les esclaves, comme les regards du serpent fascinent les oiseaux dont il fait sa proie.

Itinéraire de Paris à Jérusalem.

CHATEAUBRUN (Jean-Baptiste VIVIEN de), est né à Angoulême, en 1686. Il avait vingt-huit ans, lorsqu'il fit représenter sa première tragédie, *Mahomet second*. Elle eut assez de succès pour encourager l'auteur à poursuivre la carrière dramatique ; néanmoins, pendant quarante ans, il ne donna aucun autre ouvrage. Il paraît que pour ne point déplaire au duc d'Orléans, prince très pieux, auquel il était attaché comme maître-d'hôtel, il s'abstint de faire paraître les pièces auxquelles il travaillait toujours en secret. Sa tragédie des *Troyennes* qui fut jouée le 11 mars 1754, eut un grand succès, et, malgré ses défauts, elle est restée long-temps au théâtre. Elle fut suivie de *Philoctète* (1755), et d'*Astyanax* (1756): la première de ces deux tragédies fut assez bien reçue du public; mais la seconde éprouva un tel échec que l'auteur la retira après la première représentation. Il avait encore composé *Antigone* et *Ajax*; mais il paraît que, par l'imprévoyance d'un valet, ces tragédies ont été perdues. Châteaubrun avait été admis à l'Académie française en 1753. Il est mort à Paris, le 16 février 1775, âgé de quatre-vingt-neuf ans.

JUGEMENTS.

I.

Châteaubrun ne fut pas un écrivain sans mérite : il y en a sur-tout dans ses *Troyennes*. A la vérité, son *Philoctète*, qui eut quelque succès en 1775, n'a jamais été repris. Tous les connaisseurs le blâmèrent d'avoir suivi un plan si différent de celui de Sophocle : le sien est entièrement dans le goût de la galanterie moderne. Pyrrhus devient tout-à-coup amoureux d'une fille de Philoctète qu'il n'a fait qu'entrevoir, et nous avons déjà vu que ces passions subites sont toujours de peu d'effet : celle-ci n'en a guère d'autre que de partager l'intérêt qui doit se réunir sur Philoctète. D'ailleurs, l'auteur a-t-il pu penser que ce fût la même chose pour ce malheureux prince d'être seul, absolument seul dans l'île de Lemnos, ou d'être avec sa fille et une suivante? De plus, est-il probable que Sophie soit venue joindre son père, et que depuis dix ans le père de Philoctète et sa famille entière l'aient abandonné? Mais le plus grand inconvénient de la pièce, c'est que l'auteur, dans son nouveau plan, a été obligé de faire d'Ulysse son principal personnage et le héros de la tragédie; et quelle différence d'intérêt entre deux personnages tels qu'Ulysse et Philoctète? C'est Ulysse qui finit par vaincre et désarmer la haine et les ressentiments de Philoctète; et pour préparer cette révolution, il a fallu affaiblir extrêmement le rôle de ce dernier, et fortifier celui d'Ulysse, ce qui est contraire à la nature du sujet, et ne suffit pas même pour justifier le dénouement; car si Philoctète peut être fléchi, est-ce bien par Ulysse, celui de tous les mortels qu'il doit le plus abhorrer? S'il peut résister à Pyrrhus qu'il aime, comment cède-t-il à Ulysse qu'il déteste? comment peut-il finir la pièce par ces vers :

Le ciel m'ouvre les yeux *sur la vertu d'Ulysse.*
En marchant sur ses pas au rivage troyen,
Nous suivrons *le grand homme* et le vrai citoyen.

Après tout ce qu'il en a dit dans le cours de la pièce, est-ce bien lui qui parle ici? On ne revient pas de si loin en si peu de temps, et un changement si peu naturel au cœur humain ne peut pas être amené par des discours : il faut des ressorts plus puissants.

L'intrigue de Châteaubrun roule donc principalement sur l'amour de Pyrrhus, entraîné d'un côté par Sophie, qui attend de lui qu'il ramènera Philoctète et sa fille à Scyros, et de l'autre par Ulysse, qui veut qu'on emmène Philoctète au camp des Grecs. Le caractère de ce jeune prince n'est pas même tel qu'il le fallait pour animer du moins cette intrigue déplacée. Ce n'est point, comme dans Sophocle, la franchise décidée et la fierté intrépide du fils d'Achille; c'est un jeune amoureux, faible et indécis, qui soupire auprès de sa maîtresse, et qui en rougit devant Ulysse : c'est ainsi qu'une faute en amène une autre, et qu'un plan vicieux dégrade aussi les caractères. Rien ne prouve mieux le grand sens des anciens, quand ils ont banni l'amour des sujets qui ne le comportaient pas : nous en voyons ici un exemple sensible. Pourquoi aime-t-on dans le Pyrrhus de Sophocle la droiture et la fermeté de ce jeune prince, qui, du moment où il a été touché du désespoir et des reproches de l'infortuné qui s'est confié à lui, prend hautement sa défense contre Ulysse et contre toute la Grèce? C'est que dans l'âme d'un jeune héros on peut opposer convenablement le sentiment de la pitié, de l'honneur, de la justice, aux plus grands intérêts politiques. Mais pourquoi Châteaubrun lui-même, en faisant Pyrrhus amoureux, n'a-t-il pas osé donner à cet amour un ascendant décidé sur son âme? C'est qu'il a senti qu'il n'était pas possible que le fils d'Achille oubliât ouvertement la vengeance de son père, l'intérêt de sa patrie et sa propre gloire, uniquement pour ne pas déplaire à Sophie qu'il a vue depuis un moment. Pyrrhus peut dire noblement à Ulysse : Non, je ne trahirai point un malheureux qui a mis son sort entre mes mains; mais il ne saurait, il n'oserait dire : Je n'emmènerai point Philoctète à Troie, parce que sa fille veut que je le mène à Scyros : le simple bon sens nous dit que cela serait trop petit. Il ne fallait donc pas donner à ce jeune héros un amour qui ne peut rien produire que de l'embarras et de la honte, et le rabaisser inutilement à ses propres yeux et à ceux d'Ulysse : et c'est ainsi que se démontre d'elle-même la connexion immédiate des principes de la raison et des convenances du théâtre *.

* Lessing, dans son *Laocoon*, s'est attaché à faire ressortir les défauts du *Philoctète* de Châteaubrun, en les rapprochant des beautés du modèle antique, auxquels ce poète les a si malheureusement substitués. Il se rencontre avec La Harpe dans la plupart de ses critiques, mais il entre dans plus de détails, et il est curieux de le suivre dans cet examen qui ne peut paraître minutieux, puisqu'il tend à faire ressortir la perfection du chef-d'œuvre de Sophocle. C'est ainsi, qu'il reproche avec beaucoup de raison à Châteaubrun d'avoir changé la nature du mal de Philoctète. Chez ce poète, c'est un Troyen qui l'a blessé d'une flèche empoisonnée : « Que peut-on, dit « Lessing, se promettre d'extraordinaire d'un évènement si commun ; tout « soldat y était exposé dans les guerres de ce temps. Comment donc n'a-t-il « des suites si terribles que pour le seul Philoctète ? et puis un poison na- « turel qui opère neuf années entières sans produire la mort, est beaucoup « plus invraisemblable, que le merveilleux mythologique dont Sophocle « entoure son sujet. » Châteaubrun, selon Lessing, a été encore bien mal inspiré lorsqu'il a supprimé l'heureux incident de l'arc enlevé qui nous touche si vivement en faveur de Philoctète. La seule chose qu'on puisse reprocher à cet examen critique de Lessing, aussi juste qu'ingénieux, c'est qu'avec une mauvaise foi qui se retrouve trop souvent dans les contempteurs systématiques de notre théâtre, dans lady Montaigu, dans Schlegel et autres, il abuse des avantages faciles que lui donne une mau-

Châteaubrun a mieux imité Euripide que Sophocle. Il n'a pas fait de ses *Troyennes* une pièce régulière; mais il y a des situations touchantes assez bien traitées; et le style, quoique avec de la faiblesse et de l'incorrection, se rapproche en plus d'un endroit du naturel heureux et attendrissant que l'on aime dans Euripide. Il aurait dû, il est vrai, ne pas l'imiter dans la duplicité d'action : il fallait choisir entre Polyxène et Andromaque : chacune des deux pouvait fournir une tragédie. Je n'en dirai pas autant de Cassandre, qui ne fait rien dans la pièce que prophétiser, et quitte la scène au second acte pour s'en aller à Mycène à la suite d'Agamemnon. Ce n'est qu'un rôle épisodique que le poète aurait dû lier mieux à sa fable, et qui pourtant contribua au succès de son ouvrage par celui du morceau des prophéties, succès remarquable dans l'histoire du théâtre, parce qu'il fut la première époque de cette réputation si méritée où parvint ensuite la plus parfaite des actrices, mademoiselle Clairon. Une femme célèbre par un talent d'un autre genre, mademoiselle Gaussin, arracha des larmes dans le rôle d'Andromaque, sur-tout dans cette belle situation, empruntée des *Troyennes* de Sénèque, où la mère d'Astyanax cache dans le tombeau d'Hector cet enfant dont les Grecs ont ordonné le supplice, et s'efforce de cacher en même temps ses frayeurs maternelles au regard pénétrant

vaise pièce, contre la tragédie française qui a certainement des représentants plus légitimes que Châteaubrun. (Voyez la traduction du *Laocoon* de Lessing, par M. Vanderbourg, pag. 33, 35, 36 et 44.) H. Patin.

d'Ulysse, qui ordonne de détruire ce tombeau. On se souvient encore de l'émotion que produisait l'actrice, lorsque, après avoir obtenu avec peine, à force de larmes et de prières, que l'on respectât la tombe de son époux, elle disait à Ulysse, prêt à s'éloigner, et qui laissait une troupe de Grecs autour du tombeau :

Ces farouches soldats, les laissez-vous ici?

Ce vers est plein d'un sentiment vrai, que l'on retrouve encore dans d'autres morceaux. Le rôle de Thestor, grand-prêtre des Troyens, et le dernier appui d'une famille désolée qu'il sert et protège au péril de ses jours; ce rôle, d'une noblesse intéressante, fait honneur au poète, qui n'en a point trouvé le modèle dans Euripide. Mais ici, comme dans son *Philoctète*, la critique lui reproche la multiplicité et la longueur des sentences, et une versification trop inégale. La situation d'Hécube, qui pendant cinq actes ne peut qu'attendre les arrêts cruels que lui apportent successivement les vainqueurs, et répéter les mêmes plaintes et se faire les mêmes reproches sur des malheurs qu'elle avoue être l'ouvrage de sa faiblesse et de sa complaisance pour Pâris, a paru d'une monotonie inexcusable. Enfin, ce qui a nui le plus au succès de cette pièce, lorsqu'on voulut la remettre il y a quelques années, c'est que l'intérêt décroît trop sensiblement quand il passe, à la fin du quatrième acte, d'Andromaque à Polyxène. Le fils d'Hector est sauvé : Thestor a trouvé le moyen de le dérober aux Grecs et de le faire partir pour Samos : la pièce est donc finie, et celle qui succède n'attache pas à beaucoup près autant que la première. Ce n'est pas, de nos jours, le seul exemple qui prouve le danger de s'écarter de cette unité précieuse dont le cœur humain a fait la première loi du théâtre.

La Harpe, *Cours de Littérature.*

II.

Châteaubrun est parmi les auteurs tragiques, dans la classe de ces imitateurs sans caractère, qui n'ont rien ajouté à la richesse de notre scène. Sa tragédie de *Mahomet II* a été surpassée par celle du comédien Lanoue, qui n'est elle-même qu'un ouvrage médiocre. *Les Troyennes*, et le *Philoctète* qu'il a donnés depuis, ont eu le mérite de nous retracer une faible idée de la tragédie d'Athènes, telle que Sophocle et Euripide l'avaient conçue[*]; ces pièces ont obtenu par là quelque succès : ce qui prouve que l'antiquité, qui a fourni à nos grands hommes la matière de tant de chefs-d'œuvre, offre encore des ressources même à des talents communs. On doit cependant à Châteaubrun la justice de reconnaître que s'il fut véritablement très inférieur aux maîtres de l'art, il n'en fut pas moins un littérateur très estimable, très instruit, et sur-tout très modeste. Nous devenons chaque jour d'une indigence qui ne nous permet pas de dédaigner les petites fortunes.

Palissot, *Mémoires sur la Littérature.*

[*] Il est clair, d'après ce qu'on vient de lire des critiques de La Harpe et de Lessing que Palissot, en présentant Chateaubrun comme un imitateur de Sophocle, les juge l'un ou l'autre sur la parole d'autrui.   H. P.

CHAULIEU.

CHAULIEU (Guillaume AMFRYE de), naquit à Fontenay dans le Vexin-Normand, en 1639. Il avait reçu de la nature un génie heureux et facile. Les agréments de son esprit et la gaieté de son caractère lui méritèrent l'amitié des ducs de Vendôme. Ces princes le mirent à la tête de leurs affaires et lui donnèrent pour 30,000 liv. de rentes en bénéfices. La fortune, et, plus que tout, son amabilité le firent admettre dans l'intimité des plus grands personnages de son temps. L'enjouement de son esprit et les qualités de son cœur lui attiraient, dans l'appartement qu'il occupait au Temple, une société choisie de gens de lettres et d'amis. Élève de Chapelle, il rendit fidèlement dans ses poésies son génie et celui de son maître. On l'appelait l'*Anacréon du Temple*, parce que, comme le poète grec, il goûta les plaisirs de l'esprit et de l'amour jusqu'au dernier âge. A quatre-vingts ans, étant aveugle, il aimait mademoiselle de Launai (depuis madame de Staal), et l'aimait avec la chaleur de la première jeunesse. Chaulieu mourut, en 1720, âgé de quatre-vingt-un ans.

Les meilleures éditions de ses poésies sont celles de 1733, en 2 vol. in-8°, sous le titre d'Amsterdam, et celle de Paris, 1750, en 2 vol. in-12, d'après les manuscrits de l'auteur, et augmentée d'un grand nombre de nouvelles pièces. L'auteur du *Temple du goût* l'a très bien caractérisé dans ces vers :

>Je vis arriver en ce lieu
>Le brillant abbé de Chaulieu
>Qui chantait en sortant de table.
>Il osait caresser le dieu

D'un air familier, mais aimable.
Sa vive imagination
Prodiguait dans sa douce ivresse
Des beautés sans correction,
Qui choquaient un peu la justesse
Et respiraient la passion.

L'abbé de Chaulieu, dans ces vers, exprimait avec feu les sentiments de son cœur; son imagination, tour à tour simple, naïve, enjouée, respirait la gaieté même au milieu des douleurs de la goutte : il inspire cette gaieté à son lecteur lors même qu'il l'entretient de ses maux. Sa morale est celle d'Épicure; tout ce qu'il écrit ne tend qu'à accréditer cette philosophie d'autant plus dangereuse qu'il a su la réduire en sentiment.

JUGEMENTS.

1.

Chaulieu est connu par ses poésies négligées, et par les beautés hardies et voluptueuses qui s'y trouvent. La plupart respirent la liberté, le plaisir, et une philosophie au-dessus des préjugés; tel était son caractère. Il vécut dans les délices et mourut avec intrépidité. Les vers qu'on cite le plus de lui sont la pièce intitulée *la Goutte*; mais sur-tout l'épître sur la mort au marquis de La Fare. Une autre épître au même fit encore plus de bruit. Elle commence ainsi :

J'ai vu de près le Styx, j'ai vu les Euménides, etc.

Ces pièces ne sont pas châtiées; ce sont des statues de Michel-Ange ébauchées. Le stoïcisme de ces sentiments ne lui attira point de persécution; car, quoique abbé, il était ignoré des théologiens, et ne vivait qu'avec ses amis. Il n'aurait tenu qu'à lui de mettre la dernière main à ses ouvrages, mais il ne savait pas corriger. On a imprimé de lui trop de bagatelles insipides de société ; c'est le mauvais goût et l'avarice des éditeurs qui en est cause. Les préfaces qui sont à la tête du recueil sont de ces gens obscurs qui croient être de bonne compagnie en imprimant toutes les fadaises d'un homme de bonne compagnie.

VOLTAIRE, *Siècle de Louis XIV*.

II.

Chaulieu a su mêler, avec une simplicité noble et touchante, l'esprit et le sentiment. Ses vers négligés, mais faciles et remplis d'imagination, de vivacité et de grace, m'ont toujours paru supérieurs à sa prose, qui n'est le plus souvent qu'ingénieuse. On ne peut s'empêcher de regretter qu'un auteur si aimable n'ait pas plus écrit, et n'ait pas travaillé avec le même soin tous ses ouvrages. Quelque différence que l'on ait mise, avec beaucoup de raison, entre l'esprit et le génie, il me semble que le génie de l'abbé de Chaulieu ne soit essentiellement que beaucoup d'esprit naturel. Cependant il est remarquable que tout cet esprit n'a pu faire d'un poète, d'ailleurs si aimable, un grand homme ni un grand génie.

VAUVENARGUES, *Réflexions critiques sur quelques poètes*.

III.

La critique, dans le *Temple du Goût*, qui n'est pas le temple de la politesse, conseille à Chaulieu

« de ne se croire que le premier des poètes négligés,
« et non pas le premier des bons poètes. » Ce conseil équivaut à une injure : il n'est permis d'en donner de tels qu'à ceux à qui une présomption démesurée les rend nécessaires. C'est un singulier compliment à faire à quelqu'un que de lui dire : Vous êtes le premier dans un genre médiocre. Chaulieu ne manquait pas de vanité ; il était poète, mais il était homme du monde et homme de plaisir encore plus qu'auteur. Ses poésies, écrites d'un style négligé, comme le sont celles de tout homme qui n'écrit que pour son amusement, pouvaient bien lui donner la prétention d'être un fort bel esprit et un homme très aimable ; mais l'idée d'être le premier des poètes ne lui est sûrement jamais venue : on ne l'en a pas soupçonné, et il n'y avait aucun fondement pour le croire. Ainsi on ne voit pas à quoi revient le conseil qu'on lui donne de ne pas prendre de lui-même une opinion qu'il n'avait pas et qu'il ne pouvait avoir. Il semble que ce soit une offense en pure perte. C'est que Chaulieu avait laissé une réputation, peut-être supérieure à ses talents, mais sans doute importune à ceux qui voulaient briller après lui dans la carrière du bel esprit, et faire l'amusement des cercles dont il avait fait les délices. Un jeune homme qui entre dans le monde et dans les lettres y trouve toujours quelque nom qui est en possession de plaire, dont les femmes sont engouées ; c'est l'homme du jour, c'est l'écrivain unique, et dont il faut copier la manière, sous peine de déplaire aux petites sociétés qui font les réputa-

tions. Souvenons-nous que Corneille allait lire *Polyeucte* à l'hôtel de Rambouillet, et que Voiture, qui en était l'oracle, lui déclara que sa pièce ne valait rien. Cependant c'est une question si *Polyeucte* n'est pas son chef-d'œuvre; et c'est assurément un des plus beaux monuments de la scène française. Corneille, à son tour, jugeait que Racine n'avait pas de talent pour le théâtre, parce qu'il avait échoué dans *Alexandre;* et Racine répondit à sa décision par *Andromaque.*

Voltaire fut le premier qui secoua le joug de ces déférences pour des réputations incommodes : le petit avis donné à Chaulieu dans le *Temple du goût* était pour le public; on voulait lui apprendre à limiter son admiration; on voulait qu'il sût que la première place dans tous les genres était vacante : voilà pourquoi, dans cette revue des grands poètes, il est bien plus question de leurs défauts que de leurs beautés. C'était une idée bien hardie que de s'ériger en arbitre du goût, et de distribuer les rangs dans son *Temple;* le beau secret pour rabaisser des noms trop éclatants! Jamais la passion et la vanité n'avaient imaginé un moyen plus commode de se satisfaire. Il faut d'ailleurs avouer que Chaulieu est jugé assez équitablement dans ces vers plus sensés que poétiques :

>Sa vive imagination
>Prodiguait, dans sa douce ivresse,
>Des beautés sans correction,
>Qui choquaient un peu la justesse,
>Mais respiraient la passion.

Il faut se défier de tout ce que les conteurs de société ont répandu sur la vie et sur la mort de ce poète. Nous avons de lui une préface écrite avec sa négligence ordinaire, et qui en donne une autre idée que celle qu'on a prise dans ses vers. C'est dans ce qu'un homme écrit rapidement qu'on peut espérer de découvrir le fond de son âme. Les vers sont composés avec trop d'art et d'amour-propre pour qu'on s'y peigne au naturel. On se représente Chaulieu comme Anacréon, toujours chantant, toujours buvant, toujours entouré de ses maîtresses; mais ces hommes si gais avaient leurs idées sérieuses; et quelque dissipés qu'on les suppose, les plaisirs n'ont rempli que la moindre partie de leur vie. « D'ordinaire, dit Pascal, on ne s'imagine Platon et « Aristote qu'avec de grandes robes, et comme des « personnages toujours graves et sérieux : c'étaient « d'honnêtes gens qui riaient, comme les autres, « avec leurs amis. » Il faut savoir distinguer le caractère de l'homme de celui de l'auteur.

Chaulieu observe, dans cette préface, qu'on ne doit pas juger de ses sentiments par quelques pièces légères et hardies qui lui sont échappées dans la gaieté du vin et le feu du plaisir. Quelle leçon de voir un homme qui avait tant d'esprit, se plaindre de n'avoir pas été le maître de ses mœurs ni de ses idées! Il avoue qu'il voulait plaire à toutes sortes de gens : c'était s'engager à prendre toutes sortes d'opinions, ou du moins à les feindre. Dès qu'on veut montrer de l'esprit et de l'imagination, il est bien difficile de ne pas aller plus loin qu'on ne voudrait ; on se sent emporté; l'envie d'amuser, la nécessité d'être plaisant, font dire des choses qu'on ne pense pas; elles mènent quelquefois à tourner en ridicule ce qu'on respecte le plus dans le fond du cœur : l'esprit humain n'a guère de faiblesse plus honteuse; mais ceux qui n'ont jamais écrit n'en ont pas le secret. Aux yeux des connaisseurs, c'est n'avoir pas assez d'esprit que d'en avoir aux dépens de sa conscience et de ses principes. C'est ainsi que Chaulieu crut devoir orner ses vers de quelques hardiesses qui sentent l'esprit-fort, et qu'ensuite, se reprochant sa complaisance pour des amis, il avoua qu'il avait parlé contre sa pensée, et que la vanité avait été plus forte que sa conviction. Mais malgré ses protestations, des gens qui n'étaient pas fâchés de voir parmi eux un homme de bonne compagnie, se sont hâtés d'en faire un des patrons de la philosophie. Les vers qu'on a cités de lui avec le plus de complaisance sont ceux du *Déiste**. Ce sont sans contredit les plus mauvais : il faudrait être bien fin ou bien assuré pour prétendre y découvrir son opinion. Cet homme si voluptueux a fait trois *Épîtres sur la mort* : l'une en chrétien, l'autre en incrédule, et la troisième en épicurien. Ces épîtres semblent justifier ce qu'il en dit dans sa préface, qu'il n'a

---

* Voyez le *Siècle de Louis XIV*. Il est à remarquer que Voltaire a corrigé les vers de Chaulieu, à sa manière. Chaulieu dit dans cette pièce :

Je ne suis libertin, ni dévot à demi.

Et Voltaire y a substitué ce vers :

Des suites de ma fin je n'ai jamais frémi.

La correction est un peu forte.

voulu tenter que des jeux d'esprit et des essais de poésie, où l'on ne doit pas chercher ses véritables sentiments, et qui ne méritent pas même d'être appelés ses ouvrages, tant ils lui ont peu coûté. On ne trouve en effet dans ces pièces aucune idée fixe; elles choquent un lecteur sensé par les plus singulières contradictions dont l'homme puisse être capable. Dans la première, qui est celle du chrétien, il n'y a presque pas un trait de christianisme; l'auteur y est moitié païen, moitié incrédule; ou, pour mieux dire, on ne sait ce qu'il est. C'est là qu'on trouve ces vers bizarres :

J'ai vu de près le Styx, j'ai vu les Euménides !
Déjà venaient frapper mes oreilles timides
Les affreux cris du chien de l'empire des morts.
Et les noires vapeurs, et les brûlants transports
Allaient de ma raison offusquer la lumière ;
C'est lors que j'ai senti mon âme tout entière,
Se ramenant en soi, faire un dernier effort
Pour braver les erreurs que l'on joint à la mort.
Ma raison m'a montré, tant qu'elle a pu paraître,
Que rien n'est, en effet, de ce qui ne peut être ;
Que ces fantômes vains sont enfants de la peur,
Qu'une faible nourrice imprime en notre cœur,
Lorsque de loups-garoux, qu'elle-même elle pense,
De démons et d'enfer elle endort notre enfance.

On n'*endort* pas les enfants, on les épouvante plutôt avec des *démons* et des *loups-garoux*.

Ces vers, qu'on a tant cités comme une preuve de force d'esprit, prouveraient bien mieux la faiblesse, si l'on faisait attention que Chaulieu commence par là une pièce chrétienne, où il parle ensuite des jugements du Dieu d'Israël, dont il rapporte les miracles. Il se contredit encore plus plaisamment dans la seconde épître, qui est celle de *l'Incrédule*. Le commencement de cette pièce est assez leste; il y affiche une morale qui mènerait loin, et qui est en effet celle du personnage qu'il fait parler. On est bien étonné après cela de l'entendre citer la *Bible*, de lui en voir prendre les plus grandes idées, et imiter un passage d'un psaume. Mais pour le coup, Chaulieu s'élève et devient presque sublime; il acquiert même de la correction et de l'élégance. Il semble que la force du sujet ait changé son style :

D'un Dieu, maître de tout, j'adore la puissance.
La foudre est en sa main ; la terre est à ses pieds ;
　　Les éléments humiliés
M'annoncent sa grandeur et sa magnificence.
　　Mer vaste, vous fuyez !
Et toi, Jourdain, pourquoi, dans tes grottes profondes,
Retournant sur tes pas, vas-tu cacher tes ondes ?
Tu frémis à l'aspect, tu fuis devant les yeux
D'un Dieu qui, sous ses pas, fait abaisser les cieux.

Qui se serait attendu à trouver là le *Jourdain?* Ces vers ne sont pas plus d'un incrédule que les premiers n'étaient d'un chrétien ; mais quelle prodigieuse différence entre ces deux morceaux ! Après de telles contradictions, avouons qu'il est un peu ridicule de vouloir faire de Chaulieu un philosophe. J'admire ces gens qui se flattent d'entendre un homme qui ne s'entend pas lui-même. Chaulieu prenait tous les tons et toutes les idées pour plaire ; il possédait trop bien l'esprit de la société pour avoir une opinion ; il s'inquiétait peu du sens et de la justesse de ses vers, qui étaient toujours assez bien raisonnés pour des buveurs comme lui. Ce serait manquer de connaissance du monde autant que de justice, que de prendre à la lettre, c'est-à-dire pour la règle de ses mœurs, une foule de traits qui sentent la liberté de la table et l'emportement de l'imagination. Au reste, ce que Chaulieu a pu dire de meilleur et de plus clair pour son apologie, se trouve dans une épître au marquis de La Fare, le compagnon de tous ses plaisirs, dont il invoque le témoignage avec un grand air de candeur et de probité :

> J'atteste ta sincérité,
> Que, toujours partisan de la simplicité,
> Jamais d'un indigne artifice
> Je n'ai fardé la vérité.
> . . . .
> . . . .
> Tu sais bien, malgré l'injustice
> De la commune opinion,
> Que mon cœur ne fut point complice
> Ni des erreurs, ni du caprice
> De mon imagination.

Chaulieu ne se défend pas aussi sérieusement sur les faiblesses de l'amour. Sa manière de se justifier sur ce point aurait bien diverti messieurs les solitaires de Port-Royal.

> L'amour a ses casuistes,

D'avis fort différents dans sa religion ;
Il a ses Escobars, il a ses jansénistes.
Pour moi, qui fus toujours ami des jésuites,
    Raisonnable en mes sentiments,
    Je passe à l'humaine folie
    Quelques petits égarements
    D'une amoureuse frénésie.

S'il était possible de saisir le caractère d'un esprit si léger, on pourrait croire que Chaulieu était libertin par faiblesse sans l'être par système. Cette opinion se rapporte assez à la manière dont il parle en mille endroits de son maître Épicure, ainsi que de Lucrèce :

..... Sur l'essence divine
Je hais leur témérité ;
Et je n'aime leur doctrine,
Que touchant la volupté.

Quoi qu'il en soit, Chaulieu est, pour l'agrément de l'esprit, et même pour le style, un des meilleurs modèles que nous ayons dans les poésies fugitives. Il y est galant, sans fadeur; spirituel et plaisant, sans jamais courir après l'esprit, et sans jamais chercher la plaisanterie. Lors même qu'il loue les personnes du plus haut rang, ses louanges n'ont rien de lourd ni de guindé. Il y mêle toujours quelque trait d'une gaieté piquante et familière qui les assaisonne. C'est là le grand art dans ce genre d'écrire. Chaulieu avait beaucoup de l'esprit de Voiture, qui en fut le créateur, et de l'enjouement de Chapelle, qui fut son maître en poésie. Ses vers sont naturels et coulants; sa négligence est même une grace de plus. Ceux qui font leur étude de rimer des riens agréables devraient apprendre à son école le secret d'avoir de l'esprit, sans recourir aux jeux de mots et aux calembourgs. C'est une marque de stérilité et de mauvais goût, dont on ne trouve pas la moindre trace dans Chaulieu.

Il faut pourtant avouer que le plus grand nombre de ses pièces, toutes jolies qu'elles sont, ne s'élève pas beaucoup au-dessus des vers de société. Ces ingénieuses bagatelles n'ont guère de prix ni d'intérêt hors du cercle où elles sont nées. Voilà ce qu'ignorait Chaulieu, qui s'est figuré toute sa vie que l'art de dire de petites choses avec agrément était une des inventions les plus heureuses de la poésie; et quand Chapelle, qui trouvait si aisé de faire des vers comme les siens, insultait à la correction difficile de Boileau, il ne savait pas que c'est à ce prix qu'on acquiert le droit d'intéresser la postérité; et que les hommes ne liront éternellement que ce qui est écrit et pensé avec cette perfection. Chaulieu s'est élevé, dans quelques morceaux, autant du moins que son genre le permettait. Les connaisseurs distingueront toujours les vers qu'il fit sur sa première attaque de goutte, et ses *Stances sur la vie champêtre*, qui sont ce qu'il a produit de plus correct et de plus fini. Il y a mêlé, à la manière des anciens, quelques réflexions touchantes sur la brièveté de la vie et sur la promptitude de la mort, qui contrastent avec la peinture des plaisirs. On croit y entendre quelques tons de la lyre d'Horace, quoiqu'on n'y trouve pas ce grand goût de poésie, cette précision énergique, et cette originalité d'expression qui distinguent le poète romain. Le charme des vers de Chaulieu est dans cette mollesse attendrissante d'un style qui semble ne rien devoir aux efforts de l'art. Il n'étonne pas l'esprit, il l'entraîne dans une rêverie douce, par ce singulier mélange de volupté et de mélancolie.

Ch. Delalot.

IV.

Chaulieu est le seul qui ait conservé un rang dans un genre où tous ceux qui s'y étaient exercés comme lui, sont depuis long-temps confondus pêle-mêle, et comme entièrement éclipsés par la prodigieuse supériorité de Voltaire, qui, de l'aveu même de l'envie, ne permet aucune comparaison. Chaulieu du moins, malgré la distance où il est resté, est encore, et sera toujours lu. Ce n'est pas un écrivain du premier ordre, et ce même Voltaire l'a très bien apprécié dans *le Temple du Goût*, en l'appelant le premier des poètes négligés. Mais c'est un génie original, un de ces hommes favorisés de la nature, et qu'elle avait réunis en foule pour la gloire du siècle de Louis XIV. Il était né poète, et sa poésie a un caractère marqué; c'était un mélange heureux d'une philosophie douce et paisible, et d'une imagination riante. Il écrit de verve, et tous ses écrits sont des épanchements de son âme. On y voit les négligences d'un esprit paresseux, mais en même temps le bon goût d'un esprit délicat, qui ne tombe jamais dans cette affectation, premier attribut des siècles de décadence. Il a de l'harmonie, et ses vers entrent doucement dans l'oreille et dans le cœur. Quel charme dans les stances sur *la solitude de Fontenay*, sur *la Retraite*, sur *la Goutte!* Son ode sur *l'Inconstance* est la chanson du plaisir et de la gaieté; il a même des morceaux d'une poésie riche et brillante; mais ce qui domine sur-tout dans ses écrits, c'est la morale épicurienne et le goût de la volupté. Les plaisirs dont il jouit ou qu'il regrette sont presque toujours le sujet de ses vers. Il a très bonne grace à nous en parler, parce qu'il les sent; mais malheur à qui n'en parle que pour paraître en avoir! Ses madrigaux sont pleins de grace. Il tourne fort bien l'épigramme; et si l'on peut retrancher sans regret quelques-unes de ses poésies, qui n'aimerait mieux avoir fait une douzaine de ces pièces pleines de sentiment et de philosophie, que des volumes entiers de ces poésies aujourd'hui si communes, dont les auteurs semblent trop persuadés que quelques jolis vers peuvent dédommager d'un long verbiage ou d'un jargon précieux et maniéré?

La Harpe, *Cours de Littérature*.

MORCEAUX CHOISIS.

I. Fontenay.

Désert, aimable solitude,
Séjour du calme et de la paix,
Asyle où n'entrèrent jamais
Le tumulte et l'inquiétude,

Quoi! j'aurai tant de fois chanté
Aux tendres accords de ma lyre
Tout ce qu'on souffre sous l'empire
De l'amour et de la beauté;

Et, plein de la reconnaissance
De tous les biens que tu m'as faits,
Je laisserais dans le silence
Tes agréments et tes bienfaits !

C'est toi qui me rends à moi-même ;
Tu calmes mon cœur agité ;
Et de ma seule oisiveté
Tu me fais un bonheur extrême.

Parmi ces bois et ces hameaux,
C'est là que je commence à vivre ;
Et j'empêcherai de m'y suivre
Le souvenir de tous mes maux.

Emplois, grandeurs tant désirées,
J'ai connu vos illusions ;
Je vis loin des préventions
Qui forgent vos chaînes dorées.

La cour ne peut plus m'éblouir :
Libre de son joug le plus rude,
J'ignore ici la servitude
De louer qui je dois haïr.

. . . .

Quel plaisir de voir les troupeaux,
Quand le midi brûle l'herbette,
Rangés autour de la houlette,
Chercher le frais sous ces ormeaux.

Puis sur le soir à nos musettes
Ouïr répondre les coteaux,
Et retentir tous nos hameaux
De hautbois et de chansonnettes !

Mais, hélas ! ces paisibles jours
Coulent avec trop de vitesse ;

Mon indolence et ma paresse
N'en peuvent suspendre le cours.
Déjà la vieillesse s'avance;
Et je verrai dans peu la mort
Exécuter l'arrêt du sort,
Qui m'y livre sans espérance.

Fontenay, lieu délicieux
Où je vis d'abord la lumière,
Bientôt au bout de ma carrière,
Chez toi je joindrai mes aïeux.

Muses, qui dans ce lieu champêtre
Avec soin me fîtes nourrir
Beaux arbres, qui m'avez vu naître,
Bientôt vous me verrez mourir!

Cependant du frais de votre ombre
Il faut sagement profiter;
Sans regret, prêt à vous quitter
Pour ce manoir terrible et sombre.

Égayons ce reste de jours
Que la bonté des dieux nous laisse;
Parlons de plaisirs et d'amours :
C'est le conseil de la sagesse.

II. Sur la Goutte.

Le destructeur impitoyable
Et des marbres et de l'airain,
Le temps, ce tyran souverain
De la chose la plus durable,
Sape sans bruit le fondement
De notre fragile machine;
Et je ne vis plus un moment,
Sans sentir quelque changement
Qui m'avertit de sa ruine.

Je touche aux derniers moments
De mes plus belles années ;
Et déjà de mon printemps
Toutes les fleurs sont fanées.
Je regarde, et n'envisage,
Pour mon arrière-saison,
Que le malheur d'être sage,
Et l'inutile avantage
De connaître la raison.

Autrefois mon ignorance
Me fournissait des plaisirs ;
Les erreurs de l'espérance
Faisaient naître mes désirs :
A présent l'expérience
M'apprend que la jouissance
De nos biens les plus parfaits
Ne vaut pas l'impatience
Ni l'ardeur de nos souhaits.

La fortune à ma jeunesse
Offrit l'éclat des grandeurs.
Comme un autre avec souplesse
J'aurais brigué ses faveurs :
Mais, sur le peu de mérite
De ceux qu'elle a bien traités,
J'eus honte de la poursuite
De ses aveugles bontés ;
Et je passai, quoi que donne
D'éclat et pourpre et couronne,
Du mépris de la personne
Aux mépris des dignités.

Aux ardeurs de mon bel âge
L'amour joignit son flambeau ;

Les ans de ce dieu volage
M'ont arraché le bandeau :
J'ai vu toutes mes faiblesses,
Et connu qu'entre les bras
Des plus fidèles maîtresses,
Enivré de leurs caresses,
Je ne les possédais pas.

Mais quoi! ma goutte est passée,
Mes chagrins sont écartés :
Pourquoi noircir ma pensée
De ces tristes vérités?
Laissons revenir en foule
Mensonge, erreurs, passions :
Sur ce peu de temps qui coule
Faut-il des réflexions?
Que sage est qui s'en défie!
J'en connais la vanité :
Bonne ou mauvaise santé
Fait notre philosophie.

III. Au marquis de La Fare, qui m'avait demandé mon portrait.

O toi, qui de mon âme est la chère moitié,
  Toi, qui joins la délicatesse
  Des sentiments d'une maîtresse
A la solidité d'une sûre amitié,
La Fare, il faut bientôt que la parque cruelle
  Vienne rompre de si doux nœuds;
  Et, malgré nos cris et nos vœux,
Bientôt nous essuîrons une absence éternelle.
  Chaque jour je sens qu'à grands pas
J'entre dans ce sentier obscur et difficile
  Par où j'irai dans peu là-bas
  Rejoindre Catulle et Virgile.
  Là, sous des berceaux toujours verts,

Assis à côté de Lesbie,
Je leur parlerai de tes vers
Et de ton aimable génie.
Je leur raconterai comment
Tu recueillis si galamment
La muse qu'ils avaient laissée;
Et comme elle sut sagement,
Par ta paresse autorisée,
Préférer avec agrément
Au tour brillant de la pensée
La vérité du sentiment,
Et l'exprimer si tendrement
Que Tibulle encor maintenant
En est jaloux dans l'Élysée.
Mais avant que de mon flambeau
La lumière me soit ravie,
Je veux te crayonner un fantasque tableau
De ce que je fus en ma vie.
Puisse à ce fidèle portrait
Ta tendre amitié reconnaître,
Dans un homme très imparfait,
Un homme aimé de toi, qui mérita de l'être !

Avec quelques vertus j'eus maint et maint défaut.
Glorieux, inquiet, impatient, colère,
Entreprenant, hardi, très souvent téméraire,
Libre dans mes discours, peut-être un peu trop haut,
Confiant, naturel, et ne pouvant me taire
Des erreurs qui blessaient devant moi la raison,
J'ai toujours traité de chimère
Et les dignités et le nom.
Ainsi je pardonne à l'envie
De s'élever contre un mortel,
Qui ne respecta dans sa vie

Que le mérite personnel.
Quels maux ne m'a point faits cette sage folie
Qui mériterait un autel !
Pour réparer ces torts la prudente nature

En moi par bonheur avait mis
L'art de me faire des amis
Dont le mérite avec usure
Me dédommagea de l'injure
Que me fit un fatras d'indignes ennemis
Qui n'employa jamais contre moi qu'imposture.
Malgré tous mes défauts, qui ne m'aurait aimé ?
J'étais pour mes amis l'ami le plus fidèle
Que nature eût jamais formé
Plein, pour leurs intérêts, et d'ardeur et de zèle,
Je n'épargnai pour eux péril, peines ni soins ;
J'entrai dans leurs projets, j'épousai leur querelle,
Et je n'eus rien à moi dont ils eurent besoin.
. . . .
Chapelle, par malheur rencontré dans Anet,
S'en vint infecter ma jeunesse
De ce poison fatal qui coule du Permesse,
Et cache le mal qu'il nous fait
En plongeant l'amour-propre en une douce ivresse.
Cet esprit délicat, comme moi libertin,
Entre les amours et le vin,
M'apprit, sans rabot et sans lime,
L'art d'attraper facilement,
Sans être esclave de la rime,
Ce tour aisé, cet enjoûment,
Qui seul peut faire le sublime.
Que ne m'ont point coûté ces funestes talents !
Dès que j'eus bien ou mal rimé quelque sornette,
Je me vis, tout en même temps,

Affublé du nom de poète.
Dès lors on ne fit de chanson,
On ne lâcha de vaudeville,
Que sans rime ni sans raison
On ne me donnât par la ville.

. . . .

Cependant, quoi qu'on puisse dire,
J'atteste ta sincérité
Que, toujours partisan de la simplicité,
Jamais d'un indigne artifice
Je n'ai fardé la vérité;
Et jamais ma noire malice
N'a fait injure à la bonté.
Tu sais bien, malgré l'injustice
De la commune opinion,
Que mon cœur ne fut point complice
Ni des erreurs ni du caprice
De mon imagination.
Il est un autre endroit d'une moindre importance,
Toutefois sensible à mon cœur,
Où j'ai bien pu, par imprudence,
Jeter les gens de bien quelquefois en erreur,
Qui, trompés par la vraisemblance,
Assez souvent m'ont reproché,
Que, galant sans être touché,
Je n'avais de l'amour que la seule apparence;
Qu'avec l'esprit d'Hylas j'eus sa légèreté;
Et que, dans mes écrits, avec trop de licence,
J'ai dogmatisé l'inconstance,
Et prêché l'infidélité.
C'est ici que mon innocence
A besoin que ton assistance
Favorise la vérité,

Et vienne prendre la défense
De mes vrais sentiments et de ma loyauté.
J'étais né vertueux, j'eusse été plus fidèle
Que ne fut jamais Céladon,
Que j'avais pris pour mon modèle;
Mais qui ne deviendrait fripon
Parmi ce peuple d'infidèles
A qui l'amour prête ses ailes
En lui donnant ses agréments,
Qui même de ses changements
Sait tirer des graces nouvelles?
Marquis, à qui le fond de mon âme est connu,
Tu sais que mon cœur prévenu
Long-temps pour un objet aimable,
Ne pouvant se résoudre à le trouver coupable,
Malgré son infidélité,
Chercha, dans la nécessité
D'un changement inévitable,
Des raisons pour rendre excusable,
Parmi tant d'agréments, tant de légèreté.
L'Amour a ses casuistes
D'avis fort différents dans sa religion :
Il a ses Escobars, il a ses jansénistes,
Dont l'austère opinion
Bannit tout libertinage,
Et fait un dur esclavage
D'une douce passion.
Pour moi, qui fus toujours ami des jésuites*,
Raisonnable en mes sentiments,
En faveur d'une longue et sincère tendresse,
Je passe à l'humaine faiblesse
Quelquefois les égarements
D'une amoureuse frénésie.

* Ce vers se trouve sans rime dans toutes les éditions. F.

Mais, sans aller plus loin pousser l'apologie,
Il est, il est encore un ascendant vainqueur
Qui de tous ses défauts a corrigé mon cœur.
  Devenu constant et fidèle,
Il brûle d'une ardeur désormais éternelle ;
Et, livré tout entier à qui l'a su charmer,
Il sert encore un dieu qu'il n'ose plus nommer.

  Ami, si la complaisance,
Qu'on a pour ses défauts, fit ce portrait trop beau,
  Songe avec quelle violence
Il faut de l'amour-propre arracher le bandeau.
Souviens-toi que celui qui traça ce tableau
A de ton amitié mérité l'indulgence :
Parle-s-en quelquefois ; et que la médisance
Devant toi n'ose pas, avec son noir pinceau,
  Par malice ou par ignorance,
D'un caustique quatrain barbouiller mon tombeau.

CHEMINAIS DE MONTAIGU (Timoléon), jésuite, né à Paris, en 1652, se distingua par son talent pour la chaire, et se fit admirer à la cour et à la ville. Lorsque ses infirmités lui eurent interdit le ministère de la prédication dans les églises de Paris et de Versailles, il allait tous les dimanches instruire les pauvres de la campagne. On appelait Bourdaloue le *Corneille* des prédicateurs, et Cheminais le *Racine* ; mais ce nom ne saurait lui être justement donné depuis que Massillon a paru. Ce n'est pas qu'il n'y ait dans ses *Sermons* des morceaux pathétiques et touchants, mais il n'a pas, au même degré que l'évêque de Clermont, le talent d'élever l'esprit et d'attendrir le cœur. Le P. Cheminais, épuisé par de longues souffrances et par un travail obstiné, mourut en 1689, à peine âgé de trente-huit ans. Le P. Bretonneau a publié ses discours, en 3 volumes in-12; on a encore de lui les *Sentiments de piété*, imprimés en 1691, in-12. Cet ouvrage se ressent un peu trop du style brillant de la chaire, et pas assez du langage simple et affectueux de la dévotion.

JUGEMENTS.

I.

Les sermons de Cheminais ne sont pas sans quelque douceur; et celle qu'il mettait dans son débit lui procura une vogue passagère, dont l'impression fut le terme, comme elle l'a été, de la réputation de Bretonneau et de quelques autres sermonnaires leurs contemporains, qui depuis long-temps ne sont plus guère lus.

LA HARPE, *Cours de Littérature.*

II.

Les plus beaux modèles d'éloquence pathétique dans les fastes de la religion, après nos orateurs de premier rang, sont la harangue de l'évêque Flavien à l'empereur Théodose, en faveur des habitants d'Antioche; la requête du vertueux prélat Barthélemy Las Casas à Philippe II contre les meurtriers des Mexicains; le sermon de Cheminais, *sur la Crainte des jugements de Dieu,* et sa fameuse exhortation pour les prisonniers.

Ce dernier discours est écrit avec autant d'onction que de naturel; mais les idées et les mouve ments oratoires ne s'y élèvent jamais jusqu'au sublime. C'est le ton du sujet, ce n'en est pas tout l'intérêt, et bien moins encore toute la profondeur. Le style de Cheminais, plein de douceur et de mollesse, annonce un très heureux talent; ses sermons respirent une éloquence attrayante et affectueuse, dont le charme fait regretter que cet écrivain, condamné par la nature à des infirmités habituelles, n'ait pas assez vécu pour remplir toute sa carrière oratoire. Il semblait appelé à se montrer le plus touchant des prédicateurs; et le P. Bouhours le désigne avec raison comme l'*Euripide de la chaire.*

MAURY, *Essai sur l'Éloquence de la Chaire.*

MORCEAU CHOISI.

Les pauvres en faveur de qui je parle ne sont pas seulement recommandables par leur pauvreté : ils ont un titre qui doit encore vous engager à les assister : ce sont des pauvres prisonniers, également dépouillés des biens de la fortune, et privés de la liberté qui serait le seul remède à leurs disgraces. Non, ce ne sont point de ces vagabonds dont la présence importune vient troubler vos prières jusqu'aux pieds des autels, ou qui étudient des moments pour vous surprendre dans des lieux écartés ; ce sont des misérables dont le malheur est de ne pouvoir se présenter à vos yeux; ils ont tout ce qu'il faut pour vous toucher de compassion, hors le pouvoir de vous approcher. Ce ne sont pas de ces gens oisifs qui trafiquent de leur misère et qui usurpent le patrimoine des véritables pauvres; ils sont hors d'état de gagner leur vie, et ne soupirent qu'après le travail. Semblables, si je puis ici me servir de cette comparaison, aux idoles des païens qui sont sans mouvement, ils ont des mains; mais elles sont liées et ne peuvent s'occuper ni à la culture de la terre, ni aux fonctions propres de leur vocation: *Manus habent, et non palpabunt.* Ils ont des pieds pour marcher; mais ces pieds sont chargés de fers, et ils ne peuvent les porter en mille endroits où l'état de leurs enfants demanderait leur présence et leur assiduité: *Pedes habent, et non ambulabunt.* Ils ont des yeux pour voir; mais ces yeux, aveuglés par l'obscurité d'un cachot, ne percent pas au travers des murs, pour découvrir les pièges qu'on leur tend, les embûches qu'on leur dresse, les procédures qu'on fait contre eux: *Oculos habent, et non videbunt.* Ils ont une bouche pour parler; mais à qui se faire entendre du fond de ces tristes demeures où ils sont enfermés? Une parole pour sortir dehors paie le passage, et leur est vendue au prix de l'argent; la réponse ne leur revient qu'aux mêmes conditions; et ils ne sauraient rien demander par l'organe d'autrui, qui ne leur coûte plus que ce qu'ils pourraient obtenir: *Os habent, et non loquentur.* En un mot, ils ont des oreilles pour entendre; mais ces oreilles sont fermées aux accusations qu'on forme, aux témoins qu'on suppose pour les perdre: *Aures habent et non audient.* (Ps. 113.)

Encore s'ils étaient insensibles comme ces idoles, et qu'ils n'eussent pas besoin de nourriture pour traîner une vie mourante. Hélas! combien de fois faut-il les retirer du désespoir qui les fait soupirer après la mort! Vous savez, Chrétiens, combien ceux-là sont à plaindre qui ne peuvent s'aider eux-mêmes, et qui sont entre les mains d'autrui; on ne compte presque plus sur ses proches dans le monde, dès qu'on n'est plus en état que de leur être à charge : cependant la naissance, le nom que vous avez, vous attirent encore de la considération dans vos disgraces : quelquefois le mérite supplée à la naissance et trouve un asyle; l'éducation des honnêtes gens leur tient lieu d'un cœur bien fait, et la vanité leur fait souvent faire, par un motif de gloire, des actions où le cœur n'a point de part. Nos prisonniers n'ont point ces ressources: leur nom est obscur; comme ils sont la plupart sans naissance, leurs proches sont sans biens et sans éducation. Qui les assistera? sera-ce une femme désolée, pauvre, chargée d'enfants, réduite à la mendicité par l'absence d'un mari qui lui gagnait sa vie? sera-ce des enfants écartés en divers lieux où le besoin les a conduits, qui la plupart ne connaissent plus leurs pères; des amis? ces sortes de gens en ont-ils? Qui donc, Messieurs? Quoi! des hommes, des chrétiens, nos frères, seront-ils plus abandonnés dans le centre de Paris que s'ils étaient dans une île déserte, ou sur la pointe d'un rocher inaccessible........

Si vous croyez que j'ajoute à leur misère, donnez-vous la peine de vous transporter dans ces lieux d'horreur: donnez-vous à vous-mêmes un spectacle si digne d'une âme chrétienne, vous qui, dans une comédie, dans un spectacle profane, avez le cœur si sensible à des malheurs imaginaires, que la fable met sur la scène et qui ne furent jamais. Quand vos yeux seront frappés de ces tristes images, d'une misère si réelle et si véritable, j'ose répondre de la compassion de votre cœur; et je ferais plus pour nos prisonniers, si je pouvais vous persuader de leur rendre une visite, que si je vous faisais cent discours en leur faveur.

Ah! si du moins, parmi le bruit de la symphonie et des voix, je pouvais vous faire entendre les pitoyables accents de ces malheureux; si leurs cris pouvaient percer jusqu'à vous, qu'auriez-vous à répondre à leurs reproches? Vous passez bien agréablement des heures qui vous coûtent cher : vous ne sauriez, dites-vous, nous assister; ce que vous venez de donner à votre plaisir aurait fait des heureux pour long-temps, mais vous n'auriez pas eu le plaisir que vous avez : comptez-vous pour rien celui de soulager des misérables? rendez-nous ce qui nous appartient. Est-il possible que des hommes soient nés pour être si malheureux, tandis que les autres seront dans l'abondance? ce n'est pas le dessein de Dieu. Que nous sert-il de vivre parmi vous, si nous sommes ainsi délaissés? Peut-être que le nom de *prisonniers* vous offense, Messieurs; il porte avec soi l'idée d'un criminel; vous les croyez dignes du mal qu'ils endurent. Non, Chrétiens, ce terme ne doit point ici vous choquer; ils sont plus pauvres que coupables; c'est l'indigence qui les met hors d'état de satisfaire à ce qu'on exige d'eux.

Sur la charité envers les prisonniers.

CHÊNEDOLLÉ (CHARLES DE), poète, né vers 1770, à Vire, dans le Calvados, après avoir fait ses études au collège de Juilly, émigra en Allemagne, dès le commencement de la révolution française. De retour après le 18 brumaire, il s'est adonné tout entier à la poésie et à l'instruction publique. D'abord professeur de belles-lettres à l'académie de Rouen, il a occupé cette même chaire à l'académie de Caen, dont il est aujourd'hui inspecteur. Poète, il a remporté deux prix à l'académie des Jeux-floraux de Toulouse, notamment en 1816, une amaranthe d'or, pour un dithyrambe intitulé *Michel-Ange ou la reconnaissance des Arts*. Son principal titre littéraire est son poème du *Génie de l'Homme*, qui parut pour la première fois en 1807, in-8°; seconde édition, in-18, 1812; troisième édition, in-18, 1820. Ce poème très recommandable n'est peut-être pas apprécié à sa juste valeur : le temps consolidera sans doute la réputation de M. de Chênedollé. Cet auteur estimable a publié en outre des *Études poétiques*, 1821, in-8° et in-18 : il a donné en 1808, conjointement avec M. Fayolle, une édition des *Œuvres complètes de Rivarol*, 5 volumes in-8°. C'est par erreur que des biographes ont avancé que le fils de M. de Chênedollé était professeur à l'Athénée de Liège.

JUGEMENTS.

I.

M. de Chênedollé, dans le *Génie de l'Homme*, a développé moins de philosophie que de talent poétique. Des quatre chants de son poème, le premier seul est relatif à l'astronomie. On y trouve d'assez beaux vers sur la lune; ils n'égalent pourtant pas le superbe morceau de Lemierre*, et quelquefois ils le rappellent. Le troisième chant, qui a pour objet la nature de l'homme, est terminé par un épisode un peu surchargé de détails, mais où les beautés compensent les défauts.

M. J. Chénier, *Tableau de la Littérature française*.

II.

Le sujet du poème du *Génie de l'Homme* est grand, noble, intéressant; l'étendue en est mesurée avec sagesse; l'ordre et la simplicité règnent dans la distribution des parties; et le style, généralement pur et même élégant, est sur-tout remarquable par ce degré de clarté auquel les connaisseurs attachent tant de prix, et qui caractérise la bonne école : lié avec nos meilleurs écrivains, on voit que l'auteur a composé sous leurs yeux, et s'est toujours appuyé de leurs conseils; il les a même suivis dans les routes qu'ils se sont frayées. Beaucoup d'endroits de son poème rappellent et les pensées et les tableaux qu'on admire dans *le Génie du Christianisme;* son imagination a quelquefois interrogé celle de l'écrivain qui sut associer, avec tant de charme, toutes les graces de la nature aux beautés sévères de la religion; il semble avoir emprunté les couleurs du peintre de l'*Astronomie*, pour retracer les merveilles de cette science sublime; et il paraît devoir plus d'une de ses inspirations à cette belle copie de

---

* Voyez Lemierre.

l'*Essai sur l'Homme*, qui jadis annonça un poète supérieur. En un mot, M. de Chênedollé possède une science qui, tous les jours, devient plus rare, et qu'ignorent la plupart de ceux qui aspirent aujourd'hui à la renommée littéraire : il sait composer, il sait écrire.

On a remarqué avec raison que le titre de son poème n'en indique pas assez le sujet; mais l'auteur y supplée bien par une exposition qui réunit toutes les qualités qu'on exige dans cette partie, la netteté, la précision et la brièveté :

L'homme appelle mes vers ; je chante son génie.
Je le peindrai d'abord sur les pas d'Uranie,
Et, par elle éclairé, poursuivant dans les cieux
Des orbes enflammés le cours mystérieux;
Puis, du globe observant les changements antiques,
On le verra des monts dessiner les portiques ;
Enfin de sa pensée épier les trésors,
Et du corps social dévoiler les ressorts.

On dirait que M. de Chênedollé a pris pour texte de son ouvrage cette magnifique période de J. J. Rousseau. « C'est un grand et beau spectacle de « voir l'homme sortir, en quelque manière, du « néant par ses propres efforts; dissiper, par les « lumières de sa raison, les ténèbres dans lesquelles « la nature l'avait enveloppé ; s'élever au-dessus de « soi-même ; s'élancer, par l'esprit, jusques dans les « régions célestes; parcourir, à pas de géant, ainsi « que le soleil, la vaste étendue de l'univers; et, « ce qui est encore plus grand et plus difficile, ren- « trer en soi pour y étudier l'homme et connaître

« sa nature, ses devoirs et sa fin. » Aucun sujet ne nous semble plus digne d'être embelli des couleurs de la poésie; mais il fallait beaucoup de goût pour en marquer les bornes.

« *On m'objectera,* dit l'auteur, qu'il y a une foule
« de sciences dont je ne dis pas un mot : à cela je
« réponds que la poésie ne fait pas des traités, mais
« des tableaux..... J'ai voulu saisir mon sujet dans
« ses plus grandes généralités. La poésie doit tou-
« jours peindre; et même, dans sa démarche légère,
« elle doit encore jeter plus de regards qu'elle ne
« doit tracer de tableaux : il faut que souvent elle
« indique plutôt qu'elle ne montre, et qu'elle laisse
« à l'imagination, une fois avertie, le soin d'achever
« ses peintures. » Il a suivi dans l'exécution de son poème les principes qu'il établit dans sa préface; et on ne l'accusera pas, ou d'avoir fait une poétique pour son ouvrage, suivant la coutume de presque tous les poètes, ou de n'avoir pas observé les sages et antiques maximes dont il paraît pénétré. Tel exalte, en parlant, les règles du goût, qui s'en écarte en écrivant : M. de Chênedollé ne les recommande que pour s'y soumettre.

Son poème est divisé en quatre chants dont chacun aurait pu fournir la matière d'une très vaste composition. Les deux premiers ont pour titres : *l'Astronomie* ou *les Cieux; la Terre* ou *les Montagnes;* le troisième, *l'Homme;* le quatrième, *la Société.* Cette division embrasse parfaitement le sujet, et y répand la lumière : l'auteur n'en a pris que la fleur, afin que rien d'étranger à la poésie n'en pût altérer l'éclat. Voici comment il peint l'origine de l'Astronomie :

> Le pasteur de Babel, en gardant ses troupeaux,
> Observa le premier les célestes flambeaux;
> Et la nuit, promenant ses tentes égarées,
> Osa du firmament diviser les contrées.
> Bientôt, encouragé par ses premiers essais,
> Sa main, pour le soleil, ouvrit douze palais,
> Et dans les champs d'azur il lui marqua sa route :
> Cet astre, en voyageant dans la céleste voûte,
> Rencontra le Bélier, la Vierge, le Verseau,
> Où l'année, en naissant, retrouva son berceau,
> Et le Lion brûlant, et le froid Sagittaire :
> Alors le ciel régla les travaux de la terre;
> Et l'homme, pour semer ou couper ses moissons,
> Consulta, dans les cieux, le livre des saisons.
> La terre et l'empirée échangeaient leurs annales :
> Le berger chaldéen, de ses mains pastorales,
> Gravant sur un rocher les archives des cieux,
> Déjà les transmettait aux peuples curieux.

Ces vers, moins riches de poésie et d'images que ceux de M. de Fontanes sur le même sujet, en ont du moins la pureté élégante et la clarté lumineuse, cette clarté qui naît de l'enchaînement exact de toutes les pensées et de l'expression juste de chacune. Formée sur cet excellent modèle, la versification de M. de Chênedollé est exempte de tous les défauts à la mode : on n'y trouve point cette recherche ambitieuse d'expressions bizarrement rapprochées, que nos auteurs du jour paraissent regarder comme le mérite suprême; point de ces coupes hasardées, de ces combinaisons singulières de la mesure, qui sont moins en elles-mêmes des beautés que des licences, que le goût peut approuver quelquefois, mais que toujours il condamne quand elles sont prodiguées; aucune de ces tournures précieuses, que l'on appelle, dans nos *Athénées*, de l'esprit et de la délicatesse, et qui nous retracent les temps des Cotin et des Scudery; en un mot, rien d'entortillé, d'alambiqué, de gothique. Le style du nouveau poète est toujours simple, naturel et coulant; quelquefois, il est vrai, son expression n'est pas assez teinte de la couleur poétique : les tours et les mots se rapprochent un peu de la prose; mais je préfère cet excès de simplicité, quoique toujours répréhensible, aux défauts pompeux et brillants de la manière qui s'accrédite aujourd'hui. L'auteur peut aisément retoucher et fortifier quelques endroits, où son coloris semble pâlir; on corrige plus difficilement un style contourné avec prétention et tourmenté à dessein. Ces endroits, au reste, sont peu nombreux : son poème offre beaucoup de tirades d'une diction très poétique, très noble et très soutenue; on est sûr d'en rencontrer quelques-unes dans tous les chants; mais la verve du poète paraît très animée, sur-tout dans la composition de celui qui a pour titre : *la Société*. Le tableau de la renaissance des lettres est d'une simplicité pleine d'art et de grandeur :

> Sainte religion ! tu couvais sous tes ailes
> Les germes des beaux-arts dans la tombe endormis :
> Je vois Jule et Léon, des sciences amis,

Ranimant aux rayons de la triple tiare,
Leurs restes échappés au glaive du barbare,
De ces filles du ciel rallumer le flambeau,
Et les talents enfin sortant de leur tombeau :
Le Tasse a pris sa lyre, et ce tendre génie,
Héritier de Virgile, enchante l'Ausonie;
Guichardin, de l'histoire ornant la majesté,
Sut lui rendre sa vieille et noble autorité;
Michel-Ange éleva, suspendit dans la nue
Ce dôme où du Très-Haut la gloire est descendue :
Son immense génie embrasse tous les arts,
Et Rome, sous sa main, renaît de toutes parts ;
Corrège, cependant, prodiguait les miracles ;
Palladio dictait ses sublimes oracles ;
Et, plus fameux encor, le divin Raphaël
Va chercher ses tableaux dans les splendeurs du ciel.
Des jours plus éclatants sont promis à la France :
La Gloire, aux ailes d'or, vers la Seine s'élance;
A Louis, encore jeune, elle adresse ces mots:
Tu sais vaincre, Louis,... etc.

La peinture des arts ramenés en France par Louis XIV est du plus bel effet. M. de Chênedollé paraît craindre, dans sa préface, qu'on ne veuille lui reprocher d'avoir adopté ce genre *descriptif*, l'objet de tant de disputes : on sera plus disposé à louer son très rare talent, parce que le genre *descriptif* est moins blâmable en lui-même que par les facilités qu'il offre à la médiocrité. Pour nous, qu'on ne cesse de taxer de vouloir *étouffer les talents*, nous aurons du moins donné une preuve remarquable de notre impartialité, en rendant justice au sien : nous rappelons à la vie et à la mémoire un poème frappé, en naissant, d'une mort et d'un oubli injustes. Que d'autres talents s'élèvent, ils nous trouveront toujours enclins à les accueillir, toujours prêts à nous écrier comme en ce moment :

Pastores, hederâ crescentem ornate poetam.

DUSSAULT, *Annales littéraires.*

MORCEAUX CHOISIS.

I. La Lune.

Mais quel astre, étalant son écharpe d'albâtre,
Blanchit des vastes cieux le pavillon bleuâtre ?
Laissez-moi contempler, du front de ces coteaux,
Ce disque réfléchi qui tremble sur les eaux !
Liée à nos destins par droit de voisinage,
La lune nous échut à titre d'apanage ;
Et l'éternel contrat qui l'enchaîne à nos lois,
D'un vassal, envers nous, lui prescrit les emplois ;
Par elle nous goûtons les douceurs de l'empire.
Des traits brûlants du jour quand le monde respire,
Tributaire fidèle, en reflets amoureux,
Elle vient du soleil nous adoucir les feux ;
Tantôt brille en croissant, tantôt luit tout entière,
Et commerce avec nous et d'ombre et de lumière.
Cet astre au front mobile, en voyageant dans l'air,
Obéit à la terre et commande à la mer,
Ramène de Thétis la fièvre régulière,
Et balance ses flots sur leur double barrière ;
Dans un cercle inégal mesurant chaque mois,
La lune autour de nous marche et luit douze fois,
Et son pas suit de près le pas de notre année.
Satellite paisible, elle nous fut donnée
Pour dissiper des nuits la ténébreuse horreur,

Et cette obscurité, mère de la terreur.
Tandisque le soleil, éclairant d'autres mondes,
Ne laisse sur ses pas que des ombres profondes,
O Phébé! dévoilant ton char silencieux,
Vers les monts opposés lève-toi dans les cieux;
Sur le dôme étoilé que ton éclat décore,
Le soir, fais luire aux yeux une plus douce aurore;
Et remplaçant le jour qui par degrés s'enfuit,
Prends de tes doigts d'argent le sceptre de la nuit;
De tes tendres clartés caresse la nature,
Rends leur émail aux champs, aux arbres leur verdure.
A travers la forêt que ton pâle flambeau
Se glisse, et, du feuillage éclairant le rideau,
A l'âme, en ses pensers, doucement recueillie,
Révèle le secret de la mélancolie!
Quel demi-jour charmant! quel calme! quels effets!
Poursuis, reine des nuits, le cours de tes bienfaits;
Protège de tes feux, et rends à son amante
Le jeune homme égaré sur la vague écumante;
Au voyageur perdu dans de lointains climats.
Prête un rayon ami qui dirige ses pas:
Tandisque le sommeil, les songes, le silence,
Doux et paisible essaim qui dans l'air se balance,
Planent près de ton char et composent ta cour.
Génie de l'homme, chant I.

II. Michel-Ange ou la renaissance des arts.

Tous les arts ont brillé d'un rayon de sa gloire.
FONTANES.

C'en est fait: le luxe domine
Et sur Rome et sur l'univers:
Au sein de sa grandeur rencontrant sa ruine,
Rome tombe; et le monde est vengé de ses fers.

Voyez ces hordes homicides
Ces monstres, de carnage avides,
Que vomit de son sein tout le Nord débordé :
Pareils à ces torrents, sombres fils de l'orage,
Ils portent partout le ravage,
Et l'Occident est inondé.

Rome, que de fléaux s'unissent
Pour t'accabler de toutes parts !
Dans des fleuves de sang les nations périssent,
Et la flamme a déjà dévoré tes remparts :
Là, sont des colonnes brisées,
Ici, des voûtes écrasées,
Là, des débris fumants des temples immortels ;
Et tous leurs dieux, perdus sous ces vastes décombres,
Dans le silence et dans les ombres,
Gisant aux pieds de leurs autels.

La ronce, de ses bras stériles,
Entoure les hauts monuments ;
Et les flancs de la terre, autrefois si fertiles,
N'étalent pour moisson que d'affreux ossements.
Abaissée au niveau de l'herbe,
Rome au front altier et superbe,
Pleure sur ses palais que la mousse à couverts ;
Le Tibre en a frémi sur son urne attristée,
Et son onde erre épouvantée
Au sein de ces nouveaux déserts.

O Rome ! sors de tes ruines,
Grande ombre ! renais à sa voix :
Fais revivre à jamais l'orgueil des sept collines,
Sois la reine du monde une seconde fois.
Michel-Ange a dit : tout respire.
L'airain, le marbre, le porphyre

En colonne soudain s'élancent dans les airs ;
Tels que, charmés jadis par la lyre thébaine,
  Les rocs, sur les remparts d'Alcmène,
  Montaient dans leurs ordres divers.

  Rival de Scopas et d'Apelle,
  Tu surpassas tous leurs progrès,
Toi, dont l'art, héritier de leur gloire immortelle,
A de Vitruve encor connu tous les secrets.
  Sous ta touche ardente, enflammée,
  Ici, la toile est animée,
Et la matière emprunte une âme à ton pinceau;
Là, pour peupler les arcs et les brillants portiques
  De ces bâtiments magnifiques,
  Les dieux naissent de ton ciseau.

  Quel est ce temple au dôme immense,
  Ce temple où tous les arts rivaux,
Unis pour décorer sa pompeuse ordonnance,
Épuisaient sous tes yeux leurs magiques travaux?
  De Rome antique, altière idole,
  Tombe, ô fastueux Capitole!
Cède à la majesté de ce lieu solennel.
Faux dieux! renversez-vous! voici le sanctuaire
  Où, dans sa grandeur solitaire,
  Réside à jamais l'Éternel.

  C'est ainsi que, par ce grand homme,
  Les talents furent ranimés;
Il fit luire à la fois, sur la moderne Rome,
Les trois flambeaux des arts par ses mains rallumés :
  C'est par ses soins que l'Italie,
  De ses chefs-d'œuvre enorgueillie,
De l'univers encore a conquis les regards;
Et par lui cette terre illustre et fortunée,

CHÉNIER (ANDRÉ-MARIE DE).

Aux grands triomphes destinée,
Fut deux fois la mère des arts.

O toi, que la gloire environne
De ses feux les plus éclatants,
Toi, que les arts ont ceint d'une triple couronne
Que ne pourront flétrir les outrages du temps;
Vois, vois ta patrie éplorée,
Payer à ton ombre sacrée
L'honorable tribut de son long souvenir;
Souris du haut des cieux à ses justes hommages,
Et planant par delà les âges,
Embrasse tout ton avenir!

Études poétiques.

CHÉNIER (ANDRÉ-MARIE DE) naquit à Constantinople, le 29 octobre 1762. Il fut le troisième fils de M. Louis de Chénier, consul général de France, et d'une grecque célèbre par son esprit et par sa beauté. Le plus jeune des quatre frères était Marie-Joseph (Voyez l'article suivant). André Chénier quitta Constantinople dès l'âge le plus tendre, et fut confié aux soins d'une sœur de son père, qui habitait Carcassonne. Ce fut là que sous la direction de sa bonne tante, il commença une éducation qu'il vint achever à Paris, au collège de Navarre. Lorsqu'il habitait le Languedoc, un instinct poétique l'avertissait déjà de sa vocation; il allait souvent promener ses rêveries sur les bords de l'Aube; et le souvenir des vagues réflexions qu'ils lui inspiraient lui faisait dire que ces premières impressions avaient peut-être beaucoup influé sur la teinte mélancolique de toutes ses poésies. Au collège, il reconnut la nécessité de faire des études solides, et s'adonna avec une telle ardeur aux langues anciennes, qu'à seize ans, il sut le grec assez bien pour traduire une ode de Sapho; cet essai, quoique très imparfait, portait déjà le caractère d'un talent original. A l'âge de vingt ans, il obtint le grade de sous-lieutenant dans le régiment d'Angoumois : il passa quelque temps en garnison à Strasbourg; mais un désir insurmontable de se distinguer, une soif de gloire littéraire, le ramena bientôt à Paris. Ses études, que son nouvel état lui avait fait négliger, furent recommencées avec avidité : il recherchait avec empressement l'amitié et les conseils des littérateurs et des hommes instruits. Il se lia avec Lavoisier, Palissot et Lebrun, et, dans leur honorable intimité, perfectionna ses talents poétiques. Il a avoué lui-même que la seule ambition qu'il ait éprouvée était d'atteindre à l'universalité des connaissances humaines.

Vers ce temps, l'excès de l'étude, le travail d'une imagination constamment occupée, affaiblirent sa santé au point que le voyage de Suisse lui fut conseillé pour la rétablir. A son retour à Paris, M. de La Luzerne, ambassadeur en Angleterre, lui proposa de l'emmener à Londres. Il accepta; mais, bientôt fatigué de sa dépendance, il quitta l'ambassadeur, et, après quelques voyages sans but, il revint à Paris, en 1788, décidé à s'y fixer. Il avait alors vingt-six ans. C'est à cette époque qu'il composa l'ébauche de ces poésies si originales et si gracieuses, où l'on retrouve le type d'un style nourri de la littérature grecque : toutes portent l'empreinte d'une imagination ardente et d'un génie poétique qui n'avait pas encore atteint sa maturité. Son poème de l'*Invention*, des Élégies, des Idylles d'une simplicité vraiment antique, des fragments de *Poèmes* dont les plans n'étaient point arrêtés, quelques *odes*, parmi lesquelles on distingue celle connue sous le titre de *la Jeune Captive*, pièce touchante qu'il composa dans la prison de Saint-Lazare, pour mademoiselle de Coigny : voilà tout ce qui nous reste d'un jeune poète dont le talent n'était pas encore formé; mais ce qu'il a fait laisse deviner tout ce qu'il aurait pu faire. Il ne confiait qu'à bien peu de personnes le secret de ses espérances : sa modestie fuyait avec soin l'éclat de ces réputations de salon que la médiocrité recherche avidement, faute d'en pouvoir obtenir de plus solides. Il était tout entier livré à ses travaux littéraires, quand de terribles évènements vinrent l'arracher à ses goûts paisibles. André Chénier, avec une tête ardente, ne pouvait demeurer impassible quand il s'agissait des intérêts de sa patrie : comme bien d'autres, il crut voir d'abord une amélioration dans le nouvel ordre de choses; mais bientôt désabusé, il se déclara sans feinte ennemi de l'oppression qui pesait sur son pays; et, réuni à quelques littérateurs distingués, il établit, dans le *Journal de Paris*, une énergique opposition aux principes de l'anarchie révolutionnaire. Cependant les évènements se précipitaient : Chénier, dont la modération avait mérité la haine du parti dominant, Chénier, qui avait célébré *Charlotte Corday*, se vit bientôt exposé à toutes les fureurs des factieux, par son dévouement à l'infortuné monarque, qu'il s'était offert de défendre avec M. de Malesherbes. C'est lui qui a rédigé la lettre signée dans la nuit du 17 au 18 janvier, par laquelle Louis XVI demande d'appeler au peuple du jugement qui le condamnait. Contraint de se cacher, ce fut à Versailles, dans un asyle que lui ménagea son frère, qu'André Chénier se déroba quelque temps à la vengeance de ses ennemis. Un évènement inattendu rendit inutiles toutes ces précautions. Ayant appris l'arrestation d'un de ses amis, M. Pastoret, André, par un mouvement généreux, vole à Passy porter quelques consolations à la famille de son malheureux ami : il y arrive au moment d'une visite domiciliaire ; arrêté comme suspect, il est jeté dans les cachots. Traduit devant le tribunal révolutionnaire, il dédaigna de se défendre : on le condamna à mort, et le jour de son exécution fut fixé au 7 thermidor (25 juillet 1794) : deux jours de plus, sa vie et son talent n'étaient point enlevés à la France. Dans sa prison, au moment de mourir, il retouchait ses poésies, et en composait de nouvelles. Un jour, l'esprit prévenu de noirs pressentiments, et comme averti par le sort de ses compagnons d'infortune, dont la mort diminuait chaque jour le nombre, il exprimait en vers les tristes pensées qui l'agitaient :

Comme un dernier rayon, comme un dernier zéphyre
 Anime la fin d'un beau jour,

Au pied de l'échafaud j'essaie encor ma lyre;
 Peut-être est-ce bientôt mon tour :
Peut-être avant que l'heure en cercle promenée,
 N'ait posé sur l'émail brillant,
Dans les soixante pas où sa marche est bornée,
 Son pied sonore et vigilant,
Le sommeil du tombeau pressera ma paupière :
 Avant que de ses deux moitiés
Ce vers que je commence ait atteint la dernière,
 Peut-être, en ces murs effrayés,
Le messager de mort, noir recruteur des ombres,
 Escorté d'infâmes soldats,
Remplira de mon nom ces longs corridors sombres.
. . . .

Le poète cherchait le vers suivant, quand la voix terrible du commissaire fit en effet retentir ce nom sous les voûtes de la prison. Le char de mort l'attendait, déjà chargé d'illustres victimes : Chénier y monte avec calme. Le sort, à sa dernière heure, lui réservait une rencontre tendre et douloureuse. La porte d'un cachot s'ouvre, et l'on place à ses côtés, sur la fatale charrette, son ami, le peintre des *Mois*, l'infortuné Roucher. « Quoi! s'écria Roucher, « on vous mène à la mort, vous, brillant de génie « et d'espérance! — Je n'ai rien fait pour la posté- « rité, » répondit Chénier; puis, en se frappant le front, on l'entendit ajouter : *Pourtant j'avais quelque chose là !* « C'était la Muse, dit l'auteur d'*Atala*, qui « lui révélait son talent au moment de la mort. » La poésie, le charme de toute leur vie, eut encore leur dernière pensée : ils voyaient l'échafaud s'approcher, et ils récitaient la première scène d'*An-*

dromaque, chef-d'œuvre de tous les siècles, où les sentiments du malheur et de l'amitié s'expriment en vers immortels.

Ainsi périt à trente-deux ans un jeune poète dont les essais, pleins de verve et d'originalité, gracieux sans fadeur, d'une mélancolie touchante, sont loin sans doute d'être offerts comme modèles parfaits, mais qui en seraient devenus dignes, si la mort ne l'eût ravi à l'espérance des lettres.

Les *OEuvres* d'André Chénier ont été publiées en 1819, in-8° et in-18, avec une notice de M. H. de Latouche, éditeur.

Ph. Taviand.

JUGEMENT.

Lorsqu'un homme a emporté dans la tombe l'estime de ses semblables, n'y a-t-il pas quelque chose de sacrilège dans ce soin laborieux qui, sous prétexte de nous le faire connaître plus à fond, recherche péniblement ce qui peut lui être échappé durant sa vie d'indigne de son génie ou de son caractère. Il serait à souhaiter que, pour la gloire d'André Chénier, on pût faire rentrer dans l'oubli une moitié des écrits qui viennent d'être publiés sous son nom.

De bonne foi, s'imaginerait-on servir à l'agrément des lecteurs ou à la réputation de l'écrivain, en imprimant cette foule de fragments imparfaits, d'ébauches informes qui n'avaient peut-être jamais été exposés même au regard indulgent de l'amitié; un poème *sur l'Invention* qui manque entièrement d'invention et n'est que très médiocrement écrit:

des odes sans génie et sans feu; des épîtres où quelques beaux vers clair-semés ne rachètent pas la monotonie, la faiblesse et la langueur; une espèce de dithyrambe, enfin, sur le serment du Jeu de paume, qu'il faut bien attribuer à André Chénier, puisqu'il a été trouvé dans ses papiers et vraisemblablement écrit de sa main; mais qui, par la bizarrerie du style et de la versification, rappelle bien plutôt la manière de Ronsard que celle de Pindare, dont l'auteur paraît avoir recherché l'imitation. Que dire, par exemple, de vers comme ceux-ci, lorsqu'on ne peut pas présumer qu'ils aient été faits par gageure? Le poète s'adresse à un de nos grands peintres :

Un plus noble serment d'un si digne pinceau
  Appelle aujourd'hui l'industrie.
Marathon, tes Persans et leur sanglant tombeau
Vivaient par ce bel art. Un sublime tableau
  Naît aussi pour notre patrie.
Elle expirait : son sang était tari; ses flancs
  Ne portaient plus son poids. Depuis mille ans
A soi-même inconnue, à son heure suprême,
  Ses guides tremblants, incertains
Fuyaient. Il fallut donc, dans le péril extrême,
  De son salut la charger elle-même.
  Long-temps, en trois races d'humains,
Chez nous l'homme a maudit ou vanté sa naissance :
  Les ministres de l'encensoir,
  Et les grands, et le peuple immense.
Tous à leurs envoyés confîront leur pouvoir.
Versailles les attend. On s'empresse d'élire;

On nomme. Trois palais s'ouvrent pour recevoir
Les représentants de l'empire.

C'est à grand'peine si, en lisant cette prose étrange et saccadée, où toutes les lois du rhythme sont violées à dessein, on peut s'apercevoir que l'auteur s'est proposé de faire des vers. Le passage suivant va offrir un exemple plus étonnant encore de cette déplorable et facile hardiesse. L'auteur, non content de déconcerter l'oreille accoutumée à l'harmonie poétique par des enjambements qui mettent à chaque instant les vers en pièces, et en renouent tant bien que mal les lambeaux, pousse tout-à-coup le désordre lyrique plus loin, et sans respect pour le repos de la strophe, ne craint pas de la faire empiéter sur la strophe suivante. C'était de pareils essais que se vantait notre vieux chantre de Francus, lorsqu'il s'écriait avec un orgueil ingénu :

Et le premier en France
J'ai pindarisé.

Voici le pindarisme d'André Chénier :

D'un roi facile et bon corrupteurs détrônés,
Riez; mais le torrent s'amasse.
Riez; mais du volcan les feux emprisonnés
Bouillonnent. Des lions si long-temps déchaînés
Vous n'attendiez plus tant d'audace?
Le peuple est réveillé ; le peuple est souverain.
Tout est vaincu. La tyrannie en vain,
Monstre aux bouches de bronze, arme pour cette guerre
Ses cent yeux, ses vingt mille bras,

Ses flancs gros de salpêtre, où mugit le tonnerre :
Sous son pied faible elle sent fuir sa terre,
Et meurt sous les pesants éclats
Des créneaux fulminants, des tours et des murailles
Qui ceignaient son front détesté.
Déraciné dans ses entrailles,
L'enfer de la Bastille à tous les vents jeté,
Vole, débris infâme, et cendre inanimée ;
Et de ces grands tombeaux, la belle liberté,
Altière, étincelante, armée,

Sort. Comme un triple foudre éclate au haut des cieux,
Trois couleurs dans sa main agile
Flottent en long drapeau. Son cri victorieux
Tonne. A sa voix, qui sait, comme la voix des dieux,
En homme transformer l'argile,
La terre tressaillit. Elle quitta son deuil.
Le genre humain d'espérance et d'orgueil
Sourit. Les noirs donjons s'écroulèrent d'eux-mêmes.

Je m'arrête, de peur qu'on ne soit tenté, à une pareille lecture, d'approuver les plaisanteries de Perrault et de Voltaire sur le chantre des vainqueurs olympiques.

Ne cherchons point hors des élégies et des idylles d'André Chénier ce que son talent poétique a de beau, d'heureux et d'original, ce qu'il y a de sage et de raisonnablement mis en pratique dans les idées qu'il s'était faites sur le style, la composition et l'imitation des anciens. Tantôt faible, tantôt outré, presque toujours incorrect dans ses autres productions, c'est dans celle-ci seulement qu'il se montre vrai, naturel et touchant, et possède le secret d'une élégance simple et douce, formée sur le modèle de nos écrivains du bon temps, et de plus en plus rare de nos jours.

Depuis Marot et Ronsard jusqu'à Parny et Bertin, les poètes élégiaques ne nous ont pas manqué. Cependant, avant ces deux derniers, je ne sache guère qu'une seule élégie en France qui ait paru digne de rester dans la mémoire des gens de goût : c'est celle que notre La Fontaine consacra à l'amitié et à la reconnaissance, dans la célèbre disgrâce du surintendant Fouquet. Toutes les autres, sans en excepter celles du bon-homme lui-même, pleines de dissertations métaphysiques, et de raisonnements subtils sur l'amour, méritaient bien leur place dans la bibliothèque de l'hôtel de Rambouillet, à côté des cartes du royaume de Tendre. Trois vers de Boileau donnent toute la poétique de ce genre, tel qu'il était cultivé par les poètes d'alors :

Ils ne savent jamais que se charger de chaînes,
Que bénir leur martyre, adorer leur prison,
Et faire quereller les sens et la raison.

On ne reconnaît pas l'élégie à de pareilles marques, dans les modèles que nous ont laissés les poètes de l'antiquité, et dans les heureux essais de nos vrais élégiaques, Bertin et Parny, auxquels il faudra désormais ajouter A. Chénier.

C'est par la forme de la versification plutôt que par le fond des sujets que se distinguèrent primitivement les genres ; et la forme de la versification, c'est-à-dire le mètre, dans ces anciens âges où une étroite alliance régnait entre la poésie et la musique, était vraisemblablement décidée elle-même par la nature de l'instrument qui devait accompagner le chant du poème. Les différents mètres lyriques étaient appropriés à la lyre, à la cythare, au *barbitos*, en un mot, aux instruments à cordes. Les vers élégiaques me paraissent avoir été faits pour se chanter avec la flûte. On en ignore l'inventeur. Horace se trompe vraisemblablement en avançant que l'élégie fut d'abord consacrée à la douleur et à la plainte. Ce qui caractérisait l'élégie dans l'origine, c'était, comme je l'ai dit, la forme de son distique, composé d'un hexamètre et d'un pentamètre. Les plus anciennes pièces de ce genre qui nous aient été conservées sont les chants guerriers de Tirthée, et il faut avouer que ce sont de singulières élégies, à prendre ce mot dans le sens qu'on lui donne aujourd'hui. Il est présumable qu'on aurait pu dire la même chose d'un grand nombre de celles de Callimaque. Quant à Tibulle et à Properce, qui sont, à juste titre, regardés comme les modèles du genre, on sait qu'ils ne se sont pas bornés à soupirer leurs amours; l'un a chanté les triomphes de Messala *, l'autre les antiquités de sa patrie.

Il serait donc difficile de dire avec précision quel est le caractère propre de l'élégie, et de la définir par les sujets qu'elle doit traiter. Toutefois, une

---

* Outre le panégyrique de Messala attribué à Tibulle, et dont il n'est pas question ici, il y a une élégie de ce poète sur les expéditions militaires de son ami.

convenance naturelle, confirmée par l'usage et la pratique la plus commune, a fini par marquer à peu près son domaine, et lui a tracé certaines limites. L'expression des sentiments doux et tendres est particulièrement de son ressort ;

Elle peint des amants la joie et la tristesse.

Mais ce qui la distingue par-dessus tout, ce qui la constitue essentiellement, c'est, je crois, d'être toute personnelle, c'est-à-dire de rendre des sentiments et de peindre une situation qui appartiennent véritablement à l'auteur *. Dans l'élégie, le poète ne sort point de lui-même; il parle de ce qui l'intéresse, de ce qui lui est arrivé la veille, le jour, au moment même ; de ce qu'il craint, de ce qu'il désire, de ce qu'il regrette, de ce qu'il espère. S'il touche quelquefois des sujets étrangers, c'est par un côté qui se rapporte à sa situation, et pour les ramener à lui; en un mot, l'histoire d'un poète élégiaque se retrouve tout entière dans ses ouvrages, et les érudits n'ont guère eu d'autres matériaux pour composer la vie de Tibulle, de Properce et d'Ovide. Ce que je viens de dire détermine la nature de ce petit poème, et en fixe les qualités.

* Boileau a marqué ce caractère de l'élégie, en le restreignant à l'amour :

Mais pour bien exprimer ces caprices heureux,
C'est peu d'être poète, il faut être amoureux.

C'est le grand éloge du législateur de notre Parnasse, que toutes les fois qu'on a médité sur les principes des arts, il est rare qu'en revenant à sa poétique, on n'y trouve pas toutes les réflexions qu'on a faites soi-même, résumées dans un ou deux vers pleins de sens, qui avaient paru vagues et presque insignifiants jusqu'à ce moment.

Il se prête à l'expression de tous les sentiments : et s'il a plus fréquemment été l'interprète des amours, si la douleur y tient généralement plus de place que le plaisir, cette particularité n'est point une chose qui lui soit propre : c'est qu'en effet l'amour est un des premiers et plus communs intérêts du cœur humain ; c'est qu'à des âmes sensibles et qui conversent habituellement avec elles-mêmes, la vie offre moins de sujets de joie que de tristesse. Pour ce qui est du style de l'élégie, le ton doit en être tempéré. La douceur et le naturel en font tout le charme. La vérité convenable au genre permet le vague dans le fond du sujet, mais le sentiment doit être toujours déterminé dans chaque pièce, et c'est là proprement ce qui en fait l'unité. Une élégie est en quelque sorte un morceau de mélodie où il n'y a rien de précis et de bien arrêté que le motif.

Je viens de faire indirectement l'éloge des élégies d'André Chénier ; il ne me resterait plus maintenant qu'à le confirmer, en mettant quelques exemples sous les yeux du lecteur. Le nombre ne me manquerait pas, et le choix seul pourrait m'embarrasser. Mais je pense qu'il vaut mieux sacrifier le plaisir de la variété, et, au lieu de plusieurs morceaux empruntés à différentes pièces, n'en citer qu'un seul, mais assez étendu pour qu'on y voie bien comment marche et procède la muse du poète. Le fragment que je choisis est tiré de la deuxième élégie adressée à M. le chevalier de Pange, non que je la regarde comme la plus belle, mais parce que l'auteur a voulu y donner une définition poétique de l'élégie :

> Que n'étais-tu fidèle à ces Muses tranquilles
> Qui cherchent la fraîcheur des rustiques asyles,
> Le front ceint de lilas et de jasmins nouveaux,
> Et vont sur leurs attraits consulter les ruisseaux?
> Viens dire à leurs concerts la beauté qui te brûle.
> Amoureux, avec l'âme et la voix de Tibulle,
> Fuirais-tu les hameaux, ce séjour enchanté
> Qui rend plus séduisant l'éclat de la beauté?
> . . . .
> Les Muses et l'Amour ont les mêmes retraites.
> L'astre qui fait aimer est l'astre des poètes.
> Bois, écho, frais zéphyrs, lieux champêtres et doux,
> Le génie et les vers se plaisent parmi vous.
> J'ai choisi parmi vous ma Muse jeune et chère;
> Et, bien qu'entre ses sœurs elle soit la dernière,
> Elle plaît; mes amis, vos yeux en sont témoins;
> Et puis une plus belle eût voulu plus de soins;
> Délicate et craintive, un rien la décourage,
> Un rien sait l'animer; curieuse et volage,
> Elle va parcourant tous les objets flatteurs,
> Sans se fixer jamais, non plus que sur les fleurs
> Les zéphyrs vagabonds, doux rivaux des abeilles,
> Ou le baiser ravi sur des lèvres vermeilles.
> Une source brillante, un buisson qui fleurit,
> Tout amuse ses yeux : elle pleure, elle rit;
> Tantôt à pas rêveurs, mélancolique et lente,
> Elle erre avec une onde et pure et languissante;
> Tantôt elle va, vient, d'un pas léger et sûr,
> Poursuit le papillon brillant d'or et d'azur,
> Ou l'agile écureuil, ou, dans un nid timide,
> Sur un oiseau surpris pose une main rapide.

Quelquefois, gravissant la mousse du rocher,
Dans une touffé épaisse elle va se cacher;
Et sans bruit épier sur la grotte pendante
Ce que dira le faune à la nymphe imprudente,
Qui, dans cet antre sourd et des faunes ami,
Refusait de le suivre, et pourtant l'a suivi.

. . . .

Viens, viens, mon doux ami, viens, nos Muses t'attendent;
Nos fêtes, nos banquets, nos courses te demandent;
Viens voir ensemble et l'antre, et l'onde et les forêts.
Chaque soir une table, aux suaves apprêts,
Asseoira près de nous nos belles adorées!

. . . .

Mais si, toujours ingrat à ces charmantes sœurs,
Ton front rejette encor leurs couronnes de fleurs,
Si de leurs soins pressants la douce impatience
N'obtient que d'un refus la dédaigneuse offense,
Qu'à ton tour la beauté dont les yeux t'ont soumis
Refuse à tes soupirs ce qu'elle t'a promis.
Qu'un rival loin de toi de ses charmes dispose;
Et quand tu lui viendras présenter une rose,
Que l'ingrate étonnée, en recevant ce don,
Ne t'ait vu de sa vie et demande ton nom.

Ce sont là de beaux vers : on y retrouve, avec un plaisir inexprimable, la véritable langue française, si outrageusement défigurée par la plupart des écrivains de nos jours. André Chénier s'appliquait à la faire revivre; il en ranimait la physionomie par l'emploi de ces anciens tours et de ces idiotismes significatifs qu'on semble éviter aujourd'hui. C'était sur-tout La Fontaine qu'il se plaisait à imiter; il en retrace souvent la douce naïveté et la familiarité aimable, témoin cette courte élégie qui est la XXIVe du recueil :

> Il n'est que d'être roi pour être heureux au monde.
> Bénis soient tes décrets, ô sagesse profonde !
> Qui me voulus heureux, et, prodigue envers moi,
> M'as fait dans mon asyle et mon maître et mon roi.
> Mon Louvre est sous le toit, sur ma tête il s'abaisse,
> De ses premiers regards l'Orient le caresse.
> Lit, sièges, table, y sont portant de toutes parts
> Livres, dessins, crayons, confusément épars.
> Là, je dors, chante, lis, pleure, étudie et pense ;
> Là, dans un calme pur, je médite en silence
> Ce qu'un jour je veux être ; et, seul à m'applaudir,
> Je sème la moisson que je veux recueillir.
> Là, je reviens toujours, et toujours les mains pleines,
> Amasser le butin de mes courses lointaines :
> Soit qu'en un livre antique à loisir engagé,
> Dans ses doctes feuillets j'aie au loin voyagé ;
> Soit que, passant et bois, et vallons, et rivières,
> J'aie au loin parcouru les terres étrangères,
> D'un vaste champ de fleurs je tire un peu de miel.
> Tout m'enrichit et tout m'appelle ; et chaque ciel
> M'offrant quelque dépouille utile et précieuse,
> Je remplis lentement ma ruche industrieuse.

Mais je n'avais promis qu'un morceau, et en voilà déjà deux. Je m'aperçois que je me laisse encore aller au plaisir de citer tout ce qui me paraît devoir charmer les lecteurs : ce serait le moyen de n'en point finir. Je me hâte donc, et je passe brusquement aux idylles.

Ces petits poèmes, avec moins de correction peut-être que ses élégies, n'offrent pas moins de douceur et de grace, et ont un caractère plus original; le tour en est presque toujours antique ainsi que les sujets. Le poète paraît s'être proposé principalement de nous ramener au siècle d'Homère. C'est à cette vue particulière qu'il faut attribuer les beautés et les défauts de cette partie de ses OEuvres.

Mais ce ne sont pas les anciens qu'il dépouille de leur costume pour les amener au milieu de nous, et les habiller à notre manière : c'est nous qu'il transporte parmi eux, dans leur temps et leur pays; cette entreprise est difficile, sur-tout lorsqu'il s'agit de nous faire remonter du déclin d'une société vieillie, aux époques primitives de la société naissante. Qu'Homère peigne les mœurs de son siècle dans leur simplicité, grossière par rapport à notre raffinement, nous sentons, entre le langage et les choses, une conformité qui produit en nous la plus agréable impression, tant la puissance de la vérité nous charme et nous saisit! Mais qu'un Français du XIXe siècle imite les peintures naïves des poètes de ces âges reculés, dans une langue formée au milieu d'autres mœurs et de mœurs si différentes, il est bien à craindre que nous ne nous apercevions trop souvent que ce n'est pas la nature qui a servi de modèle à ses tableaux, qu'il n'est que le copiste d'un peintre, et tombe dans le faux, par l'affectation d'une simplicité qui n'est point celle de son temps. Le langage d'Homère n'était pas plus naïf au goût de ses contemporains, que le langage d'un enfant ne l'est au jugement d'un autre enfant. Le monde est devenu vieux, il se plaît aux naïvetés du monde enfant. Mais que dirons-nous d'un homme fait ou d'un vieillard qui voudrait prendre le ton et les manières d'un innocent de dix ans? le contraste choquerait et ne produirait qu'une minauderie ridicule. On peut appliquer ceci aux traductions, sur-tout aux traductions en vers de l'Iliade et de l'Odyssée, où l'on a essayé de conserver le caractère de l'original.

Néanmoins, j'ai appelé cette entreprise difficile et non pas impossible. En effet, si toute cette nature homérique a disparu, ou du moins ne paraît plus que dans des livres, ces livres nous ont été si familiers dès nos premières années, qu'ils ont, pour ainsi dire, créé autour de nous un autre monde au milieu du monde réel qui nous environne, une nature imaginaire que nous aimons à prendre pour véritable, pourvu que le poète sache nous entretenir dans cette illusion par un langage où tout soit d'accord avec elle. Si la tromperie perce, si le charme se rompt, tout est perdu, la naïveté s'éclipse et la grimace paraît. Mais comment produire long-temps un prestige si fugitif, avec une langue dont le génie semble fait exprès pour le détruire à chaque instant? Ce fut l'art suprême de Fénelon et de Bernardin-de-Saint-Pierre; ce fut souvent celui d'André Chénier.

Tout le secret consiste à savoir choisir avec discernement, mais avec le discernement le plus exquis, les traits qui, dans la nature simple des anciens, sont le plus susceptibles de s'approprier à l'élégance de notre goût, et les expressions qui, dans notre langue polie et raffinée, s'ajustent le mieux à la simplicité des mœurs antiques, de sorte que rien de discordant entre l'expression et les choses exprimées ne nous heurte, ne nous réveille, ne nous donne lieu de nous apercevoir de la supercherie qu'on nous fait. C'est à ce prix seul que nous mettons l'honneur de nous plaire dans des ouvrages de cette nature. Les difficultés sont nombreuses ; le poëte qui nous occupe ne les a pas toujours vaincues, et les vers suivants, par exemple, ne paraîtront rien moins qu'homériques aux bons juges, quoique presque tous les traits en aient été pris çà et là dans Homère :

Le sage Lycus donne l'hospitalité à un pauvre étranger que sa jeune fille lui présente :

« Étranger, lui dit-il, le *hasard téméraire*
« Des bons ou des méchants *fait le destin prospère.*
« Mais sois mon hôte. *Ici l'on hait plus que l'enfer*
« *Le public ennemi*, le riche au cœur de fer,
« *Enfant* de Némésis, *dont le dédain barbare*
« Aux besoins des mortels *ferme son cœur avare.*
« Je rends grace à l'*enfant* qui t'a conduit ici.
« *Ma fille*, *c'est bien fait; poursuis toujours ainsi.*
« Respecter l'indigence est un devoir suprême.
« Souvent les immortels (et Jupiter lui-même),
« Sous des haillons poudreux, *de seuil en seuil traînés*,
« Viennent *tenter* le cœur des humains fortunés. »
D'accueil et de faveur un murmure s'élève.
Lycus descend, accourt, tend la main, le relève :
« Salut, *père étranger*, et que puissent tes vœux
« Trouver le ciel propice *à tout ce que tu veux.*
« Mon hôte, lève-toi. Tu parais noble et sage;

« Mais cesse *avec ta main* de cacher ton visage.
« *Souvent marchent ensemble indigence et vertu;*
« Souvent d'un vil manteau le sage revêtu,
« Seul, vit avec les dieux et brave un *sort inique.*
« *Couvert de chauds tissus*, à l'ombre du portique,
« Sur de molles toisons, *en un calme* sommeil,
« Tu peux ici dans l'ombre attendre le soleil.
« Je te *ferai* revoir tes foyers, ta patrie,
« Tes parens, si les dieux ont épargné leur vie.
« Car tout mortel errant nourrit *un long amour*
« *D'aller* revoir le sol qui lui donna le jour.
« Mon hôte, tu franchis *le seuil de ma famille*
« A l'heure qui jadis a vu naître ma fille.
« Salut! *Vois, l'on t'apporte et la table et le pain:*
« *Sieds-toi. Tu vas d'abord rassasier ta faim;*
« Puis, si nulle raison ne te force au mystère,
« Tu nous diras ton nom, ta patrie et ton père. »

On remarquera ici que l'expression la plus éloignée de la simplicité grecque dans le fragment que je viens de citer, est précisément celle qui a pour nous le plus de familiarité : *c'est bien fait.* La raison n'en est pas difficile à donner : Homère fait parler les rois comme les bergers et les laboureurs; c'est que, de son temps, les bergers et les laboureurs parlaient comme les rois. Tout était à la fois simple et noble; le style n'admettait point de roture. Aujourd'hui que la distinction s'est établie, on peut prendre ce qu'il y a de plus simple dans le langage des cours et de plus noble dans celui des hameaux pour donner une idée du temps où les deux n'en faisaient qu'un; mais le ton bourgeois ne peut être ni noble ni simple, il n'est que ridicule et trivial. Achille parlera comme un pâtre des Pyrénées ou des Alpes, il ne s'exprimera jamais comme un marchand de la rue Saint-Denis. Cette faute de goût étonne dans un poète qui avait le sentiment des convenances si délicat; mais c'est peut-être la seule fois qu'il y soit tombé.

Il en est une autre moins sensible et plus fréquente dans ses poésies, laquelle, au reste, ne vient pas tant de l'homme que du temps. La marque distinctive de notre siècle est la science : nous avons pénétré les secrets de la nature matérielle, intellectuelle et morale; nous avons passé, si j'ose ainsi parler, de l'amphithéâtre derrière la scène. Nous voyons les causes au lieu des effets : de là un penchant invincible à expliquer lorsqu'il faudrait peindre. Il n'est peut-être pas un de nos grands écrivains actuels qui ait échappé à ce défaut, qu'on pourrait qualifier du nom de *criticisme*, puisqu'il n'en a point encore d'autres. Peu contents de nous montrer les passions dans les actions et les discours qui les développent naturellement, il faut qu'ils en analysent les principes et les ressorts secrets; il faut qu'ils nous disent ou nous fassent dire par leurs personnages ce que les choses seules auraient dû nous dire. Le philosophe, par exemple, a remarqué que l'esclavage rend dur, chagrin, insensible aux beautés de la nature, aux affections tendres et généreuses, méchant et haineux; mais si le poète veut mettre en évidence cette vérité morale, il imaginera une situation dans laquelle toutes les idées qui la composent se reproduiront par des actions. L'esclave trahira le secret de son caractère, et ne s'en doutera pas. Ainsi les anciens auraient traité un pareil sujet. Chez nous, on aime mieux mettre en scène deux bergers, l'un propriétaire de son troupeau, l'autre esclave. Le maître demande au mercenaire s'il ne sent pas les charmes d'un beau jour, les doux soins de l'amitié, etc., et celui-ci lui répond que ces sentiments ne sont pas faits pour un homme comme lui. C'est le résumé d'une idylle d'André Chénier, qui a été fort vantée. Philosophiquement, elle est vraie, et plaît par ce côté; poétiquement, elle est fausse, et déplaît à ce titre. Il en résulte que la lecture produit sur le goût un effet indécis et confus dont il est mal aisé de se rendre compte. J'en dirai autant d'une autre pièce, où des détails charmants font une impression mêlée de peine et de plaisir, parce qu'ils sont mal présentés. La voici :

Accours, jeune Chromis, je t'aime, et je suis belle,
Blanche comme Diane et légère comme elle,
Comme elle grande et fière; et les bergers le soir,
Lorsque, les yeux baissés, je passe sans les voir,
Doutent si je ne suis qu'une simple mortelle,
Et me suivant des yeux, disent : « Comme elle est belle!
« Néère, ne vas point te confier aux flots
« De peur d'être déesse, et que les matelots
« N'invoquent, au milieu de la tourmente amère,
« La blanche Galatée et la blanche Néère. »

Que le poète nous raconte qu'une jeune fille modeste et simple passe à côté d'un berger, les yeux baissés et sans le voir, rien de mieux; le poète a pu remarquer cette circonstance ; mais que cette jeune fille simple et modeste nous dise qu'elle passe les yeux baissés, sans voir les bergers qui la trouvent belle, cette vérité devient fausse dans sa bouche. Il me semble entendre la coquette du Palais de la Vérité faisant remarquer la jolie forme d'une jambe soigneusement découverte à son insu. Cependant le vers exprime parfaitement la chose prise en elle-même ; supposez-le dans toute autre bouche, il devient délicieux.

En m'appesantissant sur ces critiques, parce que je les crois d'une utilité générale, je ne crains pas de rien ôter à l'estime que mérite d'inspirer le talent du poète. Si cela arrivait malheureusement, le remède infaillible se trouverait dans la lecture de ses vers. Excusable d'avoir touché légèrement à des écueils à peu près inévitables, de quels éloges n'est-il pas digne pour avoir su, presque constamment, poursuivre au milieu d'eux sa course difficile avec tant de hardiesse, de liberté et d'aisance ? Ici, la justice est presque impossible, le succès cache l'effort, et la perfection du travail consiste à n'en pas laisser voir le mérite. Le tableau suivant ne paraît-il pas un fragment de l'Odyssée ?

« Salut, belle Sicos, deux fois hospitalière !
« Car sur ses bords heureux je suis déjà venu ;
« Amis, je la connais. Vos pères m'ont connu :
« Ils croissaient comme vous ; mes yeux s'ouvraient encore
« Au soleil, au printemps, aux roses de l'aurore ;
« J'étais jeune et vaillant. Aux danses des guerriers,
« A la course, aux combats, j'ai paru des premiers.

« J'ai vu Corinthe, Argos et Crète et les cent villes,
« Et du fleuve Égyptus les rivages fertiles;
« Mais la terre et la mer, et l'âge et les malheurs,
« Ont épuisé ce corps fatigué de douleurs.
« La voix me reste. Ainsi la cigale innocente,
« Sur un arbuste assise, et se console et chante.
« Commençons par les dieux : souverain Jupiter;
« Soleil qui vois, entends, connais tout; et toi, mer,
« Fleuves, terre, et *noirs dieux* des vengeances trop lentes,
« Salut! venez à moi de l'Olympe habitantes,
« Muses; vous savez tout, vous déesses, et nous,
« Mortels, ne savons rien qui ne vienne de vous. »

Il poursuit; et déjà les antiques ombrages
Mollement en cadence inclinaient leurs feuillages;
Et pâtres oubliant leur troupeau délaissé,
Et voyageurs quittant leur chemin commencé,
Couraient. Il les entend, près de son jeune guide,
L'un sur l'autre pressés tendre une oreille avide;
Et nymphes et sylvains sortaient pour l'admirer,
Et l'écoutaient en foule, et n'osaient respirer.

Trouvera-t-on dans le passage qu'on va lire, et que j'emprunte à l'élégie intitulée *le Malade*, un seul trait qui trahisse le goût moderne et démente l'antique?

LE JEUNE MALADE.

O coteaux d'Érymanthe, ô vallons, ô bocage!
O vent sonore et frais qui troublais le feuillage,
Et faisais frémir l'onde, et sur leur jeune sein
Agitais les replis de leur robe de lin!
De légères beautés, troupe agile et dansante...
Tu sais, tu sais, ma mère? aux bords de l'Érymanthe!
Là, ni loups ravisseurs, ni serpents, ni poisons.

O visage divin! ô fêtes, ô chansons!
Des pas entrelacés, des fleurs, une onde pure,
Aucun lieu n'est si beau dans toute la nature.
Dieux! ces bras et ces fleurs, ces cheveux, ces pieds nus,
Si blancs, si délicats! je ne les verrai plus.
O! portez, portez-moi sur les bords d'Érymanthe,
Que je la voie encor cette vierge charmante!
O! que je voie au loin la fumée à longs flots
S'élever de ce toit au bord de cet enclos....
Assise à tes côtés, ses discours, sa tendresse,
Sa voix, trop heureux père! enchante ta vieillesse.
Dieux! par-dessus la haie élevée en remparts,
Je la vois à pas lents, en longs cheveux épars,
Seule, sur un tombeau, pensive, inanimée,
S'arrêter et pleurer sa mère bien-aimée.
O que tes yeux sont doux! que ton visage est beau!
Viendras-tu point aussi pleurer sur mon tombeau?
Viendras-tu point aussi, la plus belle des belles,
Dire sur mon tombeau : les parques sont cruelles!

LA MÈRE.

Ah! mon fils! c'est l'Amour! c'est l'Amour insensé
Qui t'a, jusqu'à ce point, cruellement blessé?
Ah! mon malheureux fils! oui, faibles que nous sommes,
C'est toujours cet Amour qui tourmente les hommes.
S'ils pleurent en secret, qui lira dans leur cœur
Verra que cet Amour est toujours leur vainqueur.
Mais, mon fils, mais dis-moi, quelle nymphe charmante,
Quelle vierge as-tu vue au bord de l'Érymanthe?
N'es-tu pas riche et beau? du moins quand la douleur
N'avait point de ta joue éteint la jeune fleur?
Parle. Est-ce cette Églé, fille du roi des ondes?
Ou cette jeune Irène aux longues tresses blondes?
Ou ne serait-ce point cette fière beauté

Dont j'entends le beau nom chaque jour répété ;
Dont j'apprends que partout les belles sont jalouses ;
Qu'aux temples, aux festins, les mères, les épouses,
Ne sauraient voir, dit-on, sans peine et sans effroi?
Cette belle Daphné?... — Dieux! ma mère, tais-toi,
Tais-toi. Dieux! qu'as-tu dit? Elle est fière, inflexible ;
Comme les immortels elle est belle et terrible!
Mille amants l'ont aimée; ils l'ont aimée en vain.
Comme eux j'aurais trouvé quelque refus hautain.
Non, garde que jamais elle soit informée.....
Mais, ô mort! ô tourment! ô mère bien-aimée!
Tu vois dans quels ennuis dépérissent mes jours.
Écoute ma prière, et viens à mon secours :
Je meurs; va la trouver : que tes traits, que ton âge,
De sa mère, à ses yeux, offrent la sainte image.
Tiens, prends cette corbeille et nos fruits les plus beaux ;
Prends notre Amour d'ivoire, honneur de ces hameaux ;
Prends la coupe d'Onyx, à Corinthe ravie,
Prends mes jeunes chevreaux, prends mon cœur, prends ma vie
Jette tout à ses pieds; apprends-lui qui je suis ;
Dis-lui que je me meurs, que tu n'as plus de fils ;
Tombe aux pieds du vieillard, gémis, implore, presse ;
Adjure cieux et mers, dieux, temple, autel, déesse ;
Pars; et si tu reviens sans les avoir fléchis,
Adieu, ma mère, adieu, tu n'auras plus de fils.

Je n'ai jusqu'ici montré les modèles des idylles d'André Chénier que parmi les poètes de la Grèce; et en effet, Homère, Hésiode, Bion, Théocrite et Moschus, sont ceux qu'il a le plus fréquemment et le plus heureusement imités. Ce n'est pas toutefois qu'il ne s'en soit point proposé d'autres : il a invoqué les muses bucoliques de tous les temps et de tous les lieux, comme il nous l'apprend lui-même dans un charmant épilogue que les lecteurs seront bien aises de trouver ici. Je ne crois pas, pour mon compte, pouvoir terminer plus convenablement l'examen et l'éloge de ses ouvrages :

>Ma muse pastorale aux regards des Français
>Osait ne point rougir d'habiter les forêts.
>Elle eût voulu montrer aux belles de nos villes
>La champêtre innocence et les plaisirs tranquilles;
>Et ramenant Palès des climats étrangers,
>Faire entendre à la Seine enfin de vrais bergers :
>Elle a vu, me suivant dans mes courses rustiques,
>Tous les lieux illustrés par des chants bucoliques.
>Ses pas de l'Arcadie ont visité les bois;
>*Et ceux* du Mincius, *que* Virgile autrefois
>Vit à ses doux accents incliner leur feuillage;
>Et d'Hermus aux flots d'or l'harmonieux rivage,
>Où Bion, de Vénus répétant les douleurs,
>Du beau sang d'Adonis a fait naître des fleurs.
>Vous, Aréthuse aussi, que de toute fontaine
>Théocrite et Moschus firent la souveraine.
>Et les bords montueux de ce lac enchanté,
>Des vallons de Zurich pure divinité,
>Qui du sage Gessner à ses nymphes avides
>Murmure les chansons sous leurs antres humides.
>Elle s'est abreuvée à ces savantes eaux,
>Et partout, sur leurs bords, a coupé des roseaux.
>Puisse-t-elle en *avoir pris* sur les mêmes tiges
>Que ces chanteurs divins, dont les doctes prestiges
>Ont aux fleuves charmés fait oublier leur cours,
>Aux troupeaux l'herbe tendre, au pasteur ses amours.
>De ces roseaux liés par des nœuds de fougère,
>Elle osait composer sa flûte bocagère,
>Et voulait, sous ses doigts exhalant de doux sons,

CHÉNIER (André-Marie de).

Chanter Pomone et Pan, les ruisseaux, les moissons,
Les vierges aux doux yeux, et les grottes muettes,
Et de l'âge d'amour les ardeurs inquiètes.
Ch. Loyson.

MORCEAU CHOISI.

La jeune Captive.

L'épi naissant mûrit, de la faux respecté ;
Sans crainte du pressoir, le pampre tout l'été
    Boit les doux présents de l'aurore ;
Et moi, comme lui belle, et jeune comme lui,
Quoi que l'heure présente ait de trouble et d'ennui,
    Je ne veux point mourir encore.

Qu'un stoïque aux yeux secs vole embrasser la mort,
Moi je pleure et j'espère ; au noir souffle du nord
    Je plie et relève ma tête.
S'il est des jours amers, il en est de si doux !
Hélas ! quel miel jamais n'a laissé de dégoûts ?
    Quelle mer n'a point de tempête ?

L'illusion féconde habite dans mon sein.
D'une prison sur moi les murs pèsent en vain,
    J'ai les ailes de l'espérance.
Échappée aux réseaux de l'oiseleur cruel,
Plus vive, plus heureuse aux campagnes du ciel,
    Philomèle chante et s'élance.

Est-ce à moi de mourir ! Tranquille je m'endors,
Et tranquille je veille ; et ma veille aux remords
    Ni mon sommeil ne sont en proie.
Ma bien-venue au jour me rit dans tous les yeux,
Sur des fronts abattus mon aspect dans ces lieux
    Ranime presque de la joie.

Mon beau voyage encore est si loin de sa fin!
Je pars, et des ormeaux qui bordent le chemin
   J'ai passé les premiers à peine.
Au banquet de la vie à peine commencé,
Un instant seulement mes lèvres ont pressé
   La coupe en mes mains encore pleine.

Je ne suis qu'au printemps, je veux voir la moisson,
Et, comme le soleil, de saison en saison,
   Je veux achever mon année.
Brillante sur ma tige, et l'honneur du jardin,
Je n'ai vu luire encor que les feux du matin;
   Je veux achever ma journée.

O Mort! tu peux attendre; éloigne, éloigne-toi;
Va consoler les cœurs que la honte, l'effroi,
   Le pâle désespoir dévore.
Pour moi Palès encore a des asyles verts,
Les amours des baisers, les muses des concerts:
   Je ne veux pas mourir encore.

Ainsi, triste et captif, ma lyre toutefois
S'éveillait: écoutant ces plaintes, cette voix,
   Ces vœux d'une jeune captive,
Et secouant le joug de mes jours languissants,
Aux douces lois des vers je pliais les accents
   De sa bouche aimable et naïve.

Ces chants, de ma prison témoins harmonieux,
Feront à quelque amant des loisirs studieux
   Chercher quelle fut cette belle:
La grâce décorait son front et ses discours,
Et, comme elle, craindront de voir finir leurs jours,
   Ceux qui les passeront près d'elle.

CHÉNIER (Marie-Joseph de), né le 28 août 1764, à Constantinople, où son père remplissait les fonctions de consul-général, fut amené fort jeune à Paris. Il entra au collège Mazarin, et eût pour professeur l'abbé Geoffroy, qui essayait alors sur des écoliers la férule qui devait plus tard les poursuivre encore dans la carrière littéraire. Chénier, en quittant le collège, embrassa la profession des armes; en 1781, il passa deux années en garnison à Niort; il était alors officier dans un régiment de dragons. Les loisirs nombreux que lui laissait la paix furent employés à l'étude : il s'y livra avec ardeur; mais trop avide de gloire littéraire pour rester long-temps dans une telle inaction, il quitta le service et revint à Paris. Il débuta dans la carrière dramatique par la tragédie d'*Azémire*, qui fut jouée sans succès en 1786. Trois années de réflexions et d'études suivirent cet essai malheureux, et l'on avait oublié *Azémire* quand *Charles IX* parut. On ne doit pas s'étonner du brillant succès qu'obtint cette tragédie, d'après les idées qui régnaient à cette époque, et qui étaient précisément celles que l'auteur avait développées avec toute la chaleur de son imagination. Les littérateurs, exempts de toute influence, en rendant justice au talent du poète, lui reprochèrent avec raison d'avoir altéré la vérité de l'histoire, et offert, sous des couleurs exagérées, des faits peu honorables pour la nation. Encouragé par les applaudissements que recevait son ouvrage, Chénier continua d'offrir au théâtre des sujets qui flattaient les opinions du jour, puisqu'ils étaient parsemés de tirades républicaines qui, on ne l'ignore pas, n'étaient que l'expression de ses propres idées. *Henri VIII* et *la Mort de Calas* parurent en 1791 ; la première de ces tragédies, quoique supérieure à *Charles IX* par le mérite littéraire, ne fut pourtant pas accueillie avec autant d'enthousiasme : la cause en est simple ; et quoique l'auteur n'eût pas négligé de donner à quelques-uns de ses personnages le langage du parti dominant, elle parut plus pathétique que politique, et ce qui était une chance de succès fut alors une raison de défaveur. Né avec une âme ardente, d'abord royaliste-constitutionnel, Chénier avait ensuite embrassé le parti républicain ; il avançait avec lui, et écrivait sous son influence. Sa tragédie de *Caïus Gracchus*, donnée en 1792, quoique brûlante de l'éloquence républicaine des Romains, fut proscrite par la tyrannie qui s'indignait que le poète eût osé demander *des lois et non du sang*. Peu de temps après il fut nommé membre de la convention, et l'on ne peut se dissimuler, malgré les panégyriques adroits de quelques-uns de ses biographes, qu'il n'en ait partagé tous les excès. On a même répandu, touchant la mort de son frère, les bruits les plus injurieux pour lui ; cependant ceux qui l'ont connu particulièrement ont toujours démenti des soupçons qu'ils assuraient ne pouvoir l'atteindre. Mais une telle discussion n'est pas de notre ressort ; laissons le républicain, et revenons au littérateur. Nous n'aurions pas même parlé de cette outrageante imputation si nous ne lui eussions dû l'épître *sur la Calomnie*, un des plus beaux morceaux de poésie qu'il nous ait laissés (*Voyez* p. 300).

En 1793, Chénier donna la tragédie de *Fénelon*, dont il a altéré le beau caractère en le couvrant d'un vernis philosophique. *Timoléon* parut l'année suivante. Cette pièce obtint, aussi bien que *Fénelon*, un grand succès; mais la tyrannie décemvirale, irritée des reproches que lui adressait l'auteur sur les crimes dont elle s'était souillée, fit saisir et brûler tous les manuscrits de *Timoléon*; une seule copie, restée entre les mains de madame Vestris, servit en 1795 à publier la pièce telle qu'elle est imprimée aujourd'hui.

Jusqu'ici Chénier, dans la carrière dramatique, a compté ses succès par ses ouvrages; mais il devait un jour essuyer les rigueurs d'un autre parterre que celui qui lui prodigua tant de fois ses bruyants applaudissements. En 1804, à l'époque d'une cérémonie fameuse, il donna sa tragédie de *Cyrus*; et quoiqu'il eût encore compté sur les rapprochements que le sujet devait nécessairement fournir, l'avènement de Cyrus au trône des Mèdes, il se vit cruellement déçu de son attente. La pièce n'eut qu'une représentation, chute d'autant plus humiliante pour l'auteur qu'elle avait été précédée d'un silence de plusieurs années. Chénier a composé d'autres ouvrages dramatiques; mais ils n'ont point été représentés. *Philippe II*, *Tibère*, tragédies; *Nathan-le-Sage*, comédie, imitée de Lessing; des imitations en vers de l'*OEdipe roi*, de l'*OEdipe à Colonne*, une traduction de l'*Électre*, commencée, se trouvent dans le théâtre posthume de Chénier.

Il nous reste à parler de ses Poésies et de son *Tableau de l'état et des progrès de la Littérature française depuis* 1789; cet ouvrage, qu'il fit à la demande de la deuxième classe de l'Institut, dont il était membre, caractérise les productions qui, depuis cette époque jusqu'en 1808, ont le plus enrichi la littérature française; et cette période, qui n'a pas été stérile, doit compter au nombre des ouvrages qui lui font le plus d'honneur, celui qui a si bien apprécié tous les autres. Les satires de Chénier, malgré leur mérite poétique, ne peuvent pas être proposées pour modèles; la malignité y est souvent trop injuste, et l'impiété trop hardie. Elles ont été réunies avec ses Odes, ses Élégies, ses Épîtres et d'autres poésies, en 2 volumes in-18, Paris, 1822, qui contiennent aussi le poème de *la Bataviade* et la traduction en vers de l'*Art poétique d'Horace*.

Chénier succéda à La Harpe à l'Athénée de Paris. Il ne fut pas heureux sur la fin de sa vie : destitué, en 1806, de sa place d'inspecteur-général de l'instruction publique, au sujet de la publication de son *Épître à Voltaire*, il se vit sans autre ressource qu'un talent dont on ne lui permettait plus de recueillir les fruits. Il travailla à plusieurs journaux, spécialement au *Mercure*, dont il était, en 1809 et en 1810, un des principaux rédacteurs. Depuis plusieurs années, la santé de Chénier avait donné des craintes à ses amis : sur la fin de 1810, elles ne parurent que trop se justifier; sa maladie prit un caractère plus grave : il expira le 10 janvier 1811. Il a été remplacé à la seconde classe de l'Institut par M. de Chateaubriand.

PH. TAVIAND.

JUGEMENTS.

I.

Tandis que la foule, abusée par les premiers prestiges de la révolution, se précipitait pour voir et pour applaudir toutes ces sottises dramatiques qui flattaient ses idées et qui enflammaient ses passions, M. de La Harpe, que son grand sens n'avait point préservé des mêmes erreurs politiques, était bien éloigné de mêler ses applaudissements à ceux de la multitude, et de partager ses jugements littéraires, si pourtant on peut appeler de ce nom ces exclamations frénétiques, que les auteurs prenaient pour de la gloire, et qui, aux yeux des sages, n'étaient que de la démence : « M. Chénier est parvenu à
« faire jouer son *Charles IX*, dit-il, et sans autre
« inconvénient que d'ennuyer les gens de goût ; mais
« ceux même qui ne font aucun cas de cet ouvrage
« comme tragédie, conviennent qu'il devait prodi-
« gieusement réussir ; et c'est ce qui est arrivé.
« L'auteur a eu du moins le mérite facile d'entre-
« tenir la multitude des idées les plus faites pour la
« flatter : sa pièce est remplie de ces maximes com-
« munes de liberté politique et de tolérance univer-
« selle qu'il était très nouveau d'entendre sur le
« théâtre. Le public, en applaudissant sur la scène
« tout ce qui avait été dit cent fois partout ailleurs,
« excepté là, applaudissait véritablement à la révo-

« lution. Cette révolution se trouve même expres-
« sément dans la pièce, en forme de prophétie : non
« pas que l'auteur soit prophète, ni poète, mais
« enfin il a eu l'esprit de faire dire au chancelier
« de L'Hôpital, en 1572, ce que nous avons vu en
« 1789...... La pièce, considérée en elle-même, man-
« que de plan, d'intrigue, d'action, d'intérêt, de
« mouvement, de caractères et de dialogue; en un
« mot, de tout ce qui constitue le talent dramatique.
« L'auteur n'a tiré aucun parti de toutes les grandes
« ressources que l'histoire lui offrait: c'est le comble
« de l'ineptie d'avoir fait de Charles IX un Séide,
« et du cardinal de Lorraine un Mahomet; c'est le
« comble de l'impuissance d'avoir fait du jeune
« Henri IV un rôle absolument nul. Pressé, comme
« tous les jeunes gens, de faire montre de ce qu'il
« sait ou de ce qu'il croit savoir, l'auteur se hâte de
« le débiter par l'organe de ses acteurs, sans s'em-
« barrasser si c'est là ce dont il s'agit, et si son éru-
« dition et sa philosophie s'accordent avec les con-
« venances dramatiques. M. Chénier écrit presque
« toujours de mémoire; et ce qui fait que j'ai peu
« d'espérance pour lui pour l'avenir, c'est qu'avec
« l'incroyable confiance que je lui connais, il ne
« manquera pas de se persuader qu'il doit ses succès
« à son talent, et non pas aux circonstances : il ne
« s'occupera donc ni à étudier, ni à se corriger, ni
« à réfléchir sur un art qu'il ne connaît point du
« tout; et dès lors il est bien difficile qu'il y réus-
« sisse jamais. »

La pièce est ici parfaitement jugée; et si la seutence prononcée par M. de La Harpe contre l'auteur, paraît d'abord d'une sévérité excessive; si les prédictions qu'il fait semblent avoir quelque chose de dur et d'outré, il faut se reporter au temps où il écrivait, se souvenir des débuts de l'auteur de *Charles IX*, et voir si ce qui n'était alors qu'une prédiction, n'est pas devenu par la suite une réalité. L'auteur avait commencé par donner un drame, intitulé *Edgar*, qu'on a sifflé, dit M. de La Harpe, dès la première scène, et qu'on a eu bien de la peine à entendre jusqu'à la fin : « C'est, ajoute-t-il, l'ouvrage « d'un jeune homme nommé Chénier, qui fait pro- « fession du plus grand mépris pour Voltaire et « Racine, et qui a bien, comme on voit, ses raisons « pour cela. » Ce drame fut suivi d'une tragédie qui ne fut pas plus heureuse: « Un M. Chénier, poursuit « M. de La Harpe, jeune aspirant, qui fait profession « d'un grand mépris pour nos meilleurs écrivains, « a fait jouer à Fontainebleau une tragédie d'*Azé-* « *mire*, qui a été sifflée outrageusement depuis le « commencement jusqu'à la fin. Cet accueil ne l'a « pas rebuté, et, huit jours après, il a voulu prendre « sa revanche au théâtre Français ; mais craignant « le préjugé défavorable que pouvait faire naître la « déconvenue de Fontainebleau, il a cru devoir user « d'une petite ruse déjà employée plus d'une fois. « On a fait afficher *Zaïre*, et, la toile levée, un ac- « teur est venu annoncer qu'une indisposition su- « bite d'un de ses camarades empêchant de donner « *Zaïre*, on priait le public d'agréer à la place une « tragédie nouvelle : c'était notre *Azémire*, qui n'a

« pas été mieux traitée à Paris qu'à Fontainebleau.
« Il faut voir s'il aura le courage d'essayer une troi-
« sième tentative. Il s'est ôté même la ressource de
« s'en prendre à la cabale; car assurément personne
« n'attendait *Azémire* à la place de *Zaïre*. »

Les ouvrages qui vinrent après *Charles IX* ne pouvaient pas inspirer au critique de meilleures espérances : « *Henri VIII*, dit-il, est une très mau-
« vaise pièce ; il n'y a ni intérêt, ni action, ni in-
« trigue, ni marche dramatique, ni mouvements,
« ni caractères, ni convenances, ni conduite ; c'est
« une déclamation en dialogues, chargée de lieux
« communs. Quant à la diction, elle ne manque ni
« de facilité, ni de noblesse; mais elle est inégale,
« enflée, froidement sentencieuse, mêlée de rémi-
« niscences fréquentes et de mauvais goût. Il y a quel=
« ques vers bien faits, et deux ou trois couplets où
« les personnages disent à peu près ce qu'ils doivent
« dire : dans tout le reste c'est l'auteur qui parle,
« et un auteur écolier. Cet ouvrage a été très mal
« reçu le premier jour ; mais ensuite, avec des billets
« payés, on l'a un peu relevé : on le joue encore, mais
« avec très peu de monde, et encore moins d'effet. »
Le drame de *Calas* n'est pas présenté sous des couleurs plus favorables ; c'est, suivant M. de La Harpe, l'ouvrage d'un jeune rhéteur, dont la tête est remplie de toutes les maximes philosophiques et politiques qu'il a lues partout, et qu'il entasse sans choix et sans mesure dans des scènes qui deviennent ainsi un tissu de déclamations et de réminiscences.

Dussault, *Annales littéraires.*

II.

Le recueil des poésies de Marie-Joseph Chénier nous offre des tragédies, un fragment de poème épique, quelques scènes de comédie, des odes, des épîtres, des élégies, des poèmes didactiques, des discours en vers, des épigrammes, des traductions même. Il y a là certainement une grande variété ; mais retranchez du recueil tout ce qui vous paraîtra peu digne de mémoire, tout ce qui, malgré les traces de talent, ne révèle point la vocation de l'auteur, et laisse apercevoir cette gêne inévitable qui accuse le défaut d'inspiration, que vous restera-t-il ? la plupart des tragédies, plusieurs autres épîtres, quelques traductions, et quelques morceaux peu recommandables en eux-mêmes, mais où se trouve un caractère mordant et satirique, qui me semble le trait distinctif du talent de Chénier.

Il ne me paraît pas scrupuleux observateur des vraisemblances théâtrales : ce n'est pas qu'il n'essaie ordinairement de préparer et de justifier les ressorts qu'il emploie ; mais ses efforts sont trop visibles, et on souffre en le lisant, de la gêne qu'il a dû éprouver lui-même. Il ne possède pas non plus ce talent que Sophocle a constamment dans ses ouvrages, pour enchaîner les scènes avec une habile vraisemblance, et éviter d'introduire des acteurs sans un motif raisonnable et connu. Les caractères sont, à mon avis, l'une des parties de l'art les plus faibles dans les œuvres de Chénier. Ce disciple studieux des anciens semblait ne pas connaître le sage précepte d'Aristote, qui veut dans le héros de la tragédie un mélange de défauts et de grandes qualités; rarement nos premiers poètes se sont écartés de cette règle judicieuse et profonde : on n'en retrouve jamais l'application dans Chénier. Ce sont toujours des tyrans vils et cruels, semblables, en cela du moins, à nos tyrans de mélodrames, et des victimes de la tyrannie, vertueuses sans faiblesse, et dont les malheurs déchirent le cœur au lieu de l'émouvoir.

Irrégulier dans la composition générale, imitateur souvent faible dans les situations, peu fidèle aux vraisemblances théâtrales, mal inspiré dans le choix des caractères, enfin trop souvent poète de circonstance, au lieu de travailler pour tous les temps; voilà, ce me semble, ce qui rabaisse Chénier bien au-dessous des grands tragiques. Cependant il est rare que, même dans ses tragédies les plus faibles, il ne se trouve pas quelque situation forte et pathétique; on en est d'autant plus frappé, qu'elle se trouve entourée et comme enveloppée de situations imitées et affaiblies. Pour trouver ce qu'il y a d'admirable dans son théâtre, il ne faut donc point y chercher un ensemble, mais des scènes de détail.

Azémire, la première des tragédies de Chénier, n'est que le malheureux essai d'une jeune muse encore faible et novice. A propos de cette pièce, Chénier dit avec une humeur assez plaisante : « Elle fut
« représentée à Fontainebleau; j'avais alors vingt-un
« ans, et, *comme il faut encourager les jeunes*

« *gens, la pièce fut sifflée d'un bout à l'autre.* »
Mais, à mon avis, il eût été fort malheureux pour
Chénier qu'on l'applaudît, et les sifflets dont il se
plaint lui ont sans doute rendu un véritable service.
Le sujet d'*Azémire* n'est que celui de Renaud enlevé par Ubalde aux séductions d'Armide. Mais
l'Armide du Tasse est un peu plus intéressante
qu'Azémire, et Renaud est moins pâle que Turenne. Un Soliman, rival de celui-ci, parle toujours
d'agir et n'agit jamais; il se répand en déclamations
fades et douceureuses qu'on trouve singulièrement
déplacées dans la bouche d'un Turc et d'un guerrier. Mais il est juste de reconnaître que ce défaut
ne se reproduit dans aucune autre des tragédies de
Chénier, et qu'il évite le style langoureux avec autant de soin qu'il le sème avec profusion dans Azémire. Les nombreux emprunts faits par Chénier à
Racine, à Voltaire, et à d'autres, ont ici leur excuse, puisque c'est le début d'un jeune homme
sans expérience et plein de ses souvenirs. De nombreuses invraisemblances, nulle liaison entre les
scènes, une maladresse choquante dans le développement des situations, mettent cette tragédie au-dessous du médiocre. Le style même en est froid et
faible. Une seule lueur de talent brille dans cette
nuit si obscure, c'est le rôle d'Amboise, l'Ubalde
de Chénier. Il n'est point sans doute une création
de l'auteur, qui d'ailleurs n'a pas su le soutenir
par tout également. Mais Amboise parle quelquefois avec éloquence, et le style devient alors digne
des pensées. En voici un exemple : Amboise presse

Turenne de quitter ce honteux séjour et de retourner au camp des chrétiens. Turenne hésite. Son ami s'écrie avec force :

. . . . Tu n'oubliras point ton Dieu ni ton pays!
Bouillon l'espère encore, et moi je l'ai promis.
L'attente des chrétiens ne sera point frivole;
Je l'ai promis, te dis-je, et je tiendrai parole.

Cette confiance de l'amitié, cette conviction anticipée que Turenne sera digne de lui-même, cette promesse faite hardiment par Amboise, et qui enchaîne son ami, me paraissent sublimes, et ce passage annonçait déjà un poète.

Je vais parcourir plus rapidement les autres pièces, non qu'elles méritent moins d'être examinées, mais précisément parce qu'elles le méritent davantage.

La lecture de *Charles IX* a quelque chose d'affligeant, à cause de l'affectation que met le poète à mêler toujours de funestes idées aux idées qui naissent de son sujet. Sous le rapport littéraire, ce sujet n'est pas irréprochable, et je pense que l'intérêt disséminé sur toutes les victimes de la Saint-Barthélemi est nécessairement moins vif et moins profond. Deux caractères sont bien tracés, ceux de Catherine et de L'Hospital. Charles, toujours flottant, toujours de l'avis qu'on lui a proposé le dernier, tantôt s'exprimant en vers atroces, et tantôt se livrant au remords, sans que les nuances de ces divers états de son âme soient habilement déterminées, est odieux et méprisable. Guise et Lorraine, peints des couleurs les plus noires, chargent encore ce hideux tableau. La franchise de Coligny va souvent jusqu'à la maladresse, et on voit trop que cette maladresse n'est point un art de l'auteur. Quant au roi de Navarre, ou il ne devait pas paraître, ou il fallait lui donner plus d'importance et l'intéresser davantage au mouvement dramatique. L'action marche d'abord lentement, et le second acte, plein des irrésolutions de Charles est tout-à-fait vide, mais il y a plus de rapidité dans les suivants, où la terreur est poussée peut-être un peu loin. Malgré tous ces défauts, il y a dans cette pièce un grand effet tragique, souvent de l'éloquence, et déjà un style dont la pureté et l'élévation attestaient les progrès de Chénier.

On peut remarquer une singulière analogie entre la tragédie de *Henri VIII* et celle de *Marie Stuart*, qui vient d'obtenir un succès brillant et mérité. Là aussi la mort d'une reine captive est le sujet. C'est un époux qui prononce la sentence d'Anne de Boulen, et une sœur qui signe l'arrêt de Marie. Fille de Henri VIII, Élisabeth a plusieurs traits de son caractère. Norris, qui a le tort de ne paraître qu'un instant, a quelque chose de Mortimer. Le prélat Crammer ressemble extrêmement à Melvil. Même le rôle odieux du Burleigh, dans la pièce nouvelle, a de grands rapports avec le Norfolk de Chénier. Leicester seul n'a point d'équivalent dans la tragédie de *Henri VIII*, mais j'oserais dire qu'on ne doit pas le regretter; le pathétique sortait naturellement de ces deux sujets, et dans les deux pièces il est porté au comble. Je ne suivrai pas ce rapprochement. Qu'il me suffise de dire qu'on trouve encore dans cette pièce de Chénier des caractères mal tracés ou peu dramatiques, des défauts de conduite, des situations peu motivées, mais je connais peu de pièces plus attachantes, et je vois peu de rôles plus touchants que celui d'Anne de Boulen. Le plus grand défaut c'est que le tyran est trop odieux et la victime trop irréprochable. Le style est pur, plein d'énergie et de traits vraiment tragiques. Je ne suis pas étonné de la prédilection de Chénier pour cette belle production de son talent.

Une vertu sans tache, victime de la passion et du fanatisme, voilà le tableau que Chénier a voulu présenter dans sa tragédie de *Calas*, et cette conception est à mes yeux un défaut dont j'ai annoncé que nous retrouverions dans Chénier l'application constante. Mais de plus, le pathétique, qui fait le plus grand mérite de *Henri VIII*, devient un véritable défaut dans *Calas*, parce qu'il est poussé au-delà des bornes. Y a-t-il une situation plus déchirante que celle d'un homme de bien qu'on veut faire passer pour l'assassin de son fils, et que l'auteur tient pendant cinq actes sous le glaive de la justice humaine, environné d'une famille éplorée, et qui enfin est envoyé à la mort? Sans doute il n'y a pas dans l'antiquité de sort plus affreux que celui d'OEdipe. Mais du moins, lorsque Sophocle le mit sur la scène, il se garda bien d'en faire un prince trop irréprochable, et voulut que l'impression du dénouement, sans être moins profonde, fût moins douloureuse. OEdipe est curieux, inconsidéré, violent même; nous le plaignons, mais nous ne sommes pas fâchés de sentir qu'il justifie un peu les rigueurs du destin. Il y a dans *Calas* trop de ce qu'on trouve dans le mélodrame, et je ne m'étonne pas que M. Victor Ducange ait eu l'idée d'enrichir d'un pareil sujet les théâtres du boulevard. Du reste, la tragédie de Chénier a de fort belles scènes, entre autres celles de l'interrogatoire, mais elle n'est point un ensemble unique, et c'est ici que nous retrouvons ce faux système de simplicité qu'avait adopté Chénier. Il n'y a d'autre obstacle à la mort de Calas que les prières d'un juge nommé Lasalle. Clérac, autre juge plein de fanatisme, presse la condamnation. Elle est portée au troisième acte. Il semblerait que la pièce dût finir; point du tout: le quatrième et le cinquième actes, qui renferment de fort beaux détails, sont consacrés à la peinture du désespoir qui règne dans la famille de Calas, jusqu'à l'heure du supplice, ou, dans le système de l'auteur, *au développement des sentiments et des passions*. Par là l'unité est rompue, et nous avons deux pièces en une.

Ce défaut se retrouve dans *Fénelon*, pièce d'ailleurs bien supérieure à *Calas*. Héloïse est plongée depuis quinze ans dans un cachot par l'abbesse d'un couvent où elle avait refusé de prononcer des vœux. Sa fille Amélie, élevée aussi dans ce couvent, et sur le point d'éprouver le même sort en punition des mêmes refus, découvre l'horrible séjour d'Héloïse, la reconnaît pour sa mère, et se promet d'aller tomber aux pieds de Fénelon, nouvellement nommé à l'archevêché de Cambrai, et qui doit arriver bientôt dans la ville. La réussite du projet d'Amélie me paraît le véritable sujet de la pièce. Une fois qu'Amélie a pu franchir les murs du couvent et porter ses plaintes au vertueux archevêque, le dénouement est-il un seul moment douteux? Faut-il un acte entier pour opérer la délivrance d'Héloïse, quand Fénelon n'a qu'à se montrer et à parler? ou, si l'on justifie cet acte, comment justifier le cinquième, uniquement consacré à la reconnaissance entre Héloïse et son époux d'Elmance, personnage inutile à l'action, et introduit pour servir de confident à l'archevêque? Répéterai-je encore que l'héroïne du drame est trop parfaite et l'abbesse trop odieuse. Mais passons sur toutes ces critiques; et avouons avec plaisir que des scènes d'un pathétique et d'une éloquence admirables, le beau rôle de Fénelon, et le rôle touchant d'Amélie, une foule de beaux vers, et en général un style plus pur, plus naturel, plus éloquent que dans aucune autre pièce de Chénier, font oublier bien des défauts, et couvrent bien des invraisemblances.

Je dirai peu de chose de *Timoléon*, tragédie sans action, sans naturel, où Timophane, ambitieux maladroit et conspirateur ridicule, ne sait ni soutenir ses desseins, ni les cacher; où les partisans de ce Timophane, aussi maladroits que lui-même, se rendent à une assemblée du peuple qui se tient sur le théâtre, et apportent une couronne qu'ils veulent faire placer sur la tête de leur chef. Mais le peuple ne paraît pas disposé en leur faveur, et le vieillard Ortagoras, apercevant la couronne mal cachée par les conjurés, soulève contre eux l'indignation des citoyens. Timoléon informé, on ne sait comment, des desseins de son frère, l'engage à y renoncer; Timophane le promet, mais il y revient ensuite, comptant sur Denys, tyran de Sicile, qui est convenu de les appuyer. Prévenu de ce changement, Timoléon fait encore une tentative auprès de son frère; et comme il ne peut y réussir, il l'abandonne à Ortagoras, qui le tue de sa propre main. Cette dernière scène entre Timoléon et son frère est bien traitée et pathétique; mais c'est tout ce que nous trouvons à louer dans cette tragédie. Le style en est poétique, mais trop peu animé, et il offre des néologismes, comme dans ces vers prononcés par le chœur, lorsque Timoléon va combattre Denys :

..... Nous portons la mort à des rois homicides,
Et nos *voiles tyrannicides*
Vont conquérir la liberté.

Le plus grand mérite de la tragédie intitulée *Caïus Gracchus* est de renfermer ce demi-vers, anathême lancé contre une tyrannie effrénée : *Des lois et non du sang!* Du reste, nulle action et trop de discours, des incidents dont l'auteur pouvait tirer parti, et qu'il a laissés stériles, des caractères à peine ébauchés, à l'exception du caractère principal, ce sont là des défauts qui ne sont pas assez rachetés par quelques tirades éloquentes.

J'en viens aux pièces que le dernier éditeur a fait connaître pour la première fois au public. Il n'y a, ce me semble, aucune comparaison à établir entre la tragédie de *Tibère* et les autres de ce nouveau recueil. On trouve dans *Tibère** des situations et des traits pleins de force, et une imitation cette fois originale de la prose admirable de Tacite. Je vais donner une idée de la tragédie de *Cyrus*.

Fils de Cambyse et de Mandane, et petit-fils d'Astyage, Cyrus, comme Œdipe, a été proscrit dès sa naissance par son aïeul effrayé d'un songe qui menaçait la sûreté de sa couronne. Par l'ordre d'Harpage, général de l'empire, le pasteur Mitradate, comme Phorbas, a sauvé Cyrus, et l'a élevé sous le nom d'Élénor. Élénor, comme Ninias dans la Sémiramis de Crébillon et de Voltaire, comme Oreste dans l'Électre de Crébillon, est devenu un héros, l'appui du trône d'Astyage. Au jour de la fête séculaire en l'honneur du soleil, Mandane, dont le caractère est tout-à-fait semblable à celui de Mérope, vient consulter le grand-prêtre sur le destin de son fils. Quoiqu'elle ne sache quel lieu de la terre il habite, elle tremble pour ses jours, parce qu'Astyage, instruit qu'il est vivant, le fait chercher depuis trois années. Le grand-prêtre la rassure et lui promet d'interroger les dieux. Harpage, qui conspire pour placer Cyrus sur le trône, vient à son tour s'assurer des dispositions du grand-prêtre et

---

* M. Nép. Lemercier a donné, en 1819, dans la *Revue encyclopédique*, t. 1, p. 111, 298, 487, une excellente analyse du *Tibère* de Chénier, et de ses autres tragédies posthumes.   H. P.

des mages, et les trouve favorables. Mais comme Harpage est seul informé de la présence de Cyrus, et qu'il ne met personne dans sa confidence, il en résulte qu'avant le quatrième acte le spectateur ne sait au juste à quoi s'en tenir. Il me semble que le poëte, en même temps qu'il place ses personnages dans des circonstances critiques, doit mettre les spectateurs à même de saisir le secret de ces situations difficiles, et ne pas leur donner d'abord une énigme à deviner. Ce n'est point le jeu des ressorts qu'il faut livrer aux conjectures, ce sont les évènements qui peuvent en résulter. Astyage, Mandane et tous les autres personnages pouvaient ignorer que Cyrus fût à la cour de son aïeul, mais nous devions, nous, le savoir de bonne heure. Chénier ne nous le révèle pas, et ne nous le fait pas même assez prévoir. Qu'en arrive-t-il ? la scène entre Harpage et le grand-prêtre et plusieurs autres scènes des trois premiers actes nous paraissent vagues et sans motif réel, parce qu'elles ne reposent sur aucune base connue, et l'auteur

D'un divertissement nous fait une fatigue.

Bientôt arrive l'instant où Memnon, le grand-prêtre, doit consulter le livre des destins. Ici commence une belle scène où Memnon dévoile au roi et au peuple assemblé ce que le Ciel réserve à Cyrus. Il s'écrie :

Les temps sont arrivés; tu viens, tu vas paraître!
Ton nom sera Cyrus!....

Mandane tressaille de joie, et Astyage est saisi de

crainte. Cette situation est d'un grand effet, et le faux Élénor suspendant au temple du soleil les dépouilles du meurtrier de Cambyse qui est tombé sous ses coups y ajouterait un intérêt puissant, si l'on savait qu'il est le fils de Cambyse, qu'il est Cyrus. Astyage, effrayé de ce qu'il vient d'entendre, reste avec Élénor; et essaie de l'engager à chercher et à tuer Cyrus. Voici encore une de ces situations communes et usées vers lesquelles Chénier se trouvait entraîné par la manie de l'imitation. Atrée, dans Crébillon, veut aussi porter Plisthène au meurtre de son père, et du moins le caractère bien établi du tyran permet de comprendre cette atrocité. Mahomet persuade à Séide d'immoler Zopire; et les caractères profondément tracés de Mahomet et de Séide, et les conceptions originales qui jaillissent du contraste de ces deux caractères, font de la scène dont nous parlons une des plus belles de la pièce. Mais qu'un Astyage, tyran cruel sans énergie, et craintif sans prudence, vienne maladroitement proposer à Élénor, dont il connaît les sentiments, d'aller le délivrer de Cyrus, c'est une situation qui n'a point d'intérêt, point de véritable tragique. D'ailleurs, on ne sait où est Cyrus, et par conséquent Astyage veut envoyer Élénor combattre une chimère. Il est instruit qu'il va paraître, mais de quel côté, sous quelle forme, il l'ignore. Aussi Élénor, après s'être défendu au nom de l'honneur, ajoute-t-il :

Le combattre! eh! Seigneur, où donc est son armée?
Où donc est-il?

Et c'est sans contredit la meilleure raison qu'il puisse lui donner.

Mandane a voulu entretenir Élénor, pour ménager à son fils un puissant protecteur. On s'attend naturellement à une scène de reconnaissance; cependant elle n'a pas lieu parce qu'Élénor, interrogé par Mandane sur le nom de son père, répond qu'il s'appelle Arbacès. Mitradate avait toujours pris ce nom devant lui. La scène est tout-à-fait inutile, et ne contribue en rien à la marche de l'action. Astyage, qui n'est pas un tyran bien rancuneux, paraît et ordonne à Élénor de retourner à la tête de son armée. Mandane le conjure d'épargner Cyrus, et comme elle ne peut le fléchir, sa douleur se répand en invectives. Alors son père la quitte, à la vue de Memnon qu'il lui laisse pour consolateur. Seulement, il prévient le grand-prêtre qu'il ira le frapper jusques sur son autel. Mais comme chacun semble s'entendre pour mépriser les fureurs d'Astyage, Memnon ne daigne pas lui répondre. Il dit à la princesse :

> Je vous plains, je l'excuse, et je crains peu sa haine.

On annonce un vieillard; c'est Mitradate. Il croit que Cyrus a péri dans les flots de l'Araxe, et vient apprendre à Mandane cette triste nouvelle. Mais ici une imitation bien séduisante s'offrait à Chénier. Il y avait tant d'analogie entre Mérope et Mandane, entre Égisthe et Élénor, que les ressorts qui font mouvoir le chef-d'œuvre de Voltaire convenaient admirablement à la pièce de son imitateur. La tentation était forte; il n'y avait qu'un pas à faire : Chénier le fit. Le faux Élénor est accusé par Mitradate et devant Mandane d'être le meurtrier de Cyrus. Le lecteur pourrait deviner sans peine, un Voltaire à la main, les principales situations qui remplissent tout le quatrième acte. Comme Mérope, Mandane interroge son fils, qu'elle prend pour l'assassin de son fils. Les deux scènes sont absolument identiques pour le fond, mais on croira facilement que l'imitateur est au-dessous du modèle. La seconde apparition de Mitradate amène une reconnaissance vive et pathétique; mais bientôt Astyage arrive, reconnaît Cyrus avec une promptitude très invraisemblable, et fait entraîner séparément par des gardes la mère et le fils.

Il était assez difficile de trouver le dénouement de ce drame, à moins de supposer une émeute populaire, l'un des moyens les plus usés qu'on puisse employer au théâtre. C'est le moyen qu'a imaginé Chénier, et il l'a mis en jeu avec une extrême maladresse. Astyage, qui n'ignore pas combien tous les esprits sont exaspérés contre lui et prévenus en faveur de son petit-fils, a la bonhomie de convoquer les grands et le peuple pour faire comparaître devant eux Cyrus accusé. Le résultat était inévitable. Mitradate vient raconter à Mandane les efforts infructueux d'Astyage et le triomphe de Cyrus, qui a généreusement servi de rempart à son aïeul contre la juste fureur du peuple. Nous remarquerons en passant que ce récit de Mitradate est un discours de rhéteur beaucoup plus que de pasteur. Mais voici quelque chose de plus étonnant encore. Astyage paraît avec Cyrus et une grande foule de satrapes, de mages, de guerriers et de citoyens. La réconciliation s'opère sans aucun obstacle, comme si Astyage avait été moins vil et moins atroce, et qu'il fût possible de se fier à lui. Tout le monde se retire content. Il faudrait, je crois, excepter le public, si la pièce était représentée.

Je trouve encore dans cette tragédie un mérite éminent de style; mais les sentences y sont beaucoup trop multipliées, ce qui jette de la froideur sur un grand nombre de passages. Au reste, on n'ignore pas dans quelles circonstances cette pièce fut composée. Chénier voulait, à l'occasion d'une cérémonie solennelle*, donner des conseils à un homme qui ne les aimait pas s'il ne les avait dictés. Cyrus, qui, malgré de belles scènes et un style pur, aurait pu tomber de son propre poids, tomba par ordre, et il faut avouer qu'on ne pouvait commettre alors de faute de goût plus impardonnable que de glisser dans une tragédie quelques tirades en faveur de la liberté publique.

La tragédie de *Philippe II* est frappée de ce vice radical. L'amour de la reine et de don Carlos, de quelque nom qu'on veuille le parer, n'est qu'une passion incestueuse. Ils s'aimaient avant l'union de Philippe et d'Élisabeth. A la bonne heure. Montrez-les avant cette union, comme Crébillon Idamante, comme Racine Xipharès; mais dès que l'union est consommée, ils ne peuvent plus paraître

* En 1804.

sans rougir. Supposerez-vous au moins des combats, des remords? non; Carlos ne se plaint que de son malheur, et jamais de sa passion. Il la justifie, il la préconise devant la reine elle-même qui, sans l'approuver hautement, ne cherche pas trop non plus à s'en défendre, et qui, lorsque le jeune prince est condamné, annonce à Philippe qu'elle *aime* son fils. Le roi est indigné de cette tendresse réciproque. Mais on nous le représente comme un tyran cruel et dissimulé : pouvons-nous être bien touchés de son indignation? La tragédie de *Philippe II* est donc complètement immorale. L'intention de l'auteur n'y est pour rien, sans doute; mais il est impossible d'échapper à cette impression, d'autant plus que l'amour de la reine et de don Carlos n'est pas un simple épisode, c'est un des ressorts tragiques, une des conceptions qui amènent le dénouement.

Chénier avait entrepris un poème épique, *la Bataviade*, dont le sujet est la Hollande délivrée par Nassau du joug de Philippe II. Il n'en reste que les deux premiers chants et un fragment du neuvième. Nous ne pouvons donc juger du plan général de l'ouvrage. Les deux chants entiers ne sont guère que deux longues conversations, dont l'une contraste avec l'autre. Dans le premier, c'est Nassau et les officiers de son armée conférant près de Rotterdam et jurant d'exterminer la tyrannie; dans le second, Philippe méditant avec ses ministres sur les moyens de détruire la rebellion. Voilà un début bien lent et bien froid pour un poème épique. Mais de plus ces deux chants sont remplis de froides allégories. On voit apparaître successivement la Liberté, la Tyrannie, la Raison, divinité très philosophique, mais fort peu poétique. Le troisième chant s'ouvre par un songe de Nassau, qui se croit transporté dans le temple de la gloire. Mais nous sommes obligés de le quitter avant son réveil, qui eût peut-être été aussi le réveil du poète.

On lit avec beaucoup plus de plaisir des fragments d'un poème didactique *sur les principes des arts*. Ils ont le grave défaut de n'être pas constamment écrits avec le style du genre. A côté d'une tirade pleine de noblesse et d'aisance, on trouve des vers négligés, quelquefois burlesques ; l'esprit est dérouté par ces disparates, et le bon sens les désapprouve. Je saisis cette occasion pour rappeler que Chénier a fait une traduction de l'Art poétique d'Horace en vers de dix syllabes, et comme j'en ai parlé ailleurs, je me contenterai de dire en passant que cette traduction n'a point du tout le style convenable au sujet, et que celle de M. Daru me semble préférable. Mais l'*Essai sur les principes des arts* renferme sur ce défaut même ou sur un défaut très analogue, d'heureux et poétiques développements. Ne confondez pas les genres, répète sans cesse Chénier, et c'est une vérité que certains poètes et prosateurs de notre époque devraient méditer et comprendre.

Je trouve dans ces fragments l'un et le plus saillant des caractères dont j'ai marqué le talent de Chénier, l'humeur satirique ; non à la vérité cette humeur sévère qui l'a souvent inspiré, mais cette autre humeur à la fois amère et enjouée, dont j'ai dit qu'il nous offrirait de plus rares exemples. Voici ce qu'il dit, injustement peut-être, d'un aimable poète *descriptif* auquel plus tard il a rendu justice. Si les vers sont injustes, ils sont très plaisants :

> Il va *décrire* encor, pour la centième fois,
> Ou le combat du coq, ou le cerf aux abois;
> Tantôt le chantre ailé que baigne une eau limpide,
> Tantôt le bœuf pesant, ou le coursier rapide.
> Un âne, sous les yeux de ce rimeur proscrit
> Ne peut passer tranquille, et sans être *décrit*.
> Un coche est embourbé; notre homme est là tout proche,
> Et, pour *décrire* un peu, s'embourbe avec le coche.

Voici encore ce qu'il dit contre l'abus des ballets dans les opéra :

> Jusque dans les ballets il faut de la raison.
> Je n'aime point à voir les enfants de Jason,
> Égorgés en dansant par leur mère qui danse,
> Sous des coups mesurés expirer en cadence.
> Si le sort a choisi les trois frères romains
> Pour combattre en champ clos les trois frères albains,
> Sied-il qu'en terminant cette lutte homicide
> Du sort d'Albe et de Rome un entrechat décide?

L'*Essai sur la Satire* a de très beaux passages, entre autres une imitation des fameux vers de Juvénal sur Messaline, où Chénier approche de l'orignal.

J'aperçois maintenant un fragment très court d'un poème *sur la Nature*, où je ne lis pas sans quelque plaisir des idées assez communes rendues en vers harmonieux; puis un petit poème *sur l'As-*

semblée des *Notables*, qui me paraît froid et déclamatoire. Je laisse de côté des odes qui ne sont ni assez bonnes, ni assez mauvaises pour nous arrêter, et j'excepte seulement de ce dédain une petite ode gracieuse et dans le goût antique. Je la transcris tout entière :

LA SOLITUDE DE SAINT-MAUR.

Salut! nymphe de la prairie,
Et vous, de ces forêts aimables déités;
Toi, naïade aux flots argentés,
Salut! je viens encore, ô naïade chérie,
Plein d'une douce rêverie,
Demander le repos à tes bords enchantés.

Soumis à des alarmes vaines,
Tu m'entendais jadis soupirer mon ennui;
Tu me revois libre aujourd'hui.
L'amour est un tyran : j'ai dû briser ses chaînes,
Et je viens oublier mes peines
Au sein de l'amitié, moins trompeuse que lui.

Le chasseur dort. L'aube naissante
N'a point encore semé ses roses dans les cieux;
Mais le signal harmonieux,
Le fleuve, la colline au loin retentissante,
Et le cerf, et la meute absente,
Poursuivent dans la nuit son oreille et ses yeux.

Tel, quand la saison des tempêtes
Du matin plus tardif eut rapproché le soir,
Mon cœur brûlait de te revoir.
Loin des enfants du Nord qui grondaient sur nos têtes
Je volais aux rustiques fêtes,
Et Zéphire et les fleurs *égayaient mon espoir.*

Je veux vivre au-delà des âges;
Inspirez-moi des chants qui ne meurent jamais,
Onde paisible, noirs cyprès :
Et que puissent toujours le glaive et les orages
Respecter ce bois, ces rivages,
Et tous les dieux pasteurs y verser leurs bienfaits !

Parmi les épigrammes, je citerai celle-ci sur un député *gascon*, c'est-à-dire tel qu'il ne s'en trouve plus aujourd'hui :

Qué des humains la faiblesse est étrange !
Dit, l'autre jour, un député gascon;
Dépuis neuf ans, émule de Solon,
Avec pitié jé vois commé tout change.
Chaqué parti dévient minorité.
Mais, narguant seul la publique inconstance,
Dépuis neuf ans, grace à ma conscience,
Jé suis toujours dans la majorité.

Je franchirais d'un saut deux contes invraisemblables et trivialement écrits, deux dialogues où l'auteur s'efforce de rire, et ne parvient, ce me semble, qu'à grimacer*, s'il ne m'importait de prouver par quelques exemples ce que j'ai avancé : que Chénier ne sait pas manier la raillerie fine, et blesser en souriant. Pour faire bien entendre ma pensée, je commencerai par citer un passage de Boileau, si habile en ce genre, où ce grand satirique me paraît avoir manqué de sel et de vraisem-

---

* J'excepte toujours quelques détails. Il est impossible qu'un homme de talent, à force de lutter, ne parvienne pas à surprendre quelquefois ce qui paraît le fuir, et à nous faire illusion. J'ai regret de ne pouvoir insister davantage ici sur cette idée qui me paraît très importante.

CHÉNIER (MARIE-JOSEPH DE). 291

blance à la fois. Je ne sais si j'en trouverais un autre dans toutes ses œuvres, mais il suffira pour caractériser clairement ce défaut, très commun dans d'autres écrivains, et qui consiste, selon moi, à exprimer mal à propos ce qu'on devrait laisser deviner au lecteur. Dans la satire du festin, nous rions de ce campagnard qui,

>   Relevant sa moustache,
> Et son feutre à grands poils ombragé d'un panache,
> Impose à tous silence; et d'un ton de docteur:
> Morbleu, dit-il, La Serre est un charmant auteur.
> Ses vers sont d'un beau style, et sa prose est coulante.
> La Pucelle est encore une œuvre bien galante!

Très bien jusque-là; mais quand il ajoute:

> Et je ne sais pourquoi je bâille en la lisant.

S'il faut donner à ce vers le sens le plus naturel, nous trouverons qu'il est invraisemblable que l'homme même le plus ignare le prenne pour un éloge; nous verrons que c'est le sentiment de Boileau, juste fléau de la Pucelle, mis dans la bouche d'un homme supposé l'admirateur de la Pucelle, ce qui n'est ni adroit ni plaisant.

Revenons maintenant à Chénier. Dans son dialogue entre le *public* et un auteur *anonyme*, un certain Cliton, *célèbre à force d'impudence*, est supposé tenir ce langage au second interlocuteur:

>   Mon enfant tu te perds;
> J'ai lu ta prose et tes prétendus vers;
> Tes vers benins et ta prose sans rime
> M'ont ennuyé; *ce n'est pas un grand crime;*

19.

A maint lecteur j'ai vendu de l'ennui;
Le mal qu'on fait, on le reçoit d'autrui, etc.

Je crois encore qu'il y a très peu de naturel et de vérité dans cette plaisanterie, où l'on voit l'auteur se substituer au personnage. Voici un second exemple. Il est tiré du dialogue intitulé : *le Ministre et l'Homme de lettres*. Le *ministre* est d'une niaiserie, et l'*homme de lettres* d'une insolence qui n'ont pas, Dieu merci, de pareilles dans la réalité :

A.

Comment! c'est vous, tant mieux. Soyez le bien venu.
Au ministère enfin me voici parvenu,
Tout prêt à m'occuper du bonheur de la France.
. . . .
Un beau jour, vous-même,
Voulez-vous point sur moi rimer quelque poème?
Me chanter, m'applaudir?

B.

Non, soyez-en certain.

A.

Non?

B.

Qu'étiez-vous hier? un ennuyeux robin;
De ces gens toutefois qu'on aime avec tendresse...

A.

Ah!...

B.

Pour leur cuisinier, ou bien pour leur maîtresse.
Certes! vous avez là deux meubles excellents,
Qui tiennent lieu d'esprit, de savoir, de talents.
Gardez-les bien.

A.

Tenez, je permets que l'on rie;
Mais trêve en ce moment à la plaisanterie.

Où trouver un *homme de lettres* assez mal élevé pour apostropher ainsi un *ministre*, et un *nouveau ministre?* où trouver, je ne dis pas un ministre, mais seulement un simple particulier, qui n'employât pas contre de telles paroles des arguments plus vigoureux?

Aimez donc la raison; que toujours vos écrits
Empruntent d'elle seule et leur lustre et leur prix.

J'aurais bien quelques mots à dire des traductions libres ou imitations d'Ossian, de Virgile, etc., que je trouve à la fin du recueil. J'y remarque en général de la facilité, de l'harmonie et de l'élégance, quelquefois des néologismes. Mais je crains de fatiguer l'attention des lecteurs, en leur laissant plus long-temps attendre ce que j'ai promis de citer des Discours en vers, des Épîtres et des Élégies.

Le plus beau des Discours en vers de Chénier est celui qui a pour titre *de la Calomnie*. C'est là qu'il répond énergiquement à ceux qui n'avaient pas craint de faire de lui le complice de la mort d'un frère. Ces vers sont très connus; je ne les citerai pas. Je vais en prendre au hasard quelques autres pour donner une idée de cette énergie satirique qui domine dans tous les Discours, et généralement dans tous les ouvrages que Chénier a laissés en ce genre :

D'écrivains, d'imprimeurs, quelle horde insensée

Diffame ce bel art de peindre la pensée!
Dans ce nombreux essaim, doublement indigent,
Nul n'a besoin d'honneur, tous ont besoin d'argent.
A la honte aguerris, ces forbans littéraires
Ont mis leur conscience aux gages des libraires.
Envieux par nature, et brigands par métier,
Ils vendent l'infamie à qui veut la payer,
Et meublant de Maret la boutique infernale,
Ils dînent du mensonge, et soupent du scandale.

Et plus loin :

Comme eux nos décemvirs, ces tyrans du génie,
Chérissaient, protégeaient, vantaient la calomnie,
Et du chêne civique ils couronnaient le front
Qu'à Rome on eût flétri d'un solennel affront.
Ah! si quelque insensé défendait leur système,
Regarde, lui dirais-je, et prononce toi-même.
Vois le crime usurpant le nom de liberté,
Rouler dans nos remparts son char ensanglanté;
Vois des pertes sans deuil, des morts sans mausolées;
Les graces, les vertus d'un long crêpe voilées;
Près d'elles le génie éteignant son flambeau,
Et les beaux-arts pleurant sur un vaste tombeau.

Il n'y a point dans les Épîtres de Chénier cette grace, cette finesse qui charment dans les Épîtres d'Horace. Il n'y a point non plus cette familiarité, toujours noble cependant, et toujours poétique, dont Boileau a laissé des modèles. Les Épîtres ne sont pour Chénier que de nouvelles occasions d'épancher cette bile satirique dont ses Discours sont remplis, et qu'il exprime toujours, si je puis le dire, avec la même solennité et la même énergie. L'*épître à Voltaire*, dont je suis loin d'approuver toutes les

pensées, commence d'une manière triviale et qui forme avec la suite un contraste choquant. Chénier ne sait pas
> D'une voix légère
> Passer du grave au doux, du plaisant au sévère.

Mais, à l'exception du commencement, cette pièce est d'un bout à l'autre un vrai chef-d'œuvre de poésie. Les fameux vers sur le prince des poètes :

> Trois mille ans ont passé sur la cendre d'Homère, etc.

et le morceau entier où ils se trouvent sont dans la bouche de tout le monde. Je vais citer un morceau moins connu; c'est le tableau des excès de la régence.

> S'amusant à Paris de la commune ivresse,
> Plutus ôtait, rendait, retirait tour à tour
> Ses dons capricieux, et sa faveur d'un jour.
> Le laquais enrichi, prompt à se méconnaître,
> Se carrait dans l'hôtel qu'abandonnait son maître,
> Et, de ce même hôtel, le lendemain chassé,
> Par son laquais d'hier se trouvait remplacé.
> En soutane écarlate on voyait le scandale
> Souiller de Fénelon la mitre épiscopale.
> Plus de frein, le plaisir fut le cri de la cour;
> De quelque jansénisme on accusait l'amour;
> Et Philippe, entouré de cent beautés piquantes,
> Semblait le Dieu du Gange au milieu des Bacchantes.

De trois Élégies de Chénier qui nous restent, la plus belle, sans contredit, est celle qui a pour titre *la Promenade*. Il est rare néanmoins d'y trouver les qualités propres de l'élégie. Je le répète, Chénier n'avait pas un talent flexible, et l'empreinte vigoureuse de la satire se retrouve encore dans ses chants de douleur. Plusieurs journaux ont cité le beau morceau qui commence par

Saint-Cloud! je t'aperçois......

Je terminerai cette analyse en mettant sous les yeux des lecteurs la fin de cette même pièce, où respire une mélancolie plus douce et plus tendre que dans tout le reste, et dont les vers appartiennent réellement au genre élégiaque :

> Que je repose en paix sous le gazon rustique,
> Sur les bords du ruisseau frais et mélancolique!
> Vous, amis des humains, et des chants et des vers,
> Par un doux souvenir peuplez ces lieux divers ;
> Suspendez aux tilleuls qui forment ces bocages,
> Mes derniers vêtements mouillés de tant d'orages.
> Là, quelquefois encor daignez vous rassembler ;
> Là, prononcez l'adieu. Que je sente couler
> Sur le sol enfermant mes cendres endormies
> Des mots partis du cœur et des larmes amies!

On n'aurait de Chénier qu'une idée incomplète, si l'on se bornait à lire ses poésies. Chénier était un littérateur instruit et habile, et un bon écrivain en prose Son *Tableau de la Littérature française* depuis 1789, et plusieurs fragments de littérature, méritent d'être lus et étudiés. Ce n'est pas qu'ils renferment beaucoup d'idées neuves, mais en général les vues en sont justes et saines. L'auteur, pour éviter de trop longs développements, tombe quelquefois dans l'excès contraire, et fait passer sous nos yeux avec une extrême rapidité des tableaux qui laissent des impressions trop fugitives.

Mais peut-être était-ce là une condition nécessaire du sujet qu'il avait choisi. Le nombre des ouvrages, souvent le genre de ces ouvrages même, qui, au défaut d'un examen spécial et approfondi, ne voulaient qu'être indiqués, de peur qu'on ne prît la mesure de l'analyse pour la mesure de leur mérite, déterminèrent la marche qu'il crut devoir adopter. Il en résulte que, par un singulier contraste, le *Tableau de la Littérature* paraît substantiel dans la forme, parce que Chénier y conserve toujours ce sérieux, cette énergie, et, pour le dire encore, cette solennité qu'il a portés dans ses poésies, tandis que le fond de l'ouvrage est assez superficiel.

Un éloge qu'il faut s'empresser de donner à l'auteur, parce qu'il avait besoin pour le mériter de s'affranchir de beaucoup de préjugés, et de contredire même beaucoup de jugements que lui avaient inspirés auparavant ses injustes dégoûts, c'est qu'il fait preuve, dans son examen des auteurs contemporains, d'une assez grande impartialité. Ainsi, cet homme qui avait lancé tant d'épigrammes sanglantes contre La Harpe, Delille, madame de Genlis, et qui avait montré de la mauvaise foi ou une passion bien aveugle en ne restreignant par aucun éloge ses satires amères, ce même homme, lorsqu'il se charge du rôle de critique, comme s'il ne lui était plus possible de composer avec lui-même, et de frustrer d'un légitime tribut d'éloges les auteurs dont il n'avait semblé voir que les défauts, change tout-à-coup de ton et de style, blâme avec ménagement, et admire avec franchise. Il fait l'analyse des romans de madame de Genlis, et il faut conclure de cette analyse que dans presque tous on trouve quelque chose à louer, et que celui de *Mademoiselle de Clermont* est *charmant d'un bout à l'autre*. Quand on songe à l'acharnement qu'il avait mis dans ses satires contre Delille, on ne peut lire sans étonnement cette phrase où il fait en quelque sorte son apothéose : « Nous rendons hommage à ce talent inépuisable « qui, bravant la délicatesse outrée de notre langue « poétique, a su vaincre ses dédains et la dompter « pour l'enrichir; dont les défauts brillants sont et « seront trop imités, mais dont les beautés, presque « sans nombre, auront trop peu d'imitateurs; à qui « nous devons huit poèmes; qui fut célèbre à son « début; qui écrit depuis quarante ans, mais qui « n'a fatigué que l'envie, et dont le nom restera fa- « meux. » Le rapport fait à l'Institut sur le *Cours de Littérature* de La Harpe est sévère, mais juste, et tout ce qu'on peut louer dans cet ouvrage célèbre est loué par Chénier. Je regretterai seulement qu'il ait conservé, même dans cette partie de ses œuvres, des préventions injustes contre un écrivain, et que cet écrivain soit l'auteur des *Martyrs* et du *Génie du Christianisme*.

A. F. Théry.

MORCEAUX CHOISIS.

I. Mort d'Anne de Boulen.

Sire, chargé par vous d'un ordre de clémence,
Je courais à la mort enlever l'innocence:
Je vois de tous côtés vos sujets éperdus,
Vos malheureux sujets à grands flots répandus
Dans la place où leur reine, indignement traînée,

Devait sur l'échafaud finir sa destinée.
Ils venaient voir mourir ce qu'ils ont adoré.
Je vole au-devant d'eux, et, d'espoir enivré,
En mots entrecoupés, de loin, tout hors d'haleine,
Je m'écrie : « Arrêtez! sauvez, sauvez la reine!
« Grace, pardon : je viens, je parle au nom du roi. »
Ils ne m'ont répondu que par un cri d'effroi.
A ces clameurs succède un plus affreux silence;
J'interroge : on se tait. Je frémis, je m'avance :
Je lis dans tous les yeux; je ne vois que des pleurs :
Un deuil universel remplissait tous les cœurs,
J'étais glacé de crainte; et cependant la foule
S'entr'ouvre, me fait place, et lentement s'écoule :
J'arrive au lieu fatal, j'appelle.... Il n'est plus temps!
O reine, j'aperçois vos restes palpitants!
J'ai vu son sang, j'ai vu cette tête sacrée
D'un corps inanimé maintenant séparée;
Ses yeux, environnés des ombres de la mort,
Semblaient vers ce séjour se tourner sans effort,
Ses yeux où la vertu répandait tous ses charmes,
Ses yeux encor mouillés de leurs dernières larmes :
Femmes, enfants, vieillards, regardaient en tremblant
Ces augustes débris, ce front pâle et sanglant.
Des vengeances des lois l'exécuteur farouche,
Lui-même, consterné, les sanglots à la bouche,
Détournait ses regards d'un spectacle odieux,
Et s'étonnait des pleurs qui tombaient de ses yeux.
Mille voix condamnaient des juges homicides.
J'ai vu des citoyens baisant ses mains livides,
Racontant ses bienfaits, et, les bras étendus,
L'invoquer dans le ciel, asyle des vertus.
Au milieu de l'opprobre on lui rendait hommage.
Chacun tenait sur elle un différent langage,

Mais tous la bénissaient; tous, avec des sanglots,
De ses derniers discours répétaient quelques mots.
Elle a parlé d'un frère, honneur de sa famille,
Du roi, de vous, Madame, et surtout de sa fille.
A ses tristes sujets elle a fait ses adieux,
Et son âme innocente a monté vers les cieux.
Henri VIII, act. V, sc. 5.

II. Sur la Calomnie.

. . . .
Narcisse et Tigellin, bourreaux législateurs,
De ces menteurs gagés se font les protecteurs :
De toute renommée envieux adversaires,
Et d'un parti cruel plus cruels émissaires,
Odieux proconsuls, régnant par des complots,
Des fleuves consternés ils ont rougi les flots.
J'ai vu fuir, à leur nom, les épouses tremblantes;
Le moniteur fidèle, en ses pages sanglantes,
Par le souvenir même inspire la terreur,
Et dénonce à Clio leur stupide fureur.
J'entends crier encor le sang de leurs victimes;
Je lis en traits d'airain la liste de leurs crimes:
Et c'est eux qu'aujourd'hui l'on voudrait excuser!
Qu'ai-je dit? on les vante, et l'on m'ose accuser!
Moi, jouet si long-temps de leur lâche insolence,
Proscrit pour mes discours, proscrit pour mon silence,
Seul, attendant la mort quand leur coupable voix
Demandait à grands cris *du sang et non des lois!*
Ceux que la France a vus ivres de tyrannie,
Ceux-là même, dans l'ombre armant la calomnie,
Me reprochent le sort d'un frère infortuné
Qu'avec la calomnie ils ont assassiné!
L'injustice agrandit une âme libre et fière.
Ces reptiles hideux, sifflant dans la poussière,

En vain sèment le trouble entre son ombre et moi :
Scélérats, contre vous elle invoque la loi.
Hélas ! pour arracher la victime aux supplices,
De mes pleurs chaque jour fatiguant vos complices,
J'ai courbé devant eux mon front humilié;
Mais ils vous ressemblaient, ils étaient sans pitié.
Si, le jour où tomba leur puissance arbitraire,
Des fers et de la mort je n'ai sauvé qu'un frère
Qu'au fond des noirs cachots Dumont avait plongé,
Et qui deux jours plus tard périssait égorgé,
Auprès d'André Chénier avant que de descendre,
J'élèverai la tombe où manquera sa cendre,
Mais où vivront du moins et son doux souvenir,
Et sa gloire, et ses vers dictés pour l'avenir.
Là, quand de thermidor la septième journée
Sous les feux du lion ramènera l'année,
O mon frère ! je veux, relisant tes écrits,
Chanter l'hymne funèbre à tes mânes proscrits :
Là, souvent tu verras près de ton mausolée,
Tes frères gémissants, ta mère désolée,
Quelques amis des arts, un peu d'ombre, et des fleurs;
Et ton jeune laurier grandira sous mes pleurs.

Ah ! laissons-là mes jours mêlés de noirs orages :
Voulons-nous remonter le long fleuve des âges ?
Partout la calomnie a, de traits imposteurs,
Du genre humain trompé noirci les bienfaiteurs,
Contre leur souvenir elle ose armer l'histoire :
Dans la nuit, sur le seuil du temple de mémoire,
Elle veille, et combat l'auguste vérité
Qui s'avance à pas lents vers la postérité.
Aux intrigues de cour c'est elle qui préside :
Souvent elle embrasa de sa flamme homicide
Le tribunal auguste où dut siéger Thémis.

O juges des Calas, vous lui fûtes soumis.
Ses clameurs poursuivaient Abailard sous la haire,
L'Hospital au conseil, Fénelon dans la chaire,
Turenne et Luxembourg sous les tentes de Mars;
Denain même la vit sur les pas de Villars;
Et Catinat, couvert des lauriers de Marsailles,
Au lever de Louis la trouva dans Versailles.
Les Cévennes long-temps ont redouté sa voix;
Elle guidait Bâville; elle inspirait Louvois.
N'est-ce pas elle encor qui, dans Athène ingrate,
Exilait Aristide, empoisonnait Socrate?
Qui dans Rome opprimée égorgeait Cicéron,
Ouvrait les flancs glacés du maître de Néron?
Elle espéra flétrir de son poison livide
La palme de Virgile et le myrthe d'Ovide.
Si l'arrêt d'un tyran fait massacrer Lucain,
Chez un peuple asservi chantre républicain;
Du vulgaire envieux si la haine frivole
A l'Homère toscan ferme le capitole;
Si je vois du théâtre et l'amour et l'orgueil,
Molière admis à peine aux honneurs du cercueil :
Milton vivant proscrit, mourant sans renommée,
Et la muse du Tage à Lisbonne opprimée;
Helvétius contraint d'abjurer ses écrits;
Le Pindare français loin des murs de Paris
Fuyant avec la gloire, et cherchant un asyle;
Les cités se fermant devant l'auteur d'Émile :
Sur l'éternel fléau de leurs jours malheureux,
J'interroge, en pleurant, ces mortels généreux :
Leurs mânes irrités nomment la calomnie.
On ne vit pas toujours son audace impunie.
Pope chez les Anglais, Voltaire parmi nous,
Souillés des noirs venins de ces serpents jaloux,

Repoussant les conseils d'une molle indulgence,
A leurs vers enflammés dictèrent la vengeance.
Guidé par le plaisir vers ces divins écrits,
Le lecteur indigné confond dans son mépris,
Les Blacmores français, les Frérons d'Angleterre :
L'avenir tout entier leur déclare la guerre :
Pour l'effroi des méchants un immortel burin
Grava ces noms flétris sur des tables d'airain.
O poètes de l'homme, et mes brillants modèles,
Ainsi que vous noirci de crayons infidèles,
A Windsor, à Ferney, sous de riants berceaux,
J'irai de vos couleurs abreuver mes pinceaux.

. . . .

Le talent me fut cher; et si des derniers âges
Souvent j'ai célébré les chantres et les sages,
Je n'ai pas prétendu, dans mes dégoûts savants,
De la gloire des morts accabler les vivants.
Que, suivant à son gré ces routes incertaines,
Clément veuille égaler Zoïle et Desfontaines;
Que dans ses lourds écrits, froidement irrité,
Il dénonce son siècle à la postérité :
Ma voix, pour décerner un hommage équitable,
N'attend pas que le temps, de sa faux redoutable,
Ait réuni Saint-Pierre, à Jean-Jacque, à Buffon,
Garat à Condillac, et Lagrange à Newton.
Les illustres vivants seront des morts illustres;
A l'humaine injustice épargnons quelques lustres :
Au sein du présent même écoutant l'avenir,
Certain de ses décrets, je veux les prévenir.
J'aime à voir Andrieux, avoué par Thalie,
Des humains, en riant, crayonner la folie;
Parny dicter ses vers mollement soupirés;
En ses malins écrits, avec goût épurés,

Palissot aiguiser le bon mot satirique;
Le Brun ravir la foudre à l'aigle pindarique;
Delille, nous rendant le cygne aimé des dieux,
Moduler avec art ses chants mélodieux;
Et, de l'Eschyle anglais évoquant la grande ombre,
Ducis tremper de pleurs son vers tragique et sombre.
Si La Harpe autrefois, blessant la vérité,
Voulut noircir mes jours d'un fiel non mérité,
Oubliant sa brochure et non pas *Mélanie*,
Au temps où sa vieillesse allait être bannie,
Plein du respect qu'on doit au talent malheureux,
J'ai du moins adouci des coups trop rigoureux.

. . . .

CHÉRON (Louis-Claude) est né à Paris, le 28 octobre 1758. Son père attaché à l'administration des forêts, le destina à suivre la même carrière. Le jeune Chéron, dans les loisirs que lui laissaient les études préparatoires de ses emplois futurs, cultivait les lettres, mais sans prétention. A vingt-sept ans, il composa une comédie en deux actes et en vers, intitulée *le Poète anonyme*; ce coup d'essai était trop faible pour être admis aux honneurs de la représentation : l'action est nulle; mais le style à de la grace et de l'élégance. En 1790, Chéron fut nommé administrateur du département de Seine-et-Oise; et, un an après, député à l'assemblée législative et membre du comité des domaines. Les opinions sages, et modérées qu'il manifesta lui attirèrent la haine des révolutionnaires : il fut arrêté, et ce n'est qu'après le 9 thermidor qu'il recouvra sa liberté. En 1798, ayant refusé les fonctions de membre du conseil des cinq-cents, il vécut dans la retraite et se livra de nouveau à son goût pour la littérature. Sous le gouvernement impérial, il fut appelé à la place de préfet du département de la Vienne; et deux ans après il mourut à Poitiers, le 13 octobre 1807.

Son premier, pour ne pas dire son seul titre littéraire est la comédie du *Tartufe de Mœurs*, en cinq actes et en vers. Cette pièce, jouée pour la première fois le 10 mars 1789, sous le titre de *l'Homme à sentiments*, fut réduite en trois actes, et, sous celui du *Moraliseur*, reparut en 1801. Elle fut imprimée la même année avec le titre de *Valsain et Florville*; enfin, en mars 1805, elle fut remise en 5 actes et jouée au Théâtre-Français, sous le titre du *Tartufe de Mœurs* qu'elle a définitivement gardé. C'est une imitation du *the School for Scandal* (l'École de la Médisance) de Shéridan. La comédie anglaise offre deux tableaux bien tracés, et bien distincts: la peinture vive et gaie des calomnies, des caquets et des scandales du grand monde, et celle de l'hypocrisie de mœurs. Chéron des deux tableaux a choisi le dernier pour le reproduire sur la scène française, et il n'est pas resté au-dessous de son modèle. Le caractère de Valsain est tracé avec vigueur : il est théâtral. Ce devrait être le premier rôle de la pièce, et le seul qui fixât l'attention; cependant il serait trop odieux s'il n'était adouci par l'amabilité, l'étourderie, la gaieté de son jeune frère. La scène des portraits de famille n'est pas aussi vivement intriguée que celle du paravent; mais elle est plus enjouée et d'un intérêt plus doux. Le style a de la grâce et du naturel; on le désirerait généralement plus soigné.

Chéron a traduit le roman de *Tom Jones* de Fielding. Les traductions qu'en avaient déjà données Laplace et M. Laveaux, quoique estimables, laissaient quelque chose à désirer. Chéron tenta de faire mieux, et il réussit; son travail fut apprécié, et ce n'est que dans sa traduction que les personnes qui ne savent pas l'anglais peuvent prendre une idée de *Tom Jones*. Le seul reproche qu'on pourrait lui faire, si c'en est un, est d'avoir traduit avec trop de fidélité : on sait quelquefois gré à celui qui nous épargne les longueurs, les inutilités, les répétitions, et l'on ne peut se dissimuler qu'il n'y en ait dans ce roman. Chéron a voulu donner une traduction exacte et complète : voilà l'excuse qui le justifie.

Ses autres ouvrages sont presque oubliés aujourd'hui. A peine si l'on se souvient d'une tragédie en trois actes et en vers, intitulée *Caton d'Utique*, et imitée d'Addisson, qui parut en 1789. Il a encore traduit de l'anglais les *Leçons de l'enfance, par miss Maria Edgeworth*, 1803, 5 vol. in-16, et les *Lettres sur les principes élémentaires d'éducation par Elis. Hamilton*, 1803, 2 vol. in-8°. Chéron a laissé en manuscrit une comédie en cinq actes et en vers et deux comédies en un acte, reçues au Théâtre-Français, qui ne s'est pas empressé de les faire représenter. Les manuscrits qu'il a laissés à sa famille n'ont pas vu le jour : on dit qu'ils consistent en une tragédie d'*Othello*, en cinq actes, une comédie également en cinq actes et en vers, une traduction des meilleures odes d'Horace, et un grand nombre de poésies fugitives.

Ph. T.

CHESTERFIELD (Philippe Dormer Stanhope, comte de), né à Londres, le 22 septembre 1694, s'est acquis une grande célébrité, comme orateur et comme écrivain. Il acheva ses études à l'université de Cambridge, où il fut imbu de ces vieilles méthodes plus propres à former des savants que des hommes du monde et sur-tout des hommes d'état. A son entrée dans la société, il reconnut, de son propre aveu, qu'il n'avait que du pédantisme, et chercha promptement à se défaire de cette rouille de l'école. « Quand je voulais bien « parler, écrivait-il à son fils, je copiais Horace; « quand je voulais faire le plaisant, je citais Martial, et quand je voulais paraître un homme du « monde, j'imitais Ovide. J'étais convaincu qu'il n'y « avait que les anciens qui eussent le sens commun, « et qu'on trouvait dans leurs ouvrages tout ce « qui pouvait être nécessaire, utile ou agréable à « l'homme. » Le jeune Stanhope fit un voyage à Paris, et c'est là qu'admis dans la bonne compagnie, il acheva de corriger le vice de son éducation. A l'avènement de Georges Ier, il fut placé dans la maison du prince de Galles, en qualité de gentilhomme de la chambre, et, quelque temps après, il fut élu membre du parlement. Le premier discours qu'il prononça à la chambre des communes surprit tous les assistants, par l'énergie des opinions, et en même temps les séduisit par l'élégance et la grace d'une diction facile. L'éclat de ses talents le fit, en 1728, nommer à l'ambassade de Hollande; et le succès de cette mission lui fit obtenir à son retour la vice-royauté d'Irlande, qu'il ne quitta qu'en 1748 pour occuper la place de secrétaire d'état. Des travaux continuels et des voyages réitérés avaient affaibli sa santé; il eut le bon esprit de renoncer aux affaires pour consacrer la fin de sa carrière à l'étude, et à la société de quelques amis : il était intimement lié avec Pope, Swift, Bolingbrocke et Samuel Johnson. Une surdité presque complète, et d'autres infirmités, souvent inséparables de la vieillesse, influèrent sur son caractère, et répandirent un chagrin visible sur les derniers jours d'une vie jusque-là si brillante et si heureuse. Il mourut à Londres, le 24 mars 1773, âgé de soixante-dix-neuf ans. Après sa mort, la veuve de son fils fit imprimer les *Lettres* que dans une longue suite d'années il avait écrites à ce fils, pour lui donner des conseils sur la manière de se conduire dans le monde. Ces *Lettres* ont été traduites en français, et ont paru à Amsterdam, 1776, 4 vol. in-12. On les a réimprimées à Paris, 1812, 4 vol. in-12. Les *œuvres complètes* de Chesterfield ont eu en Angleterre plusieurs éditions, 1775, 8 vol. in-8°; 1778, 4 vol. in-4°, et 1806, 4 vol. in-8°.

PH. T.

JUGEMENT.

Peu d'hommes ont parcouru une carrière plus

brillante que lord Chesterfield. Il eut le rare bonheur d'obtenir tous les genres de succès qu'il paraît avoir recherchés. Né avec tous les avantages du rang et de la fortune, il reçut de la nature une figure noble et agréable, qui s'embellit encore de la grace et de la politesse des manières, d'un langage élégant et facile, et de toutes les ressources d'un esprit cultivé, tour à tour gai, plaisant, solide et toujours animé. Sans avoir la châleur, ni l'originalité, ni la profondeur des vues qui ont illustré les grands orateurs du parlement britannique, son élocution, plus douce et plus insinuante, plus précise, et mieux ordonnée, suppléait par la grace, par l'élégance et sur-tout par la solidité du jugement, aux qualités plus puissantes qui lui manquaient. Aussi peu d'orateurs se faisaient écouter avec plus d'intérêt et une attention plus flatteuse; et il en est très peu dont les discours soutinrent comme les siens à la lecture la réputation qu'ils avaient obtenue à la tribune. Le talent de lord Chesterfield, comme écrivain, ne s'est montré que dans un petit nombre d'essais de morale, de critique ou de plaisanterie, insérés la plupart dans quelques ouvrages périodiques du genre du *Spectateur*; dans ceux de ses discours parlementaires qui ont été imprimés; mais surtout dans le recueil de ces *Lettres* à son fils qui ont fait tant de bruit dans toute l'Europe. Elles sont remarquables par la solidité jointe aux agrémens de l'esprit, par une connaissance profonde des mœurs, des usages et de l'état politique de l'Europe, par l'instruction variée et intéressante qui s'y présente toujours sous une forme agréable et facile ; par l'élégance noble et naturelle qui convient à un homme du monde, et par un art de style, qui honorerait l'écrivain le plus exercé. Un simple recueil de lettres a suffi pour placer lord Chesterfield au rang des premiers écrivains de sa nation. Il est peu d'ouvrages anglais où le style se rapproche davantage des formes grammaticales de la langue française ; c'est que cette langue était extrêmement familière à lord Chesterfield, comme elle l'était à Bolingbrocke, à Hume, à Gibbon, et à quelques autres auteurs à qui les anglais ont reproché d'avoir introduit dans leur style beaucoup de tournures et de locutions françaises. Mais les différents genres de mérite qui donnèrent tant de vogue aux *Lettres* de Chesterfield ne purent effacer le scandale qu'excita le genre de morale qui en était le fond principal. On dut être en effet aussi étonné que choqué de voir un père recommander à chaque instant à son fils les graces du maintien et la politesse des manières, comme les qualités les plus essentielles qu'un homme du monde puisse acquérir. Il veut en faire un homme à bonnes fortunes, et lui indique lui-même des femmes très connues qu'il peut attaquer avec confiance et dont il lui présente la conquête comme facile. Ce langage de mœurs frivoles à la fois et corrompues ne pouvait trouver d'apologistes.

Suard, *Biographie universelle.*

MORCEAUX CHOISIS.

I. Lord Chesterfield à son fils.

Mon cher ami,

Je vous ai envoyé tant de lettres pour vous préparer au séjour de Paris, que celle-ci, que vous y trouverez en arrivant, sera seulement un sommaire de toutes les autres.

Vous avez eu jusqu'ici plus de liberté qu'aucune personne de votre âge n'en eut jamais, et je dois vous rendre la justice que vous en avez fait un meilleur usage que n'auraient fait la plupart des jeunes gens; mais aussi, quoique vous n'eussiez point de geôlier, vous aviez un ami près de vous. A Paris, bien loin d'être sous les verrous, vous serez abandonné à vous-même. Votre bon sens doit vous servir de guide; j'y compte avec confiance, et je suis convaincu que je recevrai, sur votre conduite à Paris, des renseignements capables de me satisfaire. Jouissez des plaisirs innocents de la jeunesse, vous ne pouvez faire mieux; mais sachez en homme de mérite les épurer et les ennoblir; qu'ils élèvent au lieu de rabaisser, qu'ils ornent au lieu de dégrader votre caractère; en un mot, que ce soient les plaisirs d'un gentilhomme partagés avec vos égaux au moins, mais plutôt avec vos supérieurs, et sur-tout avec des Français.

Examinez le caractère des divers étudiants avant de former de liaison avec aucun d'eux, et tenez-vous mieux sur vos gardes à l'égard de ceux qui vous feront le plus d'avances. Vous ne sauriez passer trop de temps à l'université; mais vous pouvez y étudier utilement, si vous êtes économe de vos loisirs, et si vous employez uniquement à la lecture des bons livres ces quarts d'heure, ces demi-heures qui s'offrent à chacun dans le cours d'une journée, et qui, à la fin de l'année, s'élèvent à une somme de temps si considérable. Consacrez régulièrement une portion de chaque jour au grec; je n'entends pas aux poètes grecs, aux chansons légères d'Anacréon, aux tendres plaintes de Théocrite, ou même au langage des halles qu'Homère prête à ses héros : voilà ceux que connaissent un peu tous les demi-savants en grec, ceux qu'ils citent souvent, et dont ils parlent toujours; j'entends Platon, Aristote, Démosthène, Thucydide, que les seuls adeptes connaissent bien. C'est la connaissance du grec qui vous distinguera dans le monde savant : le latin ne suffirait pas; et il faut étudier le grec à fond pour s'en souvenir, car il ne se présente pas journellement comme le latin. Quand vous lisez de l'histoire, ou d'autres livres d'amusement, que chacune des langues que vous possédez ait son tour; ainsi vous pourrez non-seulement les retenir, mais même faire des progrès dans toutes. Je vous engage aussi à parler allemand et italien avec tous les Allemands et les italiens que vous aurez occasion d'entretenir. Ce sera une attention très agréable et très flatteuse pour eux, et en même temps très profitable pour vous.

Appliquez-vous, je vous prie, avec soin à vos exercices; car, quoiqu'il n'y ait pas un fort grand mérite à y réussir, s'en mal acquitter a quelque chose d'ignoble, de vulgaire et de ridicule.

Je vous envoie une lettre de recommandation adressée au marquis de Matignon, et je voudrais que vous pussiez la lui présenter dans le plus court délai. Je suis sûr que vous éprouverez les bons effets de sa généreuse amitié pour moi et pour lord Bolingbrocke qui lui a écrit également à votre sujet.

Par le moyen de cette lettre et des autres que je vous ai déjà envoyées, vous serez d'abord si bien introduit dans la meilleure société française, que vous auriez de la peine à en voir une mauvaise : mais ce n'est pas ce que je crains de votre part; vous avez, j'en suis sûr, une ambition trop haute pour préférer une compagnie méprisable et déshonorante à celle de vos supérieurs par le rang et par l'âge. Votre réputation et en conséquence votre fortune dépendent absolument de la compagnie que vous verrez, et du ton que vous prendrez à Paris. Je n'entends pas le moins du monde que vous deviez prendre un air pédant : au contraire, il vous faut un air vif et enjoué, mais en même temps élégant et distingué.

Fuyez soigneusement les tracasseries et les querelles. Elles dégradent singulièrement le caractère, et sont sur-tout dangereuses en France, où un homme est déshonoré s'il ne se venge pas d'un affront, et absolument perdu s'il se venge. Les jeunes Français sont vifs, étourdis, pétulants et très patriotes. Évitez de blesser l'esprit national par des plaisanteries ou par des réflexions qui sont toujours inconvenantes et ordinairement injustes. Les peuples du nord, qui sont plus froids, regardent généralement les Français comme une nation frivole, uniquement occupée de siffler, de chanter et de danser. Cette idée me paraît fort loin d'être exacte, quoique beaucoup de *petits-maîtres* semblent par leur conduite la justifier; mais ces mêmes *petits-maîtres*, lorsqu'ils sont mûris par l'âge et par l'expérience, deviennent souvent des hommes de mérite. Le nombre des grands généraux et des hommes d'état, aussi bien que celui des grands écrivains que la France a produits, est une preuve incontestable que ce n'est pas une nation légère, frivole et irréfléchie, comme le supposent les préjugés des peuples septentrionaux. Paraissez d'abord tout goûter, tout approuver, et je vous promets que dans la suite vous goûterez et vous approuverez en effet bien des choses. Je compte que vous m'écrirez régulièrement une fois par semaine, et je désire que ce soit le jeudi : j'espère que vos lettres m'informeront de vos occupations personnelles; non pas de ce que vous verrez, mais de ceux que vous verrez, et de ce que vous ferez.

Soyez vous-même votre surveillant maintenant que vous n'en aurez point d'autre.

Quant au don de parler avec aisance, je vous répète encore qu'il n'y a rien de si nécessaire, et que tous les autres talents sans celui-là sont absolument inutiles ailleurs que dans le cabinet.

II. Portrait de lord Chatam.

Voyez CHATAM.

CHOEUR. Si l'on en croit les admirateurs de l'antiquité, la tragédie a fait une perte considérable en renonçant à l'usage du chœur. Mais, 1° sur le théâtre ancien il était souvent déplacé; 2° lors même qu'il y était employé le plus à propos, ses inconvénients balançaient au moins ses avantages; 3° quand même il serait vrai qu'il convenait au genre de la tragédie ancienne, il n'en serait pas moins incompatible avec le système tout différent de la tragédie moderne, et avec la nouvelle forme de nos théâtres.

D'abord le chœur étant devenu, d'acteur principal qu'il était sur le chariot de Thespis, un personnage subalterne, un simple confident de la scène tragique*, on se fit une habitude de l'y voir; cette habitude le mit en possession du théâtre. Le chœur chantait: les grecs voulaient de la musique; le chœur représentait le peuple, et le peuple aimait à se voir dans la confidence des grands; le chœur faisait décoration, et on l'employait à remplir le vide d'un théâtre immense.

Rien de plus convenable, de plus touchant et de plus beau que de voir, dans la tragédie des *Perses*, les vieillards choisis par Xercès pour gouverner en

---

* Cette révolution littéraire qui abaissa le chœur au rang de personnage subalterne ne se fit pas si rapidement que semble le dire Marmontel. Dans *les Suppliantes* d'Eschyle le chœur est le héros de la pièce, il occupe un des premiers rangs parmi les personnages dans *les Euménides* et *les Perses* du même poète; dans ses quatre autres tragédies, dans *les sept Chefs*, *Agamemnon*, *les Coephores*, *Prométhée*, il a sans doute moins d'importance, mais il est encore vivement intéressé à l'action. Il s'efface davantage dans Sophocle et plus encore dans Euripide, et arrive progressivement à n'être plus qu'un témoin du drame, et comme le dit Marmontel *un simple confident de la scène tragique*.   H. PATIN.

son absence, attendre avec inquiétude le succès de la bataille de Salamine, environner le courrier qui en porte la nouvelle; interrompre par des cris de douleur le récit de ce grand désastre.

Rien de plus terrible que le chœur des Euménides, dans la tragédie de ce nom* : on dit que l'effroi qu'il causa fut tel que dans l'amphithéâtre les femmes enceintes avortèrent. Depuis cet accident, le chœur, qui était composé de cinquante personnes, fut réduit à quinze, et puis à douze; moins à la vérité pour affaiblir l'impression du spectacle que pour en diminuer les frais.

Rien de plus naturel et de plus pathétique que

---

* Diderot, dans *les entretiens sur le Fils naturel* placés à la suite de son drame, et dans lequel il développe des idées ingénieuses sur l'art dramatique, cherche à se représenter l'effet des Euménides d'Eschyle. Voici le morceau qui est curieux :

« Je ne demanderais, pour changer la face du genre dramatique, qu'un
« théâtre très étendu, où l'on montrât, quand le sujet d'une pièce l'exigerait
« une grande place avec les édifices adjacents, tels que le péristile d'un palais,
« l'entrée d'un temple, différents endroits distribués de manière que le specta-
« teur vit toute l'action, et qu'il y en eut une partie de cachée pour les acteurs.

« Telle fut peut-être autrefois le scène des Euménides d'Eschyle. D'un
« côté c'était un espace sur lequel les furies déchaînées cherchaient Oreste
« qui s'était dérobé à leur poursuite, tandis qu'elles étaient assoupies : de
« l'autre on voyait le coupable, le front ceint d'un bandeau, embrassant les
« pieds de la statue de Minerve, et implorant son assistance. Ici, Oreste,
« adresse sa plainte à la déesse. Là, les furies s'agitent; elles vont, elles vien-
« nent, elles courent. Enfin une d'elles s'écrie : *Voici la trace du sang que*
« *le parricide a laissé sur ses pas.... je le suis...je le sens....* Elle marche, ses
« sœurs impitoyables la suivent. Elles passent de l'endroit où elles étaient dans
« l'asyle d'Oreste. Elles l'environnent en poussant des cris, en frémissant de
« rage, en secouant leurs flambeaux. Quel moment de terreur et de pitié, que
« celui où l'on entend la prière et les gémissements du malheureux percer à tra-
« vers les cris et les mouvements effroyables des êtres cruels qui le cherchent! etc.

H. P.

d'entendre, dans la tragédie d'*Œdipe*, ce roi environné des enfants des Thébains, conduits par le grand-prêtre, ouvrir la scène par ces mots : « Infor-
« tunés enfants ; tendre race de l'antique Cadmus,
« quel sujet de tristesse vous rassemble en ces lieux?
« que veulent dire ces bandelettes, ces branches,
« ces symboles des suppliants !.... Quelle crainte,
« quelle calamité, quel malheur présent ou futur
« vous réunit aux pieds des autels ? Parlez; me voici
« prêt à vous secourir : je serais insensible, si je
« n'étais ému d'un spectacle si touchant. »

Et le prêtre lui répondre : « Vous voyez, grand
« roi, cette troupe inclinée aux pieds de nos autels.
« Voici des enfants qui se soutiennent à peine, des
« sacrificateurs courbés sous le poids des années,
« et des jeunes hommes choisis. Pour moi, je suis
« le grand-prêtre du souverain des dieux. Le reste
« du peuple, orné de couronnes, est dispersé dans
« la place; les uns entourent les temples de Jupiter
« et de Pallas, les autres sont autour des autels
« d'Apollon sur le bord du fleuve. La cause d'une
« si vive douleur ne vous est pas inconnue. Hélas!
« Thèbes, presque ensevelie dans un océan de maux,
« peut à peine lever la tête au-dessus des abîmes
« profonds qui l'environnent. Déjà la terre a vu
« périr les moissons naissantes et les tendres trou-
« peaux. Les enfants expirent dans le sein de leurs
« mères. Un Dieu ennemi, un feu dévorant, une
« peste cruelle ravagent la ville et enlèvent les habi-
« tants. Le noir Pluton, enrichi de nos pertes, se rit
« de nos gémissements et de nos pleurs. Tournés vers

« les autels de votre palais, nous vous invoquons,
« sinon comme un Dieu, du moins comme le plus
« grand des hommes, seul capable de soulager
« nos maux et d'appaiser la colère du ciel. »

Quelquefois aussi un dialogue plus pressé du chœur avec le personnage en action, était naturel et touchant, comme on le voit dans le *Philoctète*.

Mais s'il y a dans le théâtre grec quelques exemples de cet heureux emploi du chœur, combien de fois ne l'y voit-on pas inutile, oiseux, importun, et contre toute vraisemblance? Quelle apparence que Phèdre confie sa honte aux femmes de Trezéne? De quel secours est à l'innocence d'Hippolyte ce chœur de femmes, ce témoin muet, qui, le voyant condamné par son père, se contente de faire cette froide réflexion : « Qui des mortels peut-on appe-
« ler heureux, quand on voit la fortune de nos rois
« sujette à une si triste révolution? » Quoi de plus froid encore et de plus à contre-temps que cette première partie du chœur qui suit la scène où Phèdre a pris la résolution de mourir?

« Que ne suis-je sur un rocher élevé, et changée
« en oiseau! A la faveur de mes ailes, je passerais
« sur la mer Adriatique et sur les rives du Pô, où
« les infortunées sœurs de Phaéton répandent des
« larmes d'ambre.

« J'irais aux riches jardins des Hespérides, nym-
« phes dont la douce voix charme les oreilles, dans
« ces climats où Neptune ne laisse plus le passage
« libre aux nautonniers : car il a pour terme le ciel
« soutenu par Atlas. Là coulent toujours du palais

« de Jupiter les bienheureuses sources de l'ambroi-
« sie. Là un terrain toujours fécond en célestes
« richesses produit ce qui fait la félicité des dieux. »

Il s'agit bien de passer sur les rives du Pô ou dans le jardin des Hespérides! il s'agit de secourir Phèdre réduite au désespoir, ou de sauver l'innocent Hippolite.

En pareil cas, notre vieux poète Hardi faisait dire au chœur, se parlant à lui-même.

O couards! ô chétifs! ô lâches que nous sommes!
Indignes de tenir un rang parmi les hommes!
Endurer, spectateurs, tel opprobre commis!

Les deux grands inconvénients de l'usage continuel du chœur dans la tragédie ancienne, étaient, l'un d'exiger nécessairement pour le lieu de la scène un endroit public, comme un temple, un portique, une place où le peuple fût censé pouvoir accourir; l'autre, de rendre indispensable, par sa présence, l'unité de lieu et de temps; et de là une gêne continuelle dans le choix des sujets et dans la disposition de la fable, ou une foule d'invraisemblances dans la composition et dans l'exécution.(*Voyez* ENTR'ACTE, UNITÉ.)

Ce qu'il eût fallu faire du chœur, sur le théâtre ancien, pour l'employer avec avantage, c'eût été de l'introduire toutes les fois qu'il aurait pu contribuer au pathétique ou à la pompe du spectacle; et de s'en délivrer toutes les fois qu'il était déplacé, inutile, ou gênant.

Mais si, par la nature de l'action théâtrale qui était communément une calamité publique, ou du moins quelque évènement qui ne pouvait être caché, une foule de confidents y pouvaient être mis en scène ; si la simplicité de la fable, la pompe du spectacle, et la nécessité de remplir un théâtre immense, qui sans cela aurait paru désert, demandaient quelquefois la présence du chœur ; il n'en est pas de même dans une tragédie où ce n'est plus, ni un arrêt de la destinée, ni un oracle, ni la volonté d'un dieu qui conduit l'action théâtrale et qui produit l'évènement ; mais le jeu des passions humaines, qui, dans leurs mouvements intimes et cachés, ont peu de confidents et souffriraient peu de témoins.

Quoiqu'il ne soit pas vrai, comme on l'a dit, que la tragédie fût un spectacle religieux chez les Grecs, il est vrai du moins que les opinions religieuses s'y mêlaient sans cesse, ainsi que les cérémonies du culte, et c'est ce qui rendait majestueuse pour eux cette espèce de procession du chœur, qui sur trois files se promenait en cadence, dans l'intervalle des scènes, tournant à gauche, et puis à droite, chantant la strophe et l'antistrophe, puis s'arrêtant et chantant l'épode, le tout pour exprimer, dit-on, les mouvements du ciel et l'immobilité de la terre. Mais certainement rien de semblable ne convient au théâtre de *Cinna*, de *Britannicus*, de *Zaïre*.

Nos premiers poètes tragiques, en imitant les Grecs, ne manquèrent pas d'adopter le chœur ; et jusqu'au temps de Hardi, le chœur était chanté. Cet accord des voix était connu sur nos premiers théâtres dans ce qu'on appelait *Mystères* : le père éternel avait trois voix, un dessus, une haute-contre, et une basse, à l'unisson. Hardi se réduisit à faire parler le chœur par l'organe d'un coryphée : dans le *Coriolan* de ce poète, le chœur dialogue avec le sénat, et dit de suite jusqu'à quarante vers. Dès lors il ne fut plus question du chœur en intermède, jusqu'à l'*Athalie* de Racine, pièce unique dans son genre et absolument hors de pair.

Voltaire, dans son *Œdipe*, a voulu mettre le chœur en scène : jamais il ne fut mieux placé; et l'extrême difficulté de l'exécution l'a cependant fait supprimer. Depuis, on s'est borné, comme Hardi, lorsque l'action exige une assemblée, à faire parler un ou deux personnages au nom de tous : c'est la seule espèce de chœur qu'admette la scène française; et dans les sujets mêmes, soit anciens, soit modernes, dont le spectacle demande le plus de pompe et d'appareil, comme les deux *Iphigénie*, *Mahomet* et *Sémiramis*, un théâtre où l'action se passe immédiatement sous nos yeux, rend presque impossible le concert et l'accord d'une multitude assemblée qui parlerait en même temps. Il est vrai qu'en la faisant chanter comme les Grecs, la difficulté serait moindre; mais le chant du chœur, entremêlé avec une déclamation simple, fera toujours pour nos oreilles une disparate et une invraisemblance, qui, dans le genre sérieux et grave, nuirait trop à l'illusion.

Dans ce qu'on appelle chez les Grecs la comédie ancienne, comme ce n'était communément qu'une satire politique, le chœur était très bien placé : il représentait le peuple ou une classe de citoyens, tantôt allégoriquement, comme dans *les Oiseaux* et dans *les Guêpes;* tantôt au naturel, comme dans *les Acharniens, les Harangueuses, les Chevaliers;* et le poète l'employait ou à faire la satire de la république, ou à sa propre défense et à son apologie. C'est ainsi que dans *les Acharniens* le chœur, traitant le peuple d'enfant et de dupe, lui reproche son imbécillité à se laisser séduire par des louanges, tandis qu'Aristophane a seul osé lui dire la vérité en plein théâtre au péril de sa vie. « Laissez-le faire, « ajoute le chœur : il n'a eu en vue que le bien, et « il le procurera de toutes ses forces, non par de « basses adulations et des souplesses artificieuses, « mais par de salutaires avis (*Voyez* ARISTOPHANE).» La comédie du second et du troisième âge, changea de caractères et le chœur lui fut interdit.

MARMONTEL, *Éléments de Littérature.*

MÊME SUJET.

Les chœurs formaient la base de la tragédie ancienne. Loin qu'ils y figurassent comme un simple ornement, ou qu'ils contribuassent à la perfection de la pièce, c'est, à proprement parler, le dialogue que l'on ajoutait aux chœurs qui originairement composaient la tragédie tout entière. Avec le temps ils perdirent de leur importance et ne furent plus qu'un accessoire; ils ont fini par disparaître tout-à-fait chez les modernes, et c'est ce qui établit une grande différence entre le théâtre des anciens et celui des nations actuelles.

La tragédie a-t-elle perdu ou gagné par la suppression des chœurs? C'est une question que les partisans des anciens et les défenseurs des modernes ont souvent agitée. Il faut avouer que le chœur contribuait à donner à la tragédie plus de magnificence, et en même temps à la rendre plus instructive et plus morale. C'était toujours la partie de l'ouvrage où l'auteur faisait le plus d'efforts pour arriver jusqu'au sublime de la poésie; et comme on l'accompagnait de chants ou de musique, c'était celle qui plaisait le plus aux spectateurs, et qui donnait le plus de pompe à la pièce. Ensuite le chœur n'exprimait que des sentiments vertueux. Il se composait de personnes qui devaient naturellement être présentes, comme les habitants de la ville où la scène se passait, les amis des principaux personnages; et tous, par conséquent, étaient intéressés au dénouement de l'action. Ces personnes, qui, au temps de Sophocle, ne devaient pas être plus de quinze, se tenaient sur le théâtre pendant toute la pièce, conversaient avec les acteurs, prenaient part aux évènements qui les intéressaient, en tiraient des instructions morales, leur donnaient des avis et des conseils, et, dans les entr'actes, chantaient des odes ou des hymnes dans lesquelles elles adressaient aux dieux des prières pour le succès des entreprises honorables qui étaient le sujet de la pièce, plaignaient les hommes vertueux aux prises avec le malheur, et présentaient sous leur plus beau jour la religion et la morale *.

* Voici comme Horace décrit les fonctions du chœur dans une tragédie :
Actoris partes chorus officiumque virile

CHOEUR.

Malgré ces avantages que l'on pouvait retirer de l'admission des chœurs dans la tragédie, les inconvénients qu'ils offraient suffisent pour excuser les modernes de les en avoir généralement exclus. Car si le but du drame est surtout l'imitation naturelle et vraisemblable des actions humaines, l'on ne doit amener sur la scène que les personnages absolument nécessaires à la marche de l'action, qui est le sujet du drame. La présence de plusieurs personnes qui prennent peu d'intérêt aux évènements dont elles sont témoins, n'est pas naturelle; le poète en peut être souvent fort embarrassé, et si elle contribue à donner plus de pompe au spectacle, elle contribue aussi, par son invraisemblance, à le rendre plus froid et moins intéressant. La musique ou le chant qui accompagne les paroles du chœur et se mêle au dialogue des personnages de la pièce, est

> Defendat ; neu quid medios intercinat actus
> Quod non proposito conducat et hæreat aptè.
> Ille bonis faveatque et consilietur amicè,
> Et regat iratos, et amet peccare timentes ;
> Ille dapes laudet mensæ brevis ; ille salubrem
> Justitiam, legesque, et apertis otia portis.
> Ille tegat commissa, Deosque precetur et oret
> Ut redeat miseris, abeat fortuna superbis.
>   (*De Art. poet.* v. 193.)
>
> Que, protecteur des bons, donnant des avis sages,
> Le chœur vienne implorer la justice des dieux
> Contre les oppresseurs et pour les malheureux :
> Qu'il apaise la crainte et la haine fatale ;
> Qu'il vante les douceurs d'une table frugale ;
> Qu'il célèbre les lois, les vertus et la paix :
> Surtout qu'il soit fidèle à garder les secrets.
>   DARU.

encore une circonstance qui éloigne la représentation théâtrale de la nature et de la vérité. Le poète, dans la disposition de son plan, a mille obstacles à surmonter pour que, sans trop choquer la vraisemblance, le chœur puisse être témoin de tous les incidents du drame. Afin que les personnages qui le composent aient un libre accès sur la scène, il faut, qu'en dépit même du sens commun, elle se passe sur une place publique; il faut que ces individus, étrangers à l'action, soient spectateurs des évènements qui devraient être les plus secrets, et deviennent les confidents de personnes qui paraissent successivement, et souvent même conspirent les unes contre les autres. Enfin le chœur présente au poète une grande difficulté de plus à vaincre, sans que l'art y gagne rien, puisque au contraire il oblige souvent à sacrifier la vraisemblance, et ne produit d'autre effet que celui d'une décoration théâtrale qui nuit à l'apparence de la réalité, apparence indispensable, et sans laquelle il ne faut pas espérer de pouvoir produire aucune émotion.

Nous avons vu que, dans son origine, la tragédie n'était chez les Grecs qu'une hymne ou un chant adressé aux dieux par des chœurs; aussi n'est-il pas étonnant que les chœurs se soient toujours maintenus sur le théâtre grec; mais l'on peut affirmer qu'ils ne s'y fussent jamais introduits si le dialogue eût formé, dès le principe, la base de la tragédie.

Cependant je suis porté à croire que les chœurs des anciens pourraient être introduits, et même avec beaucoup de succès, sur notre théâtre moderne, si, au lieu de la musique insignifiante, et quelquefois bien mal choisie, dont l'orchestre amuse les spectateurs dans les entr'actes, un certain nombre de personnes chantaient des paroles ou exécutaient une harmonie qui, sans faire précisément partie de la pièce, eussent cependant un certain rapport avec le sujet de l'acte qui vient de finir, et avec les sentiments dont les spectateurs ont dû être pénétrés. Par ce moyen, ces sentiments se soutiendraient constamment pendant tout le cours de la représentation; et les chœurs, en conservant l'avantage qu'ils ont sur le théâtre des anciens, de prolonger les émotions et de faire ressortir la moralité de la pièce, n'auraient plus l'inconvénient de ne former dans l'ouvrage qu'une partie incohérente, et de mêler des personnages inutiles et presque toujours déplacés avec ceux véritablement nécessaires à la marche de l'action.

BLAIR, Cours de Rhétorique.

MÊME SUJET.

Le chœur avait son entrée particulière au fond de l'orchestre; c'était là qu'il se tenait pour l'ordinaire et qu'il exécutait ses danses solennelles, accompagnées de chant. Sur le devant de l'orchestre et vis-à-vis du milieu de la scène, était placé le Thymelé; c'est ainsi qu'on appelait une élévation en forme d'autel, avec des degrés, dont le sommet arrivait à la hauteur du théâtre. Le chœur se réunissait sur ces degrés lorsqu'il ne chantait pas, et qu'il regardait l'action en paraissant s'y intéresser. Le coryphée se tenait alors sur la partie la plus élevée du Thymelé, pour découvrir ce qui se passait dans toute l'étendue de la scène, et pour prendre la parole lorsqu'il le fallait. Le chœur entonnait, il est vrai, ses chants en commun; mais lorsqu'il se mêlait dans le dialogue, un seul acteur portait la parole pour tous les autres, et il s'établissait une suite de réponses alternatives entre lui et les personnages de la pièce. Le Thymelé était placé exactement au milieu de l'édifice; toutes les dimensions du théâtre étaient prises relativement à ce point, et c'est autour de ce centre commun qu'était tracé le demi-cercle de l'amphithéâtre. Le chœur, qu'on regardait comme le représentant idéal des spectateurs, n'avait pas été placé sans motif dans l'endroit où aboutissaient tous les rayons qui partaient de leurs différents siéges.

Ce qui distingue essentiellement la tragédie antique de la nôtre, c'est le chœur. Il faut envisager le chœur comme la personnification des pensées morales qu'inspire l'action, comme l'organe des sentiments du poète qui parle lui-même, au nom de l'humanité tout entière. C'est là l'idée générale que nous devons nous en former, si du moins nous ne sortons pas du point de vue poétique, le seul qui nous intéresse dans ce moment. Cette idée, d'ailleurs, n'est point en contradiction avec la destination plus particulière qu'on donnait quelquefois au chœur : ainsi, par exemple, il avait été introduit dans les fêtes de Bacchus à l'occasion d'une circonstance locale, et il prenait toujours chez les Grecs un caractère national très prononcé. Nous avons déjà vu que les Athéniens, par une suite de leur esprit démocratique, pensaient que toute action importante devait avoir une sorte de publicité. Lors même qu'ils transportaient leurs fictions dans les siècles héroïques, où le régime monarchique avait été en vigueur, ils ramenaient les héros au système républicain, en les mettant en communication sur la scène avec les plus anciens du peuple, ou avec d'autres personnages de la même classe. Il faut convenir que rien n'était moins conforme aux mœurs des temps héroïques, telles que Homère nous apprend à les connaître; mais la poésie dramatique, se fiant à la puissance de ses moyens, traitait alors les usages plus anciens ainsi que la mythologie, avec le sentiment de sa propre liberté.

C'est ainsi que les poètes grecs introduisaient le chœur sur la scène, et qu'ils le liaient avec leurs fictions, de manière à renoncer le moins possible à la vraisemblance. On voulait que dans chaque pièce, quelque rôle particulier qu'il y jouât d'ailleurs, il fût avant tout le représentant de l'esprit national, et ensuite le défenseur des intérêts de l'humanité; le chœur était, en un mot, le spectateur idéal; il modérait les impressions excessivement violentes et douloureuses d'une action quelquefois trop voisine de la réalité, et en offrant au spectateur véritable le reflet de ses propres émotions, il les lui renvoyait adoucies par le charme d'une expression lyrique et harmonieuse, et le plongeait dans la région plus calme de la contemplation.

Les critiques modernes n'ont jamais trop su que

faire du chœur. Il faut d'autant moins s'en étonner, que déjà Aristote ne nous donne pas à ce sujet d'explication satisfaisante; Horace nous dépeint bien mieux le chœur, lorsqu'il en fait la voix universelle qui proclame les saintes lois de la moralité, qui exprime la sympathie pour les gens de bien, qui les instruit et les conseille, qui doit vanter la justice, la modération, la frugalité, et chercher à ramener parmi les hommes toutes les vertus de l'âge d'or. Quelques auteurs de nos jours, sans songer que le chœur n'était pas placé sur le théâtre, lui ont assigné l'office d'empêcher que la scène ne restât vide; d'autres fois ils ont simplement blâmé les anciens poètes d'avoir chargé leurs pièces de cet accompagnement incommode et superflu, et se sont récriés sur l'inconvenance de traiter de tant de choses secrètes en présence d'un si grand nombre de témoins. On a encore prétendu que la présence continuelle du chœur servait principalement à motiver l'unité du lieu, observée dans les pièces grecques, puisque le poète n'aurait pu changer le lieu de la scène sans commencer par chasser tous ces personnages, ce qu'il aurait fallu motiver; enfin on a mis en avant, que le chœur avait été conservé, pour ainsi dire par hasard, depuis la première origine de la tragédie; et comme il était aisé de remarquer que, dans Euripide, le plus moderne des poètes grecs, il ne joue point un rôle nécessaire à l'ensemble de la pièce, et qu'il n'y est qu'un ornement épisodique, l'on s'est cru en droit de conclure que les Grecs n'avaient qu'un pas de plus à faire dans l'art dramatique pour s'en débarrasser entièrement. Nous pourrions écarter toutes ces explications superficielles, en alléguant un fait historique assez accrédité. On a dit que Sophocle avait écrit en prose, au sujet du chœur, pour réfuter les principes avancés par quelques autres poètes de son temps. Cette opinion seule prouve qu'on ne croyait pas que ce grand tragique fût capable de s'en tenir aveuglément à des usages reçus, mais qu'on reconnaissait en lui cet esprit philosophique qui se rend compte de ses motifs.

Des poètes modernes, et même des poètes du premier rang, ont souvent cherché, depuis la renaissance de l'étude de l'antiquité, à introduire le chœur dans leurs pièces, mais sans avoir une idée précise, et sur-tout une idée active de sa destination. Comme notre danse et notre musique ne sont point faites pour lui, et que d'ailleurs il n'y a dans nos théâtres aucune place qui puisse lui être destinée, la tentative de le naturaliser chez nous ne réussira jamais que difficilement *.

Schlegel, Cours de Littérature dramatique.

* Schiller a fait précéder sa *Fiancée de Messine*, où à l'exemple des anciens il a introduit un chœur, ou plutôt deux chœurs, d'une dissertation intitulée *de l'emploi du chœur dans la tragédie*. On la trouvera dans la traduction de M. de Barante ; elle est trop longue pour être insérée ici, et elle ne pourrait guère être présentée par extraits. On peut lire encore sur cette question souvent controversée ce qu'en ont écrit en divers endroits Aristote, Horace et leurs commentateurs, Brumoy dans son *Théâtre des Grecs* ; Barthélemy dans son *Voyage d'Anacharsis* ; La Harpe et Lemercier dans leurs cours de Littérature, M. Andrieux dans une suite d'articles sur la tragédie grecque, insérés dans le XXIe et XXIIe volumes de la *Revue encyclopédique*, etc. M. Ducasau, professeur de rhétorique au collège royal de Poitiers, qui a donné une édition estimée du *Plutus* d'Aristophane, a aussi

CHOEUR D'OPÉRA. Que vingt personnes parlent ensemble, leurs articulations se mêlent, les sons de leurs voix se confondent, et l'on n'entend qu'un bruit confus. Mais dans un chant dont toutes les articulations et les intonations sont prescrites et mesurées, vingt voix d'accord n'en feront qu'une; et de leur concert peuvent résulter de grands effets, soit du côté de l'harmonie, soit du côté de l'expression.

Je vais plus loin. Dans un spectacle où il est reçu que la parole sera chantée, le chœur a sa vraisemblance comme le récitatif, et cette vraisemblance est la même que celle du duo, du trio, du quatuor, etc. Mais ce que j'ai dit du duo français, je le dis de même du chœur : en s'éloignant de la nature, il a perdu de ses avantages. (*Voyez* DUO.)

Il arrive souvent dans la réalité qu'un peuple entier pousse le même cri, qu'une foule de monde dit à la fois la même chose; et comme on accorde toujours quelque liberté à l'imitation, le chœur, en imitant ce cri, ce langage unanime d'une multitude assemblée, peut se donner quelque licence : l'art et le goût consistent à pressentir jusqu'où l'extension peut aller. Or, c'en est trop, que de faire tenir ensemble à tout un peuple un long discours suivi et dans les mêmes termes, à moins que ce ne soit un discours appris, comme un hymne : et tel peut être supposé, par exemple, le chœur, *brillant soleil!* dans l'acte des *Incas*; le chœur de *Thétis et de Pélée: O destin quelle puissance!* le chœur de *Jephté: Le ciel,*

traité fort savamment cette question dans une thèse qu'il a soutenue, il y a quelques années, à la faculté des lettres de l'Académie de Paris. H. PATIN.

l'enfer, la terre et l'onde, et tout ce qui se chante dans des solennités.

Il faut donc distinguer, dans l'hypothèse théâtrale, le chœur appris et le chœur impromptu. Le premier peut paraître composé avec art, sans détruire la vraisemblance; mais dans l'autre l'on ne doit voir que l'unanimité fortuite et momentanée des sentiments dont une multitude est émue à la fois. Plus ces sentiments seront vifs et rapides, et plus l'expression en sera simple, naturelle et concise, plus il sera vraisemblable que tout un peuple ait dit la même chose en même-temps.

> Atys, Atys lui-même
> Fait périr ce qu'il aime.

Cependant une des plus grandes beautés du chant du chœur c'est le dessein : ce dessein demande quelque étendue pour se développer, et quelque suite pour se donner de la rondeur et de l'ensemble : le moyen de décrire un cercle harmonieux en imitant des cris, des mots entrecoupés! Voilà sans doute la difficulté, mais aussi le secret de l'art; et ce secret se réduit, du côté du poëte, à dialoguer le chœur, comme j'ai déjà dit de former le duo. Que les différentes parties se séparent et se rejoignent; que tantôt elles se contrarient, et que tantôt elles s'accordent; que deux, trois voix, une voix seule, de temps en temps, se fasse entendre; qu'une partie lui réponde, qu'une autre partie la soutienne, et qu'enfin toutes se ramènent à un sentiment unanime, ou se choquent dans un combat de deux sentiments opposés : voilà le chœur qui devient une scène étendue et développée, et qui, dans son imitation, a toute la vérité de la nature, avec cette seule différence, que d'un tumulte populaire on aura fait un chant et un concert harmonieux.

Un vrai modèle dans ce genre, c'est le chœur de l'opéra d'*Atys*, à la descente de Cybèle: *Venez, reine des dieux, venez.* C'est de M. Piccini que nos jeunes compositeurs doivent apprendre à faire des chœurs mélodieux.

En critiquant les chœurs de l'opéra français, on a cité ce morceau de poésie rhythmique que nous a conservé Lampride*, où est exprimé le cri de fureur et de joie du peuple romain à la mort de l'empereur Commode; et on a dit: *Que les gens de goût décident* entre ce chœur et les chœurs d'opéra. Mais on n'a mis en comparaison que deux mauvais chœurs de Quinault ; et ces deux exemples ne prouvent pas que nos chœurs soient toujours mauvais. Celui de Lampride, au style près, dont la bassesse est dégoûtante, serait pathétique sans doute, mais rien n'empêche que dans nos opéra on n'en compose sur ce modèle. Et pourquoi ne pas rappeler ceux de *Castor*, celui d'*Alceste: Alceste est morte!* celui de *Jephté*, celui de *Coronis*, celui des *Incas*, et nombre d'autres qui ont leur beauté et qui produisent leur effet? On aurait encore eu de l'avantage à leur opposer celui de Lampride; mais on n'aurait pas eu le plaisir de dire que l'un était sublime, et que les autres étaient plats. La vérité

* *Voyez* la note A, à la fin du volume.

simple est que l'action, le dialogue, le pathétique, seront toujours très favorables à la forme du chœur, et que le genre de notre opéra y donne lieu, toutes les fois que la situation est passionnée et qu'elle intéresse une multitude: c'est au poète à saisir le moment; c'est au musicien à le seconder. On peut voir dans les opéra de M. Gluck et dans ceux de M. Piccini, de combien de beaux chœurs ils ont enrichi notre scène. Dans les chœurs dont l'effet résulte de l'harmonie, le compositeur allemand s'est signalé; le compositeur italien excelle dans les chœurs où l'expression demande le charme de la mélodie. (*Voyez* AIR, CHANT, DUO, LYRIQUE, RÉCITATIF.)

MARMONTEL, *Éléments de Littérature.*

CHRIE. Sorte d'amplification que les rhéteurs donnent à faire à leurs disciples, et qui consiste à commenter un mot sentencieux ou un fait mémorable. La forme qu'ils ont prescrite à cette espèce d'acrostiche est le chef-d'œuvre de la pédanterie.

Quoi de plus pédantesque en effet que d'apprendre aux enfants à s'appesantir sur un mot ou sur un trait de caractère, dont la vivacité rapide fait souvent la grace et la force? Quoi de plus contraire au bon goût, au bon sens, au bon emploi d'un temps précieux, que d'assujettir l'imagination et la pensée, dans une jeune tête, à une marche laborieuse et contrainte, qui à chaque pas contrarie tous leurs mouvements naturels?

Qu'on s'imagine qu'un enfant, à qui l'on propose

pour sujet d'une *chrie verbale* ce vers de Juvénal:

Orandum est ut sit mens sana in corpore sano.

(*Sat.* X , 356.)

ou pour sujet d'une *chrie active*, le geste de Tarquin coupant les têtes des pavots; ou pour sujet d'une *chrie mixte*, l'action de Diogène dans l'attitude d'un suppliant, tendant la main, dans la place publique, à une statue de marbre, et sa réponse à celui qui, le trouvant dans cette attitude, lui demanda ce qu'il faisait là: *Je m'exerce à endurer des refus;* qu'on s'imagine, dis-je, qu'un malheureux enfant est condamné par Aphtonius à diviser le sujet qu'on lui donne en huit parties, c'est-à-dire en huit sortes de tortures pour son esprit.

Ces parties sont, 1° *le préambule, à laudativo;* lequel préambule doit contenir l'éloge de l'action ou de la sentence, et de celui qui en est l'auteur. Mais c'est Tarquin qui conseille à son fils de faire trancher la tête à tous les notables de son village de Gabies; n'importe, il faut louer Tarquin et la belle leçon qu'il donne.

2° *La paraphrase.* Mais la pensée est claire et simple, et d'une vérité évidente, comme celle-ci:

Multa senem circumveniunt incommoda.

(Horat. *De Art. poet.*)

N'importe, il la faut expliquer et l'amplifier *à paraphrastico*.

3° *La cause.* Mais la cause est souvent la nature même du cœur humain, comme dans cette vérité: *ira furor brevis est*, et cela passe l'intelligence et d'un enfant et d'un philosophe. N'importe, il faut que l'enfant argumente *à causâ*, dût-il ne savoir ce qu'il dit.

4° *Le contraire.* Mais quel tourment pour un enfant de chercher le contraire d'une maxime vague, comme de celle-ci : *Fronti nulla fides.* N'importe, il faut qu'il se casse la tête pour prouver *à contrario.*

5° *Le semblable.* Mais quelle est la similitude de cette pensée de Térence, *Crescit in adversis virtus?* On y a trouvé, pour emblème, la flamme d'une torche exposée au vent; on peut aussi y employer l'image du chêne, qui, sur le sommet d'une montagne, s'élève et s'affermit au milieu des tempêtes: mais cela sera-t-il présent à l'imagination d'un enfant? N'importe, il faut qu'il prouve *à simili*, quoiqu'il soit vrai, en général, que les images ne prouvent rien.

6° *L'exemple.* Mais quels exemples peut citer un enfant dont la tête est vide, qui ne sait que très-peu de chose des temps anciens, et rien des temps modernes? Il faut pourtant qu'il batte la campagne, et qu'il raisonne *ab exemplo.*

7° *Le témoignage*, c'est-à-dire l'autorité des auteurs graves, que l'écolier n'a jamais lus ou qu'il a lus sans réflexion, et qu'il n'a certainement pas assez présents pour en faire usage à propos.

8° Quoiqu'assez souvent il n'y ait pas lieu à l'épilogue, on l'oblige à épiloguer, et cela s'appelle conclure *à brevi epilogo.*

Il est bien vrai que le régent indique à l'écolier et les passages et les exemples; qu'il lui suggère aussi les causes, les ressemblances, les contrastes, ou plutôt qu'il lui dicte ce qu'il doit inventer. Mais quelle misérable manière de former l'esprit des jeunes gens que de les mener ainsi à la lisière!

Encore il faut voir ce que c'est que les canevas qu'on leur trace et que les modèles qu'on leur présente. Qui croirait que pour confirmer cette vérité éternelle :

> Breve et irreparabile tempus
> Omnibus est vitæ ;
>
> (VIRG. *Æneid.* X, 467.)

qui croirait que les témoignages cités et accolés par le Père de Colonia, sont *Job* et *Phèdre* le fabuliste? Qui croirait que dans la même chrie, les exemples du bon emploi du temps sont les vierges et les martyrs? Virgile assurément ne s'attendait pas à être si bien appuyé.

La première règle du bon sens, dans l'art d'instruire, est de ne faire faire aux apprentis que ce qu'ils feront étant maîtres, en commençant par ce qu'il y a de plus simple et de plus facile. Or la chrie, qui n'est d'usage dans aucun genre d'éloquence, et qu'on ne fera certainement jamais hors du collège, est encore ce que les rhéteurs ont pu imaginer de plus difficile et de plus compliqué. Ainsi, dans tous les points, la chrie a été inventée et enseignée en dépit du bon sens.

Il faut espérer qu'à présent, qu'on a délivré la tendre mollesse de l'enfance des entraves du maillot, et les graces de l'adolescence de leur prison de baleine ; on fera pour l'esprit humain ce qu'on a fait pour le corps; que la pensée, l'imagination, le sentiment, dans la jeunesse, seront délivrés à leur tour des brassières du pédantisme, et que la chrie, comme la plus barbare des inventions scolastiques, sera proscrite pour jamais; l'université de Paris l'a bannie de ses écoles.

MARMONTEL, *Éléments de Littérature.*

CHRYSOSTOME (SAINT JEAN), le plus éloquent des Pères de l'Église, naquit à Antioche, en 344. Sa famille, une des plus illustres de cette ville, dans un temps où l'éloquence ouvrait la route des premiers emplois, ne négligea rien pour développer dans le jeune Chrysostome les dispositions extraordinaires qu'il manifesta dès son enfance. Libanius, le plus célèbre orateur de cette époque, lui donna les premières leçons d'éloquence; mais les progrès étonnants de l'élève furent si rapides qu'il ne tarda pas à surpasser le maître. Au milieu des études nombreuses auxquelles il se livrait, il jeta les yeux sur l'Écriture-Sainte : bientôt la grace toucha son cœur; les vérités de l'Église dissipèrent les principes païens dont son âme était imbue; il fut chrétien. Ses parents ayant désiré qu'il embrassât le parti du barreau, jusqu'à vingt ans il y brilla par un mérite distingué. Mais déjà mort aux vanités terrestres, brûlant de se consacrer à Dieu, il résolut d'abandonner la brillante perspective que lui offraient ses talents dans le monde, pour se retirer parmi les anachorètes qui habitaient les montagnes voisines d'Antioche. C'est là que, revêtu d'un habit de pénitent, le corps ceint d'un cilice, cet homme pieux passa quatre années dans les exercices de la pénitence. Il quitta alors ses compagnons de retraite pour chercher dans un désert une solitude encore plus profonde; il la trouva dans une grotte ignorée qu'il ne put habiter que deux ans; car les veilles, les mortifications qu'il s'imposait, l'insalubrité de sa demeure, ayant altéré sa santé, il fut obligé de revenir à Antioche. Il y rentra l'an 381. La même année, il fut ordonné diacre par saint Mélèce; et, en 386, saint Flavien ayant succédé à ce dernier, Chrysostome fut élevé par lui au sacerdoce, et chargé d'instruire le peuple de la parole de Dieu; fonction qu'il remplit avec d'autant plus de succès qu'à une éloquence touchante et persuasive, il joignait des mœurs pures et vraiment célestes. La ville d'Antioche comptait à cette époque cent mille chrétiens parmi ses habitants. Ils adoraient leur vénérable pasteur : aussi, lorsque l'empereur Arcadius voulut, après la mort de Nectaire, élever Chrysostome au siège de Constantinople, on fut obligé d'avoir recours à la ruse pour l'y attirer; car on prévoyait que les habitants d'Antioche, s'ils eussent connu les desseins de l'empereur, en auraient rendu l'exécution difficile. Chrysostome, conduit hors de la ville par le comte d'Orient, sous prétexte de visiter les tombeaux des martyrs, se vit tout-à-coup saisi, et confié aux soins d'un officier qui l'accompagna à Constantinople, où il fut sacré, le 26 février 398, par Théophile, patriarche d'Alexandrie. Enflammé d'un saint zèle, il commença son épiscopat par la réforme des abus qui s'étaient inroduits dans le clergé; retrancha les dépenses exorbitantes que ses prédécesseurs avaient jugées nécessaires à leur dignité, et en affecta le produit à la fondation de plusieurs hôpitaux. Les aumônes de Chrysostome étaient si abondantes que tout ce qu'il possédait était devenu le patrimoine des pauvres; aussi sa charité, dit Pallade, lui mérita le surnom de *Jean l'Aumônier*. Ardent propagateur du saint Évangile, il envoya des missionnaires chez les Goths, chez les Scythes nomades, d'autres dans la Perse et dans la Palestine. Ses vertus néanmoins n'eurent pas la récompense dont elles étaient dignes. Chrysostome, incapable de transiger avec le pouvoir, fidèle à la voix de sa conscience, tonnait avec force contre l'orgueil, le luxe et les violences des grands de l'empire; il eut bientôt une foule d'ennemis. Eutrope, favori de l'empereur, le tyran Gaïnas, à qui il refusa une église pour les ariens, tous les sectateurs d'Arius, qu'il avait bannis de Constantinople, se déclarèrent ouvertement contre le saint archevêque, et méditèrent sa perte. Il eut encore un adversaire redoutable dans la personne de Théophile, patriarche d'Alexandrie : celui-ci avait chassé du désert de Nitrie quatre abbés accusés d'origénisme; saint Jean, après avoir obtenu d'eux le désaveu formel des erreurs qu'on leur imputait, les avait admis à la communion. Théophile fut blessé de cette tolérance, et Chrysostome eut un ennemi de plus.

Cependant l'empereur Arcadius, gouverné par favoris, laissait les rênes de l'état aux mains d'Eutrope, dont la conduite orgueilleuse et déréglée excita l'indignation générale; le peuple et l'armée demandaient sa mort. Poursuivi par une populace révoltée, Eutrope court chercher un asyle aux pieds des autels qu'il avait dédaignés. L'église est aussitôt investie par des soldats armés qui le réclament avec des cris de fureur. Chrysostome paraît; sa touchante éloquence, l'onction de ses paroles, l'exemple de modération qu'il donne envers un de ses plus cruels ennemis, imposent à la multitude, et la sédition est calmée.

Eutrope s'était enfui dans l'île de Chypre : Gaïnas arracha au trop faible Arcadius l'ordre de faire périr son ancien favori. L'orgueil de Gaïnas ne connut alors plus de bornes : il leva l'étendard de la révolte, et eut l'audace de venir assiéger son souverain jusque dans sa capitale. Chrysostome alla trouver Gaïnas; et ce chef rebelle, cédant à l'éloquence persuasive du saint archevêque, s'éloigna bientôt avec ses troupes. De tels services, loin d'apaiser l'animosité des ennemis de Chrysostome, les irritaient encore. Les plus redoutables étaient Théophile et l'impératrice Eudoxie : cette princesse, depuis la mort d'Eutrope, gouvernait despotiquement l'empereur et l'empire; on eut soin d'envenimer les moindres paroles du prélat et de les lui présenter comme des reproches directs de sa conduite. Eudoxie indignée conçut une haine mortelle contre Chrysostome; et, résolue de le faire déposer, manda le patriarche d'Alexandrie, qui, avec plusieurs évêques dévoués, arriva à Constantinople, l'an 403, pour tenir le fameux *conciliabule du Chesne*, ainsi nommé parce qu'il eut lieu dans une église de Calcédoine auquel un grand chêne avait donné son nom. Chrysostome, chargé d'accusation fausses et frivoles, refusa de comparaître parce qu'on avait enfreint les règles portées par les canons. Sa condamnation était résolue : un ordre d'exil fut signé, et le saint prélat fit à son peuple les adieux les plus touchants : « Une violente tempête, « dit-il, m'environne de toutes parts ; mais placé sur « un roc inébranlable, je ne crains rien. La fureur « des vagues ne peut submerger le vaisseau de « Jésus-Christ. La mort n'a rien qui m'épouvante : « elle est un gain pour moi. Redouterais-je l'exil ? « toute la terre est au Seigneur. Serais-je sensible « à la perte des biens ? Nu je suis entré dans le « monde, et nu j'en sortirai. Je méprise les menaces « et les caresses ; Jésus-Christ est avec moi ; qui « pourrais-je craindre ? » Cependant, trois jours après sa condamnation, Chrysostome n'avait point encore quitté Constantinople. Le peuple attaché à son pasteur refusait de le laisser partir et menaçait d'une sédition. L'apôtre de la modération va secrètement trouver l'officier chargé de l'arrêter, et part pour la Bithynie, lieu de son exil. La nuit suivante, un violent tremblement de terre s'étant fait sentir, Eudoxie effrayée courut supplier l'empereur de rappeler le saint exilé. Jean Chrysostome, reçu aux acclamations de tout le peuple heureux de revoir son pasteur, fut conduit en triomphe dans la ville, et reprit les fonctions de son ministère.

Mais le calme ne fut pas de longue durée. Huit mois après, une statue qu'on avait élevée devant l'église de Sainte-Sophie, en l'honneur de l'impératrice, donna lieu à des réjouissances mêlées de superstitions extravagantes, dont les chants et les cris troublaient le service divin. Le pontife, avec sa liberté ordinaire, blâma hautement ces désordres, sans égard pour Eudoxie. Celle-ci, vivement offensée, assembla un nouveau concile. Chrysostome, condamné pour la seconde fois, se vit arraché de son église, le 10 juin 404, par une troupe de soldats envoyés par Arcadius. Le temple fut profané et ensanglanté. Le pape Innocent Ier, à qui le saint prélat s'était plaint de telles vexations, annula les procédures, et demanda la convocation d'un concile; mais Arcadius le refusa, et Chrysostome fut conduit à Nicée, en Bithynie. Son exil fut suivi d'une horrible persécution contre ceux qui défendaient son innocence : le sang coula, comme au temps des empereurs païens. L'empereur Honorius demanda vainement le rappel du pontife : trompé par la calomnie, Arcadius persista dans sa résolution, et Arsace fut placé sur le siège de Constantinople. Eudoxie était morte peu de temps après le départ de Chrysostome, et, pour dernier terme de son exil, elle avait ordonné qu'il fût conduit à Cucuse, petite ville d'Arménie, dans les déserts du mont Taurus. Le saint pontife, après soixante-dix jours d'une marche pénible sous un ciel brûlant, arriva à Cucuse, où il supporta courageusement toutes les rigueurs de la persécution, dont il était dédommagé par le respect et l'amour de tous les chrétiens. Le pape, indigné de cette injuste détention, refusait de reconnaître Théophile et les autres ennemis du saint archevêque, qui fut victime de ce zèle; car l'empereur, toujours irrité, ordonna qu'il fût transféré sur les bords du Pont-Euxin, à Pityonte, ville située aux derniers confins de l'empire. Les soldats qui l'escortaient eurent si peu d'égards pour son grand âge, et le maltraitèrent tellement, que ses forces étaient épuisées quand il arriva à Comane. On voulut le contraindre à continuer la marche; mais sa faiblesse devint si grande que ses gardes, malgré leur cruauté, furent obligés de le ramener à Comane. Il fut déposé dans l'oratoire de saint Basilisque, martyr, et couvert de vêtements blancs, symbole de la pureté de son âme. Après avoir reçu la communion, il adressa à Dieu sa prière qu'il termina, selon sa coutume, par ces paroles : « Dieu soit glorifié de tout; » et ayant formé sur lui le signe de la croix, il expira, le 14 septembre 407, dans la dixième année de son épiscopat, et la soixante-troisième de son âge. Ses funérailles attirèrent un concours prodigieux de chrétiens. En 438, son corps fut transféré solennellement à Constantinople.

Le nom de Chrysostome, c'est-à-dire *Bouche-d'or*, fut donné à Jean peu de temps après sa mort. Il est regardé avec raison comme le plus illustre docteur de l'Église; c'est le Cicéron de l'Église grecque. Son éloquence a beaucoup de rapport avec celle de ce prince des orateurs latins. Elle se distingue par la même clarté, la même richesse d'expressions, la même hardiesse de figures et la même force de raisonnement. Tout, chez l'un et chez l'autre, porte l'empreinte de ce génie heureux né pour convaincre l'esprit et toucher le cœur.

De toutes les éditions des œuvres de saint Jean Chrysostome, les plus exactes et les plus complètes sont celle de Henri Savil, 1613, 8 vol. in-folio, tout grec; celle de Commelin et de Fronton du Duc, 10 vol. in-folio; et celle de Montfaucon, 1718 à 1734, en 13 vol. in-folio; ces deux dernières sont en grec et en latin. Plusieurs des ouvrages de ce célèbre orateur ont été traduits en français, notamment ses *Homélies sur la Genèse*, par Nicolas Fontaine, 2 vol. in-8°; celles *sur saint Paul*, par le même, 7 vol. in-8°; plusieurs discours choisis et divers opuscules, traduits par l'abbé de Bellegarde, 6 vol. in-8°; les *Homélies au peuple d'Antioche*, publiées par de Maucroix, en 1671; les *Lettres de saint Chrysostome*, par le P. Duranti, en 1732, etc., etc. Mais ces traductions sont peu lues; on espère que le travail qu'a annoncé sur saint Jean Chrysostome M. Guillon, professeur d'éloquence sacrée, aura plus de succès. Nous avons plusieurs Vies de ce saint. A celles de Pallade et de Montfaucon, on peut ajouter celle qu'Érasme a donnée en latin; la Vie qu'a publiée Godefroi Hermant, Paris, 1664, in-4°, est loin d'être remarquable par le style; on estime bien davantage celle que Tillemont a insérée dans le XI° volume de ses *Mémoires*.

Ph. Taviand.

JUGEMENTS.

I.

Le style de saint Chrysostome est diffus ; mais il ne cherche point de faux ornements ; tout tend à la persuasion ; il place chaque chose avec dessein, il connaît bien l'Écriture-Sainte et les mœurs des hommes ; il entre dans les cœurs, il rend les choses sensibles, il a des pensées hautes et solides, et il n'est pas sans mouvements ; dans son tout, on peut dire que c'est un grand orateur.

FÉNELON, *IIIe Dialogue sur l'Éloquence*.

II.

Saint Jean Chrysostome mérite sur-tout cette préférence spéciale d'un orateur sacré ; il montre, ainsi que les autres Pères grecs, sur-tout saint Basile et saint Grégoire de Nazianze, plus d'éloquence et de goût, mais beaucoup moins de dialectique et de méthode que les Pères latins. Son talent resplendit de tout son éclat toutes les fois qu'il parle avec tant d'amour de saint Pierre ou en faveur des pauvres. Sa diction est pure et brillante, sa manière est tendre et persuasive, et il abonde tellement en idées ingénieuses ou en tableaux sublimes, qu'on trouve à chaque page dans ses sermons de beaux traits à citer avec éclat dans les chaires chrétiennes. On peut même y emprunter quelquefois des hypothèses oratoires et dramatiques d'un très grand effet.

MAURY, *Essai sur l'Éloquence de la Chaire*.

III.

Saint Chrysostome tient incontestablement le premier rang parmi les Pères de l'Église dont s'honore la Grèce. Il écrit avec pureté; son style est noble, figuré, abondant, facile, et souvent pathétique; mais il porte en même temps l'empreinte de ce caractère attribué à l'éloquence asiatique, c'est-à-dire qu'il est quelquefois trop diffus, trop redondant, trop pompeux et même enflé. Néanmoins, ceux qui veulent se former à l'éloquence de la chaire, pourront le lire avec fruit, parce qu'il est moins chargé de faux ornements que ceux des Pères de l'Église qui ont écrit en latin.

BLAIR, *Cours de Rhétorique.*

IV.

Parmi les Pères de l'Église grecque, deux seuls sont très éloquents, saint Chrysostome et saint Basile : les homélies du premier sur la *Mort* et sur la *Disgrace d'Eutrope*, sont des chefs-d'œuvre. La diction de saint Chrysostome est pure, mais laborieuse; il fatigue son style à la manière d'Isocrate.

CHATEAUBRIAND, *Génie du Christianisme.*

V.

On trouve un bel exemple d'éloquence dans l'une des Homélies de saint Jean Chrysostome au peuple d'Antioche. Je vais en faire une espèce d'analyse et d'abrégé.

L'empereur Théodose avait envoyé des officiers et des troupes à Antioche pour punir cette ville rebelle d'une sédition, dans laquelle on avait renversé les statues de l'empereur et de l'impératrice

Flaccille sa femme, qui pour lors était morte. Flavien, évêque d'Antioche, malgré la rigueur de la saison, malgré son extrême vieillesse et la maladie d'une sœur qu'il laissait mourante, partit sur-le-champ pour aller implorer la clémence du prince en faveur de son peuple. Quand il fut arrivé dans le palais, et qu'il fut en présence du prince, dès qu'il l'aperçut, il s'arrêta de loin, baissant les yeux, versant des larmes, se couvrant le visage, demeurant muet, comme s'il eût été lui-même coupable. Voilà un exorde plein d'art, et un silence infiniment plus éloquent que toutes les paroles qu'il aurait pu employer. Aussi saint Chrysostome remarque-t-il que, par cet extérieur lugubre et pathétique, son dessein était de préparer une entrée à son discours, et de s'insinuer peu à peu dans le cœur du prince, pour y faire succéder, aux sentiments de colère et de vengeance dont il était plein, ceux de douceur et de compassion dont sa cause avait besoin.

L'empereur, le voyant en cet état, ne lui fit point de durs reproches, comme il avait lieu de s'y attendre. Il ne lui dit point : Quoi ! vous venez me demander grace pour des rebelles, pour des ingrats, pour des gens indignes de vivre, et qui méritent les derniers supplices ! Mais prenant un ton de douceur, il lui fit un long dénombrement de tous les bienfaits dont il avait comblé la ville d'Antioche; et à chacun de ces bienfaits, il ajoute : « Est-ce « donc là la reconnaissance que j'en devais atten-« dre? Quel sujet de plainte ses citoyens avaient-ils « contre moi ? Quel mal leur avais-je fait ? Mais

« pourquoi porter leur insolence jusque sur les
« morts ? En avaient-ils reçu quelque injure ? Quelle
« tendresse n'avais-je pas témoignée pour leur ville ?
« Ne sait-on pas que je l'aimais plus que ma patrie
« même, et que c'était pour moi la joie la plus douce
« de penser que bientôt je serais en état d'y faire
« un voyage ? »

Pour lors, le saint évêque, ne pouvant soutenir plus long-temps de si tendres reproches : « Il est
« vrai, dit-il, en poussant de profonds soupirs, la
« bonté dont vous nous avez honorés, Seigneur, ne
« pouvait aller plus loin; et c'est ce qui augmente
« notre crime et notre douleur. De quelque manière
« que vous nous traitiez, vous ne pouvez nous punir
« comme nous le méritons. Hélas ! l'état où nous
« sommes est déjà pour nous une cruelle punition.
« Quoi ! toute la terre saura notre ingratitude !

« Si les barbares avaient renversé notre ville, elle
« ne serait pas sans ressource et sans espérance,
« tant qu'elle vous aurait pour protecteur; mais à
« qui maintenant aura-t-elle recours, depuis qu'elle
« s'est rendue indigne de votre protection ?

« L'envie du démon, jaloux de son bonheur, l'a
« précipitée dans cet abîme de maux dont vous seul
« la pouvez tirer. J'ose le dire, Seigneur, c'est votre
« affection même qui nous les a attirés, en excitant
« contre nous la jalousie de cet esprit malin. Mais,
« à l'exemple de Dieu, vous pouvez tirer un bien
« infini du mal qu'il a prétendu nous faire.

« Votre clémence dans cette occasion vous fera
« plus d'honneur que vos victoires les plus écla-

« tantes. On a renversé vos statues. Si vous nous
« pardonnez ce crime, on vous en élèvera d'au-
« tres, non de marbre ou d'airain, que le temps fait
« périr, mais qui subsisteront éternellement dans
« le cœur de tous ceux qui entendront parler de
« cette action. »

Il lui propose ensuite l'exemple de Constantin, qui, étant pressé par ses courtisans de se venger de quelques séditieux qui avaient défiguré une de ses statues à coups de pierre, ne fit que passer la main sur son visage, et leur répondit en souriant qu'il ne se sentait point blessé.

Il lui remet devant les yeux sa propre clémence, et le fait souvenir d'une de ses lois, dans laquelle, après avoir ordonné qu'on ouvrît les prisons, et qu'on fît grace aux criminels, dans le temps de la solennité de Pâques, il avait ajouté cette parole mémorable : « Plût à Dieu que je pusse de même ou-
« vrir les tombeaux et rendre la vie aux morts.
« Ce temps est venu, Seigneur ; vous le pouvez
« maintenant, etc. »

Il intéresse l'honneur de la religion dans cette affaire. « Tous les juifs et les païens, lui dit-il, ont
« les yeux ouverts sur vous, et attendent l'arrêt
« que vous allez prononcer. S'il nous est favorable,
« pleins d'admiration, ils s'écrieront : Certes, il
« faut que le dieu des chrétiens soit bien puissant:
« il met un frein à la colère de ceux qui ne recon-
« naissent point de maître sur la terre, et des
« hommes il sait faire des anges. »

Après avoir répondu à l'objection qu'on pouvait

lui faire sur les suites fâcheuses qu'il y avait à craindre si ce crime demeurait impuni, et avoir montré que Théodose, par un exemple si rare de clémence, pouvait édifier toute la terre et instruire tous les siècles à venir, il continue ainsi :

« Il vous sera infiniment glorieux, Seigneur, d'a-
« voir accordé ce pardon à la prière d'un ministre
« du Seigneur; et l'on verra bien que, sans faire
« attention à l'indignité de l'ambassadeur, vous
« n'aurez respecté en lui que la puissance du maître
« de la part de qui il vient.

« Car ce n'est pas seulement au nom des habitants
« d'Antioche que je parais ici : j'y viens de la part
« du souverain maître des hommes et des anges,
« vous déclarer que si vous pardonnez aux hommes
« leurs fautes, le Père céleste vous pardonnera les
« vôtres. Souvenez-vous, grand prince, de ce jour
« terrible où vous paraîtrez devant le Roi des rois
« pour y rendre compte de vos actions. Vous allez
« vous-même prononcer votre jugement. Les autres
« ambassadeurs ont coutume d'étaler, devant les
« princes vers qui on les envoie, des présents ma-
« gnifiques. Pour moi, je ne présente à Votre Majesté
« que le saint livre des Évangiles; et j'ose vous ex-
« horter à imiter votre maître, qui, tous les jours,
« ne cesse de faire du bien à ceux qui l'outragent. »

Enfin il conclut tout son discours en assurant le prince que s'il refuse à cette ville infortunée la grace qu'elle lui demande, il n'y rentrera jamais, et ne considérera plus comme sa patrie une ville que le prince le plus doux qui soit sur la terre regarde avec indignation, et à qui il n'aura pu se résoudre de pardonner.

Théodose ne put résister à la force de ce discours. Il eut de la peine à retenir ses larmes, et, dissimulant autant qu'il pouvait son émotion, il dit ce peu de mots au patriarche : « Si Jésus-Christ, tout Dieu
« qu'il est, a bien voulu pardonner aux hommes
« qui le crucifiaient, dois-je faire difficulté de par-
« donner à mes sujets qui m'ont offensé, moi qui
« ne suis qu'un homme mortel comme eux, et ser-
« viteur du même maître? »

Alors Flavien se prosterna, et lui souhaita toutes les prospérités qu'il méritait par l'action qu'il venait de faire; et comme ce prélat témoignait quelque envie de passer la fête de Pâques à Constantinople, « Allez, mon père, lui dit Théodose en l'embrassant,
« et ne différez pas d'un moment la consolation que
« votre peuple recevra par votre retour, et par les
« assurances que vous lui donnerez de la grace que
« je lui accorde. Je sais qu'il est encore dans la dou-
« leur et dans la crainte : partez, et portez-lui pour
« la fête de Pâques l'abolition de son crime. Priez
« Dieu qu'il bénisse mes armes, et soyez assuré
« qu'après cette guerre, j'irai moi-même consoler
« la ville d'Antioche. »

Le saint prélat partit sur-le-champ, et, pour avancer la joie de ses citoyens, il dépêcha un courrier plus prompt que lui, qui tira la ville de l'inquiétude et de l'alarme où elle était.

Je prie encore, en finissant, qu'on me pardonne la longueur de cette espèce de digression. J'ai cru que l'extrait de cette éloquente homélie pouvait être aussi utile aux jeunes gens qu'aucun endroit des auteurs profanes. Il y aurait beaucoup de réflexions à faire, principalement sur deux caractères incompatibles en apparence, et qui se trouvent néanmoins réunis dans le discours de Flavien : l'humilité et l'abaissement d'un suppliant, la noblesse et la grandeur d'un évêque, mais qui sont tellement tempérées l'une par l'autre, qu'elles se prêtent toujours un mutuel secours. On le voit d'abord, tremblant, suppliant, et comme abattu aux pieds de l'empereur; puis, vers la fin du discours, il paraît revêtu de tout l'éclat et de toute la majesté du maître dont il est le ministre. Il commande, il menace, il intimide : toujours grand cependant dans son abaissement, toujours humble dans son élévation....

. . . .

Contre les Serments. — Saint Chrysostome, dans ses homélies au peuple d'Antioche, parle souvent avec beaucoup de force contre ceux qui, pour des intérêts temporels, obligeaient leurs frères à prêter serment sur l'autel, et par là souvent leur donnaient lieu de se parjurer. « *Que faites-vous, malheureux? « dit-il; vous exigez un serment sur la sainte table, « et vous immolez cruellement votre frère sur le « même autel où repose Jésus-Christ, qui s'est im- « molé pour vous! Les voleurs commettent des « meurtres, mais c'est en secret; et vous, en pré- « sence de l'Église, notre mère commune, vous « égorgez un de ses enfants : pires en cela que Caïn;

* Homil. XV ad pop. Antioch.

« car enfin il cacha son crime dans le désert, et ne
« ravit à son frère qu'une vie de peu de durée: et
« vous, au milieu du temple, et sous les yeux de
« Dieu, vous causez à votre prochain une mort
« éternelle! Est-ce donc pour jurer que la maison
« du Seigneur est établie, et non pour prier? L'autel
« sacré est-il destiné à donner occasion aux crimes,
« et non à les expier? Si tout autre sentiment de
« religion est étouffé en vous, respectez au moins
« le livre sacré que vous présentez à votre frère pour
« jurer. Ouvrez le saint Évangile sur lequel vous
« êtes près de lui faire prêter serment, et, écoutant
« ce qu'y dit Jésus-Christ sur les jurements, tremblez,
« et retirez-vous. Et qu'y dit Jésus-Christ? *Il a été*
« *dit aux anciens: Vous ne vous parjurerez point*[*]....
« *Et moi je vous dis que vous ne juriez en aucune*
« *sorte.* Quoi! vous faites jurer sur ce même livre
« qui vous interdit les jurements? O! impiété! ô
« étrange sacrilége! C'est comme si l'on prenait
« pour complice d'un meurtre le législateur même
« qui le condamne.

« Je répands moins de larmes quand j'apprends
« que quelqu'un a été assassiné dans le grand chemin,
« que lorsque je vois un homme approcher de l'au-
« tel, porter sa main sur le saint livre des Évangiles,
« et prononcer à haute voix le serment: car pour
« lors je ne puis m'empêcher de pâlir, de trembler,
« de frissonner, autant pour celui qui exige le ser-
« ment que pour celui qui le prête. Misérable! pour
« t'assurer quelque somme d'argent douteuse, tu

[*] Matth. V, 33, 34.

« perds ton âme! Le gain que tu fais peut-il entrer
« en comparaison avec la perte de ton frère et la
« tienne? Si tu sais que celui dont tu exiges le ser-
« ment est un homme de bien, pourquoi ne te pas
« contenter de sa parole? et s'il ne l'est pas, pour-
« quoi le forces-tu à faire un parjure?

« Mais sans cela, dites-vous, votre preuve était
« imparfaite, et l'on ne vous croyait point. Eh! que
« vous importe? C'est en craignant d'exiger le ser-
« ment que vous paraîtrez véritablement digne de
« foi, et que vous vous mettrez l'esprit en repos.
« Car enfin, quand vous êtes de retour chez vous,
« votre conscience ne vous fait-elle point de re-
« proche? Ne dites-vous point en vous même : Ai-je
« eu raison de lui faire prêter serment? N'a-t-il
« point fait un parjure? N'ai-je point donné lieu à
« un crime si horrible? Au contraire, quelle conso-
« lation n'est-ce point pour vous quand, de retour
« dans votre maison, vous pouvez dire : Dieu soit
« béni, je me suis retenu; j'ai épargné à mon frère
« l'occasion d'un crime, et lui ai peut-être sauvé un
« faux serment? Que tout l'or, que toutes les ri-
« chesses de la terre périssent, plutôt que de m'o-
« bliger à enfreindre la loi, et à forcer les autres
« de la violer! »

Dans l'homélie précédente[*], saint Chrysostome, après avoir raconté à ses auditeurs comment le saint précurseur avait été mis à mort à cause du serment d'Hérode, les exhorte à conserver la mémoire d'un si tragique événement, et à profiter d'un si terrible

[*] Homil. XIV.

exemple; et il emploie pour cela les figures les plus vives et les plus sublimes. « Je vous dis hier d'em-
« porter chacun en votre maison la tête de Jean-
« Baptiste encore toute sanglante, et de vous repré-
« senter ses yeux animés d'un saint zèle contre les
« serments, et sa voix qui, s'élevant encore contre
« cette habitude criminelle, semble vous dire : Fuyez
« et détestez le jurement, qui a été mon meurtrier,
« et qui est la cause des plus grands crimes. En
« effet, continue saint Chrysostome, ce que ni la
« généreuse liberté du saint précurseur, ni la vio-
« lente colère du roi qui se voyait repris publique-
« ment, n'avaient pu faire, la crainte mal entendue
« du parjure le fit, et la mort de Jean-Baptiste fut
« l'effet et la suite du jurement. Je vous répète
« encore aujourd'hui la même chose. Envisagez tou-
« jours cette tête sacrée, qui fait de continuels re-
« proches aux blasphémateurs; et cette seule pensée
« sera comme un frein salutaire qui arrêtera votre
« langue et la détournera du blasphème. »

Sur la disgrace d'Eutrope. — Eutrope était un favori tout puissant auprès de l'empereur Arcadius, et qui gouvernait absolument l'esprit de son maître. Ce prince, aussi faible à soutenir ses ministres qu'imprudent à les élever, se vit obligé malgré lui d'abandonner son favori. En un moment Eutrope tomba du comble de la grandeur dans l'extrémité de la misère. Il ne trouva de ressource que dans la pieuse générosité de saint Jean Chrysostome, qu'il avait souvent maltraité, et dans l'asyle sacré des autels qu'il s'était efforcé d'abolir par diverses lois, et où il se réfugia dans son malheur. Le lendemain, jour destiné à la célébration des saints mystères, le peuple accourut en foule à l'église pour y voir dans Eutrope une image éclatante de la faiblesse des hommes et du néant des grandeurs humaines. Le saint évêque parla sur ce sujet d'une manière si vive et si touchante, qu'il changea la haine et l'aversion qu'on avait pour Eutrope en compassion, et fit fondre en larmes tout son auditoire. Il faut se souvenir que le caractère de saint Chrysostome était de parler aux grands et aux puissants, même dans le temps de leur plus grande prospérité, avec une force et une liberté vraiment épiscopales.

« Si l'on a dû jamais s'écrier : *Vanité des vanités,*
« *et tout n'est que vanité**; certainement c'est dans
« la conjoncture présente. Où est maintenant cet
« éclat des plus hautes dignités? Où sont ces marques
« d'honneur et de distinction? Qu'est devenu cet
« appareil des festins et des jours de réjouissances?
« Où se sont terminées ces acclamations si fré-
« quentes et ces flatteries si outrées de tout un peuple
« assemblé dans le cirque pour assister au spec-
« tacle? Un seul coup de vent a dépouillé cet arbre
« superbe de toutes ses feuilles, et, après l'avoir
« ébranlé jusque dans ses racines, l'a arraché en
« un moment de la terre. Où sont ces faux amis,
« ces vils adulateurs, ces parasites si empressés à
« faire leur cour, et à témoigner par leurs actions
« et leurs paroles un servile dévouement? Tout cela
« a disparu, et s'est évanoui comme un songe,

* Eccles, I, 2.

« comme une fleur, comme une ombre. Nous ne
« pouvons donc trop répéter cette sentence du
« Saint-Esprit: *Vanité des vanités, et tout n'est que
« vanité.* Elle devrait être écrite en caractères écla-
« tants dans toutes les places publiques, aux portes
« des maisons, dans toutes nos chambres: mais elle
« devrait encore bien plus être gravée dans nos
« cœurs, et faire le continuel sujet de nos entretiens.

« N'avais-je pas raison, dit saint Chrysostome en
« s'adressant à Eutrope, de vous représenter l'incons-
« tance et la fragilité de vos richesses? Vous con-
« naissez maintenant par votre expérience que,
« comme des esclaves fugitifs, elles vous ont aban-
« donné, et qu'elles sont même en quelque sorte
« devenues perfides et homicides à votre égard,
« puisqu'elles sont la principale cause de votre dé-
« sastre. Je vous répétais souvent que vous deviez
« faire plus de cas de mes reproches, quelque amers
« qu'il vous parussent, que de ces fades louanges
« dont vos flatteurs ne cessaient de vous accabler,
« parce que *les blessures que fait celui qui aime
« valent mieux que les baisers trompeurs de celui
« qui hait.** Avais-je tort de vous parler ainsi! Que
« sont devenus tous ces courtisans? ils se sont re-
« tirés: ils ont renoncé à votre amitié: ils ne son-
« gent qu'à leur sûreté, à leurs intérêts, aux dépens
« même des vôtres. Il n'en est pas ainsi de nous.
« Nous avons souffert vos emportements dans votre
« élévation, et dans votre chute nous vous soute-
« nons de tout notre pouvoir. L'Église, à qui vous

* Prov. XXVII, 6.

« avez fait la guerre, ouvre son sein pour vous re-
« cevoir; et les théâtres, objet éternel de vos com-
« plaisances, qui nous ont si souvent attiré votre
« indignation, vous ont abandonné et trahi.

« Je ne parle pas ainsi pour insulter au malheur
« de celui qui est tombé, ni pour rouvrir et aigrir
« des plaies encore toutes sanglantes, mais pour
« soutenir ceux qui sont debout, et leur faire éviter
« de pareils maux. Et le moyen de les éviter, c'est
« de se bien convaincre de la fragilité et de la va-
« nité des grandeurs humaines. De les appeler une
« fleur, une herbe, une fumée, un songe, ce n'est
« pas encore en dire assez, puisqu'elles sont audes-
« sous même du néant. Nous en avons une preuve
« bien sensible devant les yeux. Qui jamais est par-
« venu à une plus haute élévation? N'avait-il pas des
« biens immenses? Lui manquait-il quelque dignité?
« N'était-il pas craint et redouté de tout l'empire?
« Et maintenant plus abandonné et plus tremblant
« que les derniers des malheureux, que les plus
« vils esclaves, que les prisonniers enfermés dans
« de noirs cachots; n'ayant devant les yeux que les
« épées préparées contre lui, que les tourments et
« les bourreaux, privé de la lumière du jour au
« milieu du jour même, il attend à chaque moment
« la mort, et ne la perd point de vue.

« Vous fûtes témoins hier, quand on vint du
« palais pour le tirer d'ici par force, comment il
« courut aux vases sacrés, tremblant de tout le
« corps, le visage pâle et défait, faisant à peine en-
« tendre une faible voix entrecoupée de sanglots,

« et plus mort que vif. Je le répète encore, ce n'est
« point pour insulter à sa chute que je dis tout ceci,
« mais pour vous attendrir sur ses maux, et pour
« vous inspirer des sentiments de clémence et de
« compassion à son égard.

« Mais, disent quelques personnes dures et im-
« pitoyables, qui même nous savent mauvais gré de
« lui avoir ouvert l'asyle de l'église, n'est-ce pas cet
« homme-là qui en a été le plus cruel ennemi, et
« qui a fermé cet asyle sacré par diverses lois? Cela
« est vrai, répond saint Chrysostome; et ce doit
« être pour nous un motif bien pressant de glorifier
« Dieu de ce qu'il oblige un ennemi si formidable
« de venir rendre lui-même hommage, et à la puis-
« sance de l'Église, et à sa clémence. A sa puissance,
« puisque c'est la guerre qu'il lui a faite qui lui a
« attiré sa disgrace; à sa clémence, puisque, malgré
« tous les maux qu'elle en a reçus, oubliant tout le
« passé, elle lui ouvre son sein, elle le cache sous
« ses ailes, elle le couvre de sa protection comme
« d'un bouclier, et le reçoit dans l'asyle sacré des
« autels, que lui-même avait plusieurs fois entrepris
« d'abolir. Il n'y a point de victoires, point de tro-
« phées, qui pussent faire tant d'honneur à l'Église.
« Une telle générosité, dont elle seule est capable,
« couvre de honte et les juifs et les infidèles. Ac-
« corder hautement sa protection à un ennemi dé-
« claré, tombé dans la disgrace, abondonné de tous,
« devenu l'objet du mépris et de la haine publique;
« montrer à son égard une tendresse plus que ma-
« ternelle; s'opposer en même temps et à la colère

« du prince et à l'aveugle fureur du peuple : voilà
« ce qui fait la gloire de notre sainte religion.

« Vous dites avec indignation qu'il a fermé cet
« asyle par diverses lois. O homme ! qui que vous
« soyez, vous est-il donc permis de vous souvenir
« des injures qu'on vous a faites ? Ne sommes-nous
« pas les serviteurs d'un Dieu crucifié, qui dit en
« expirant : *Mon père, pardonnez-leur, car ils ne
« savent ce qu'ils font* [*] ? Et cet homme, prosterné
« au pied de l'autel, et exposé en spectacle à tout
« l'univers, ne vient-il pas lui-même abroger ses lois
« et en reconnaître l'injustice ? Quel honneur pour
« cet autel, et combien est-il devenu terrible et res-
« pectable, depuis qu'à nos yeux il tient ce lion en-
« chaîné ! C'est ainsi que ce qui rehausse l'éclat de
« l'image d'un prince, n'est pas qu'il soit assis sur un
« trône, revêtu de pourpre et ceint du diadème,
« mais qu'il foule aux pieds les barbares vaincus et
« captifs.....

« Je vois dans notre temple une assemblée aussi
« nombreuse qu'à la grande fête de Pâques. Quelle
« leçon pour tous que le spectacle qui vous occupe
« maintenant ; et combien le silence même de cet
« homme, réduit en l'état où vous le voyez, est-il
« plus éloquent que tous nos discours ! Le riche,
« en entrant ici, n'a qu'à ouvrir les yeux pour recon-
« naître la vérité de cette parole : *Toute chair n'est
« que de l'herbe, et toute sa gloire est comme la
« fleur des champs. L'herbe s'est séchée et la fleur
« est tombée*, parce que le Seigneur l'a frappée de

[*] Luc, XXIII, 34.

« *son souffle* *, et le pauvre apprend ici à juger de
« son état tout autrement qu'il ne fait, et, loin de
« se plaindre, à savoir même bon gré à sa pauvreté,
« qui lui tient lieu d'asyle, de port, de citadelle, en
« le mettant en repos et en sûreté, et le délivrant
« des craintes et des alarmes dont il voit que les
« richesses sont la cause et l'origine. »

Le but qu'avait saint Chrysostome en tenant tout ce discours, n'était pas seulement d'instruire son peuple, mais de l'attendrir par le récit des maux dont il lui faisait une peinture si vive. Aussi eut-il la consolation, comme je l'ai déjà dit, de faire fondre en larmes tout son auditoire, quelque aversion qu'on eût pour Eutrope, qu'on regardait avec raison comme l'auteur de tous les maux publics et particuliers. Quand il s'en aperçut, il continua ainsi : « Ai-je calmé
« vos esprits? Ai-je chassé la colère? Ai-je éteint
« l'inhumanité? Ai-je excité la compassion? Oui, sans
« doute ; et l'état où je vous vois, et ces larmes qui
« coulent de vos yeux, en sont de bons garants.
« Puisque vos cœurs sont attendris, et qu'une ar-
« dente charité en a fondu la glace et amolli la du-
« reté, allons donc tous ensemble nous jeter aux
« pieds de l'empereur ; ou plutôt prions le Dieu de
« miséricorde de l'adoucir, en sorte qu'il nous ac-
« corde la grace entière. »

Ce discours eut son effet, et saint Chrysostome sauva la vie à Eutrope. Mais, quelques jours après, ayant eu l'imprudence de sortir de l'église pour se sauver, il fut pris et banni en Chypre, d'où on le tira

* Isaï. XL, 6.

dans la suite pour lui faire son procès à Calcédoine ; et il y fut décapité.

Saint Chrysostome avait un ami intime, nommé Basile, qui lui avait persuadé de quitter la maison de sa mère pour mener avec lui une vie solitaire et retirée. Dès que cette mère désolée eut appris cette nouvelle, elle me prit par la main, dit saint Chrysostome, me mena dans sa chambre, et, m'ayant fait asseoir auprès d'elle sur le même lit où elle m'avait mis au monde, elle commença à pleurer, et à me parler en des termes qui me donnèrent encore plus de pitié que ses larmes : « Mon fils[*], me dit-elle, Dieu
« n'a pas voulu que je jouisse long-temps de la vertu
« de votre père. Sa mort, qui suivit de près les dou-
« leurs que j'avais endurées pour vous mettre au
« monde, vous rendit orphelin, et me laissa veuve
« plus tôt qu'il n'eût été utile à l'un et à l'autre. J'ai
« souffert toutes les peines et toutes les incommo-
« dités du veuvage, lesquelles certes ne peuvent être
« comprises par les personnes qui ne les ont point
« éprouvées. Il n'y a point de discours qui puisse re-
« présenter le trouble et l'orage où se voit une jeune
« femme qui ne vient que de sortir de la maison de
« son père, qui ne sait point les affaires, et qui,
« étant plongée dans l'affliction, doit prendre de
« nouveaux soins, dont la faiblesse de son âge et
« celle de son sexe sont peu capables. Il faut qu'elle
« supplée à la négligence de ses serviteurs, et se
« garde de leur malice ; qu'elle se défende des mau-
« vais desseins de ses proches ; qu'elle souffre cons-

[*] Extrait du liv. Ier du Sacerdoce.

« tamment les injures des partisans, et l'insolence
« et la barbarie qu'ils exercent dans la levée des
« impôts.

« Quand un père, en mourant, laisse des enfants,
« si c'est une fille, je sais que c'est beaucoup de
« peine et de soin pour une veuve : ce soin néan-
« moins est supportable, en ce qu'il n'est pas mêlé
« de crainte ni de dépense. Mais si c'est un fils, l'édu-
« cation en est bien plus difficile, et c'est un sujet
« continuel d'appréhensions et de soins, sans parler
« de ce qu'il coûte pour le faire bien instruire. Tous
« ces maux pourtant ne m'ont point portée à me
« remarier. Je suis demeurée ferme parmi ces orages
« et ces tempêtes, et, me confiant sur-tout en la
« grace de Dieu, je me suis résolue de souffrir tous
« ces troubles que le veuvage apporte avec soi.

« Mais ma seule consolation dans ces misères a
« été de vous voir sans cesse, et de contempler dans
« votre visage l'image vivante et le portrait fidèle
« de mon mari mort : consolation qui a commencé
« dès votre enfance, lorsque vous ne saviez pas en-
« core parler, qui est le temps où les pères et les
« mères reçoivent plus de plaisir de leurs enfants.

« Je ne vous ai point aussi donné sujet de me
« dire qu'à la vérité j'ai soutenu avec courage les
« maux de ma condition présente, mais aussi que
« j'ai diminué le bien de votre père pour me tirer
« de ces incommodités, qui est un malheur que je
« sais arriver souvent aux pupilles : car je vous ai
« conservé tout ce qu'il vous a laissé, quoique je
« n'aie rien épargné de tout ce qui vous a été né-

« cessaire pour votre éducation. J'ai pris ces dépenses
« sur mon bien, et sur ce que j'ai eu de mon père
« en mariage : ce que je ne vous dis point, mon
« fils, dans la vue de vous reprocher les obligations
« que vous m'avez. Pour tout cela, je ne vous de-
« mande qu'une grace : ne me rendez pas veuve une
« seconde fois; ne rouvrez pas une plaie qui com-
« mençait à se fermer. Attendez au moins le jour de
« ma mort. Peut-être n'est-il pas éloigné. Ceux qui
« sont jeunes peuvent espérer de vieillir; mais à mon
« âge je n'ai plus que la mort à attendre. Quand vous
« m'aurez ensevelie dans le tombeau de votre père,
« et que vous aurez réuni mes os à ses cendres, en-
« treprenez alors d'aussi longs voyages, et naviguez
« sur telle mer que vous voudrez, personne ne vous
« en empêchera. Mais pendant que je respire encore,
« supportez ma présence, et ne vous ennuyez point
« de vivre avec moi. N'attirez pas sur vous l'indi-
« gnation de Dieu, en causant une douleur si sensible
« à une mère qui ne l'a point méritée. Si je songe
« à vous engager dans les soins du monde, et que je
« veuille vous obliger de prendre la conduite de mes
« affaires, qui sont les vôtres, n'ayez plus d'égard,
« j'y consens, ni aux lois de la nature, ni aux peines
« que j'ai essuyées pour vous élever, ni au respect
« que vous devez à une mère, ni à aucun autre
« motif pareil : fuyez-moi comme l'ennemie de votre
« repos, et comme une personne qui vous tend des
« pièges dangereux. Mais si je fais tout ce qui dépend
« de moi afin que vous puissiez vivre dans une par-
« faite tranquillité, que cette considération pour le

« moins vous retienne, si toutes les autres sont inu-
« tiles. Quelque grand nombre d'amis que vous ayez,
« nul ne vous laissera vivre avec autant de liberté
« que je le fais. Aussi n'y en a-t-il point qui ait la
« même passion que moi pour votre avancement et
« pour votre bien. »

Saint Chrysostome ne put résister à un discours si touchant, et quelques sollicitations que Basile son ami continuât toujours à lui faire, il ne put se résoudre à quitter une mère si pleine de tendresse pour lui, et si digne d'être aimée.

L'antiquité païenne peut-elle nous fournir un discours plus beau, plus vif, plus tendre, plus éloquent que celui-ci, mais de cette éloquence simple et naturelle, qui passe infiniment tout ce que l'art le plus étudié pourrait avoir de plus brillant? Y a-t-il dans tout ce discours aucune pensée recherchée, aucun tour extraordinaire ou affecté? Ne voit-on pas que tout y coule de source, et que c'est la nature même qui l'a dicté? Mais ce que j'admire le plus, c'est la retenue inconcevable d'une mère affligée à l'excès, et pénétrée de douleur, à qui, dans un état si violent, il n'échappe pas un seul mot ni d'emportement, ni même de plainte contre l'auteur de ses peines et de ses alarmes, soit par respect pour la vertu de Basile, soit par la crainte d'irriter son fils, qu'elle ne songeait qu'à gagner et attendrir.

Rollin, *Traité des Études.*

MORCEAU CHOISI.

L'évêque Flavien demande grace à l'empereur Théodose, en faveur des habitants d'Antioche.

Prince, notre ville infortunée a souvent été comblée de vos bienfaits; et vos libéralités, qui faisaient autrefois sa gloire, sont aujourd'hui pour elle un nouveau sujet de honte et de douleur. Détruisez Antioche jusqu'aux fondements, réduisez-là en cendres, faites périr jusqu'à nos enfants par le tranchant de l'épée : nous méritons de plus sévères châtiments; et toute la terre, épouvantée de notre supplice, avouera qu'il est encore au-dessous de notre ingratitude. Déjà nous ne saurions plus rien ajouter à notre malheur. Accablés de votre disgrace, nous sommes un objet d'horreur pour tout le reste de votre empire. Nous avons offensé dans votre personne l'univers entier; il s'élève aujourd'hui contre nous, prince, plus fortement que vous-même : il ne reste donc plus qu'un seul remède à nos maux. Imitez la bonté de Dieu : outragé par ses créatures, il leur a ouvert les cieux. J'ose le dire, grand prince ! si vous nous pardonnez, nous devrons notre salut à votre indulgence; mais vous devrez à nos attentats l'éclat d'une gloire nouvelle : nous vous aurons préparé, par notre crime, une couronne plus brillante que celle dont Gratien a orné votre front : vous ne la tiendrez que de votre vertu. On a détruit vos statues : ah! qu'il vous est facile d'en rétablir qui soient infiniment plus précieuses! Ce ne seront point des statues muettes et fragiles, exposées dans les places publiques aux caprices et aux injures; ouvrages de la clémence, et immortelles comme la vertu même, celles-ci seront placées dans tous les cœurs; et vous aurez autant de monuments honorables qu'il y a d'hommes sur la terre, et qu'il y en aura jamais. Non, les exploits guerriers, les trésors, la vaste étendue d'un empire, n'attirent point aux princes une gloire aussi pure et aussi durable que la bonté et la clémence. Rappelez-vous les outrages que des mains séditieuses firent aux statues de Constantin, et les suggestions de ses courtisans qui l'excitaient à la vengeance. Vous savez que ce prince, portant alors la main à son front, leur répondit en souriant : *Rassurez-vous, je ne suis point blessé.* On a oublié une grande partie des victoires de cet empereur; mais cette parole a survécu à ses trophées; elle sera entendue des siècles à venir, et elle lui méritera les éloges et les bénédictions de tous les âges. Mais qu'est-il besoin de vous proposer des exemples étrangers? Il ne faut vous rappeler que vos propres actions. Souvenez-vous donc de ce soupir généreux que la clémence fit sortir de votre bouche, lorsqu'aux approches de la fête de Pâques, annonçant, par un édit, aux criminels leur pardon, et aux prisonniers leur délivrance, vous ajoutâtes : *Que n'ai-je aussi le pouvoir de ressusciter les morts!* O grand prince! vous pouvez faire aujourd'hui ce miracle. Antioche n'est plus qu'un tombeau; ses habitants ne sont plus que des cadavres; il sont morts avant le supplice qu'ils ont mérité : vous pouvez, d'un seul mot, leur rendre la vie. Si vous faites grace à mon

troupeau, les infidèles s'écrieront : « Qu'il est grand
« le Dieu des chrétiens ! des hommes il sait faire
« des anges ; il les élève au-dessus de la nature. »
Ne craignez pas que l'impunité corrompe vos autels.
Hélas ! notre sort ne peut qu'épouvanter. Tremblant sans cesse, regardant chaque nuit comme la
dernière, chaque jour comme celui de notre supplice, fuyant dans les déserts, en proie aux bêtes
féroces, cachés dans les cavernes, dans le creux
des rochers, nous donnons au reste du monde
l'exemple le plus effrayant. Détruisez donc Antioche ;
mais détruisez-la comme autrefois le Tout-Puissant
détruisit Ninive : effacez notre crime par le pardon,
anéantissez la mémoire de notre attentat, en faisant
naître dans tous les cœurs la reconnaissance et l'amour. Il est aisé d'incendier des maisons, de renverser des murailles ; mais changer tout-à-coup des
citoyens parjures en sujets fidèles et affectionnés,
c'est l'effet d'une vertu divine. Quelle conquête une
seule parole peut vous procurer ! Elle vous gagnera
la tendresse de tous les hommes. Quelle récompense
vous recevrez de l'Éternel ! Il vous tiendra compte,
non-seulement de votre bonté, mais encore de toutes
les actions de miséricorde que votre exemple engendrera dans la suite des siècles. Prince invincible,
ne rougissez pas de céder à un faible vieillard, après
avoir résisté à vos plus braves officiers : ce sera céder
au souverain des empereurs, qui m'envoie pour
vous présenter l'Évangile, et vous dire de sa part :
« Si vous ne remettez les offenses commises contre
« vous, votre Père céleste ne vous remettra pas les

« vôtres. » Représentez-vous ce jour terrible, où les princes et les sujets comparaîtront au tribunal de la suprême justice, et croyez que vos fautes seront alors effacées par le généreux pardon que vous nous aurez accordé. Pour moi, je vous le proteste grand Prince, si votre juste indignation s'appaise, si vous rendez à notre patrie votre bienveillance, j'y retournerai avec joie; j'irai bénir avec mon peuple la bonté divine, et célébrer la vôtre. Mais si vous ne jetez plus sur Antioche que des regards de colère, je le jure devant vous, mon peuple ne sera plus mon peuple : je ne le reverrai plus; j'irai dans une retraite éloignée, cacher ma honte et mon affliction; j'irai pleurer, jusqu'à mon dernier soupir, le malheur d'une ville qui aura rendu implacable pour elle seule le plus humain et le plus doux de tous les princes*.

Homélies II, ch. III**.

CICÉRON (Marcus Tullius) naquit à Arpinum, l'an de Rome 647, d'une simple famille de chevaliers romains. Sa mère s'appelait Helvia. Il est remarquable que l'orateur ne fait mention d'elle dans aucun de ses écrits. Son père et son aïeul avaient entretenu d'honorables liaisons avec plusieurs personnages du rang le plus élevé. Il paraît que sa famille était ancienne et entourée de considération; mais aucun de ses ancêtres n'avait possédé les grands

* Le courroux de Théodose ne résista pas à l'éloquence de Flavien. F.
** Nous avons cru devoir donner une traduction fidèle de ce beau morceau, dont Rollin ne nous a présenté que des extraits : elle est du cardinal Maury. F.

emplois de la république : Cicéron fut seul l'auteur de son illustration; la supériorité de son mérite le fit sortir de l'obscurité à laquelle la fortune semblait l'avoir condamné. Dans le siècle le plus brillant de Rome, jeté au milieu d'une foule d'hommes d'état et de capitaines fameux, il sut s'égaler à eux par de grandes actions, et son génie lui assure dans la postérité une gloire particulière qu'aucun d'eux ne peut lui disputer.

Le hasard le fit naître dans cette même petite ville d'Arpinum, qui avait donné le jour à Marius. On peut croire que l'exemple de son compatriote, élevé de la condition la plus obscure au comble de la grandeur, fut pour le jeune Cicéron un puissant encouragement. Lui-même a plus d'une fois comparé dans ses écrits leur destinée commune, et félicité sa ville natale d'avoir donné deux libérateurs à la république. Ces deux libérateurs ne se ressemblaient guère. L'un fit payer cher à sa patrie les services qu'il lui avait rendus, et ne la délivra de ses ennemis que pour l'accabler ensuite de son ambition; l'autre, après l'avoir sauvée par un héroïque dévouement, la couvrit d'une gloire que ne lui avaient pas donnée les plus illustres capitaines. Au rapport de Plutarque, on parlait fort diversement de son origine : les uns voulaient qu'il eût été élevé dans la boutique d'un foulon; les autres le faisaient descendre de ce Tullus Attius, roi des Volsques, qui donna un asyle à Coriolan. En écartant des traditions contradictoires et également fausses, il paraît certain que son père jouissait d'une honnête aisance, et que, comme le père d'Horace, il donna tous ses soins à l'éducation de son fils. Dès ses premières années, ce jeune homme avait annoncé les plus heureuses dispositions. La nature lui avait donné une âme ardente et sensible, cette avidité de savoir, cette constance au travail, qui sont les caractères les plus infaillibles du génie. Ses progrès étonnaient ses maîtres, et inspiraient à ses jeunes rivaux une sorte de respect. Au sortir de l'école, ils le mettaient par honneur au milieu d'eux, et lui formaient une escorte, rendant ainsi hommage à sa supériorité; et leurs parents venaient eux-mêmes aux écoles publiques admirer un enfant d'une si grande espérance.

Sorti des écoles, il commença les longues études nécessaires à tous ceux qui voulaient s'ouvrir le chemin des dignités en cultivant l'art difficile de la parole : il embrassa cette universalité de connaissances que lui-même plus tard prescrivit à l'orateur. Il apprit de Platon la philosophie, la jurisprudence des deux Scévola ; et, tout entier à la méditation et au travail, fréquentant les maîtres habiles que la Grèce envoyait en foule à Rome, il préparait dans la retraite ces armes de l'éloquence qui devaient sauver sa patrie.

Les premiers essais de Cicéron furent quelques poèmes assez estimés de ses contemporains, et dont il nous reste des fragments. Le plus admiré de tous était celui où il célébra son compatriote Marius, dont la gloire avait frappé si vivement sa jeune imagination. Il ne paraît pas au reste qu'il ait eu jamais de grandes prétentions à la gloire poétique. Dans sa jeunesse il se servit de la poésie comme d'un exercice de l'esprit. Dans d'autres époques de sa vie, elle fut pour lui un délassement de ses travaux, une distraction à ses chagrins.

Cette vie studieuse fut interrompue par une campagne qu'il fit à l'âge de dix-huit ans dans la guerre des Marses, sous les ordres de Cn. Pompée, père du grand Pompée. Une guerre plus sérieuse éclata bientôt dans le sein même de Rome entre des citoyens trop puissants pour le repos de leur patrie. On vit pour la première fois un consul marchant contre la république à la tête des troupes qu'elle lui avait confiées pour la défendre, la ville inondée de sang, l'ambition et la vengeance empruntant le nom de la justice et des lois pour assouvir leurs fureurs, un tyran patricien écrasant un tyran plébéien, et réprimant le crime et la licence par des crimes et une licence encore plus effroyables. C'est pendant que toutes ces horreurs désolaient la république, que Cicéron se livrait en silence à ses profondes études. Un pareil spectacle dut sans doute frapper fortement son âme; et cette grande leçon, en lui inspirant la haine du despotisme et de l'anarchie, l'attachèrent sans retour à la défense de la liberté, de l'ordre et des lois.

Son talent, fortifié par le travail et l'exercice, cherchait une occasion de se produire : cette occasion se présenta. Il débuta dans la carrière du barreau par une de ces causes qui attirent les regards du public, et qui décident de la réputation d'un orateur. Il s'agissait de défendre l'innocence opprimée par la force.

Un jeune homme, S. Roscius, après avoir vu son père tomber sous le fer des assassins, et l'héritage paternel passer dans les mains d'usurpateurs avides, avait été accusé de parricide par les spoliateurs de ses biens, qui, peut-être, auteurs du crime dont ils le chargèrent, avaient besoin de consolider leur usurpation par un crime nouveau. L'un d'eux était un affranchi de Sylla, tout puissant auprès de son maître, et qui couvrait ses attentats de la redoutable autorité du dictateur. De nombreux protecteurs s'intéressaient au sort du jeune Roscius; mais aucun n'osait, en prenant la défense de l'accusé, braver un pouvoir sans bornes, et s'attirer la plus redoutable inimitié : Cicéron seul eut ce courage. Il était dans sa vingt-septième année. Cette cause le couvrit de gloire, et fit connaître à ses concitoyens ce qu'on pouvait attendre de ses vertus et de son courage comme de son talent.

Il quitta Rome quelque temps après, non pas, comme le dit Plutarque, pour se soustraire au ressentiment de Sylla, mais pour visiter les écoles célèbres de la Grèce et de l'Asie, et raffermir par la distraction d'un voyage sa santé naturellement faible, et que le travail avait encore altérée. Le séjour d'Athènes accrut le goût naturel qui le portait vers la philosophie. A Rhodes, école d'éloquence non moins fameuse que celle d'Athènes elle-même, il suivit les maîtres les plus célèbres pour se perfectionner à leurs leçons. Il a rappelé dans la suite les obligations qu'il eut à chacun d'eux, et a consacré, dans ses écrits, leur mémoire et sa reconnaissance. De retour à Rome, il continua ses études dans l'art de la parole, et cultiva sur-tout l'action, cette partie si essentielle au jugement de Démosthène. Plutarque assure qu'il eut sous ce rapport les mêmes obstacles à vaincre que l'orateur de la Grèce. Il en triompha comme lui à force de constance et par les conseils de deux acteurs fameux, Ésope et Roscius. Il leur dut d'acquérir cette grace du débit, si puissante sur-tout devant un auditoire populaire.

Cicéron avait atteint sa trentième année : la carrière des honneurs publics lui était dès lors ouverte : mais le sentiment de ses forces et l'amour de la gloire, pouvaient à peine surmonter en lui une certaine timidité naturelle. Animé par les représentations de son père et de ses amis, encouragé par ses succès au barreau, il se mit à briguer les charges et parvint à la questure. Envoyé en Sicile pour y exercer ses nouvelles fonctions, il sut concilier les intérêts de la province dont l'administration lui était confiée avec les devoirs de sa charge et ce que réclamaient alors de lui les besoins de Rome. Les incursions des pirates avaient réduit à la disette cette ville immense; elle ne pouvait vivre qu'aux dépens de ses plus fertiles provinces. Le nouveau questeur de Sicile montra, pour la secourir dans cette extrémité, un zèle qui d'abord blessa les Siciliens. Mais sa justice, son intégrité, son désintéressement les ramenèrent bientôt, et lorsque le temps de sa questure fut expiré, il revint à Rome comblé des marques de leur estime et de leur reconnaissance.

Rentré dans les fonctions du barreau, il continuait à se faire des droits à l'estime et à la considération de ses concitoyens, par l'empressement généreux qu'il mettait à défendre ceux qui avaient besoin de son secours, sans prétendre d'autre fruit de ses nobles services que le plaisir et la gloire de les avoir rendus. Son nom devenait de plus en plus célèbre, et il jetait les fondements de cette considération immense qui l'éleva si haut, et qui entoura de tant d'éclat sa vie tout entière. Une affaire célèbre vint mettre le comble à sa réputation. Pour la première fois il se chargea du rôle d'accusateur. On sait qu'à Rome les jeunes orateurs débutaient ordinairement dans la carrière de l'éloquence en accusant quelque personnage éminent par son rang ou sa renommée. C'était souvent le besoin de s'illustrer, plutôt que les intérêts de la justice, qui les animait. Cicéron avait jusqu'alors dédaigné ce moyen facile d'arriver à la célébrité, mais lorsqu'il accusa Verrès, il crut remplir le plus sacré, le plus noble des devoirs, en prêtant sa voix à l'indignation des peuples opprimés, en appelant la vengeance des lois sur la tête d'un grand coupable. Ce méprisable magistrat, chargé de gouverner la Sicile sous le titre de proconsul, avait abusé du pouvoir presque sans bornes que sa charge lui donnait pour satisfaire une insatiable cupidité, et s'enrichir des dépouilles d'une riche province. A l'avarice, aux concussions les plus révoltantes, il avait joint la cruauté et la violence. Il n'était pas de forfait dont il ne se fût rendu coupable, pas d'outrage dont les Siciliens n'eussent été les victimes. Quoique accoutumés depuis long-temps à ne voir dans les gouverneurs romains que des maîtres impérieux, ils ne purent supporter cet excès d'indignité. Et lorsque le proconsul eut achevé ses trois années de magistrature, ils le poursuivirent à Rome de leurs murmures et de leurs justes plaintes. Ils connaissaient les talents et l'intégrité de Cicéron leur ancien questeur, ils le chargèrent de leur cause. L'orateur était digne de cette confiance, mais pour y répondre, il avait de grands obstacles à vaincre. La corruption était telle dans Rome, que depuis long-temps elle avait comprimé, étouffé l'action des lois. Tout était devenu vénal, la justice se vendait aussi publiquement que les suffrages. Il existait à cet égard une sorte de tarif, proportionné à la grandeur du délit. On était sûr de l'impunité, quand on pouvait l'acheter; plus le coupable avait multiplié ses criminelles déprédations, plus il avait de moyens de se faire trouver innocent. Verrès, qui par ses rapines avait acquis des richesses immenses, espérait échapper à l'indignation des peuples. Il était d'ailleurs appuyé du crédit de plusieurs personnages illustres, et comptait sur le talent et le nom du célèbre Hortensius, le plus grand orateur de Rome avant Cicéron, et le seul qui lui disputait encore la palme de l'éloquence. Tant de difficultés ne découragèrent pas Cicéron; fort de la justice et de la noblesse de sa cause, il la soutint avec une persévérance invincible. Après s'être fait assurer le rôle d'accusateur qu'une intrigue perfide voulait confier à un homme moins redoutable ou vendu, il passa en Sicile et recueillit avec une célérité incroyable les pièces dont il avait besoin pour cet important procès. En voyant une pareille activité, Verrès commençait à trembler; déjà l'infâme marché par lequel il avait acheté à l'avance son absolution avait été rompu. Mais il reprit confiance en voyant son défenseur Hortensius nommé au consulat. Il échappait peut être si les débats se fussent prolongés jusqu'au temps où les nouveaux magistrats entraient en possession de leurs charges. Mais Cicéron sentit le danger, et dans une circonstance si belle pour déployer son éloquence, il renonça à la parole pour laisser parler les témoins, et sans rien ajouter de plus il se confia à la force de la vérité, et à la conscience des juges. Les dépositions parurent si convaincantes, que l'accusé désespérant de sa cause n'attendit pas une condamnation certaine et s'exila lui-même. Il en coûta sans doute à l'orateur pour renoncer à la parole dans une circonstance si propre à faire triompher son éloquence. Mais plus tard il se dédommagea de ce sacrifice en écrivant les discours qu'il se proposait de prononcer. Ils n'ont été perdus ni pour ses contemporains, ni pour la postérité : ils sont restés, dit un ingénieux écrivain, comme le chef-d'œuvre de l'éloquence judiciaire, ou plutôt comme le monument d'une illustre vengeance exercée contre le crime par la vertueuse indignation du génie.

Cicéron avait été nommé édile pendant la discussion de cette grande affaire, et malgré la cabale qui lui était opposée. On sait que ceux qui étaient revêtus de cette magistrature, chargés de donner des jeux au peuple, achetaient souvent ses bonnes graces par des profusions insensées, et ruinaient leur fortune, dans l'espoir que les honneurs auxquels les conduirait, dans la suite, leur popularité, les dédommageraient de ces avances dispendieuses. Cicéron brava ce préjugé et s'en fit honneur. Son édilité ne se fit point remarquer par ces dépenses fastueuses que la curiosité frivole de la multitude avait coutume d'exiger de l'ambition ou de la vanité des édiles. Il voulut que sa fortune et son crédit eussent des fondements plus honorables; il fit diminuer le prix du blé dont les incursions des pirates avaient accru la rareté, et employa au soulagement des citoyens pauvres les riches présents qu'il recevait de la reconnaissance des Siciliens. Il s'acquit ainsi dans l'exercice de cette magistrature de nouveaux droits à l'estime générale. Honoré pour son talent, aimé de tous ses concitoyens qui le trouvaient toujours prêt à défendre leurs intérêts, il jouissait de cette considération si douce dont il a fait luimême le bonheur de l'orateur. Il voyait sa maison aussi fréquentée que celle de Crassus et de Pompée, et se plaçait par son génie au rang dont sa naissance semblait devoir l'exclure. Pompée lui-même, qui dès lors était le premier personnage de l'état, crut devoir cultiver l'amitié de l'orateur, espérant accomplir par son secours ses projets ambitieux. Cicéron fut bientôt élevé à la préture, et nommé le premier des huit préteurs qu'on était dans l'usage de choisir. Chargé de rendre la justice, il développa cette énergie et cette intégrité que lui inspiraient la sévérité de ses principes et la hauteur de son âme. Inaccessible à la crainte comme à la séduction, il fit trembler les coupables, malgré les protections puissantes qui les soutenaient. C'est aussi pendant sa préture qu'il eut occasion de se lier avec Pompée, par un service important qu'il lui rendit. Un tribun du peuple, appelé Manilius, avait fait porter une loi, par laquelle en chargeant le général de la guerre contre Mithridate, on remettait dans ses mains un pouvoir presque illimité, toutes les forces romaines et pour ainsi dire la fortune de l'empire. Cette espèce de dictature confiée à un ambitieux pouvait être dangereuse à la liberté publique. Quelques citoyens prudents et sur-tout le sage Catulus, cherchaient vainement à ramener les esprits aux anciennes maximes du gouvernement. Moins jaloux de son indépendance que de la gloire d'un général qu'il chérissait, le peuple élevait son idole, et sacrifiait tout à la grandeur d'un seul homme. Cicéron seconda de son éloquence cet entraînement général, soit qu'aspirant au consulat il cherchât à se ménager l'appui d'un homme tout-puissant, et que l'ambition l'ait emporté sur les devoirs du citoyen, soit que plein de confiance dans le caractère et la modération de Pompée, il l'ait cru trop généreux pour abuser de la faveur du peuple contre sa patrie. L'orateur soutint la proposition du tribun, et Pompée alla combattre Mithridate.

Cependant Cicéron parvint au consulat; il y fut

porté dans des circonstances qui relevaient encore le prix d'un tel honneur. Le sentiment d'un danger terrible, et le besoin reconnu d'un homme supérieur pour sauver l'état réunirent en sa faveur tous les suffrages. Depuis long-temps des causes de destruction minaient la république : un malaise secret, une inquiétude sourde travaillaient les esprits : les institutions de Sylla, imposées par la violence, avaient laissé subsister dans les âmes un mécontentement profond : la plupart des grandes familles de Rome ruinées par les guerres civiles, et par les malheurs qui les suivent, désiraient un nouvel état de choses : les fortunes avaient presque toutes changé de maîtres ; la corruption générale s'en était augmentée : la dépravation des mœurs et l'égoïsme avaient éteint l'amour de la patrie : toutes les ambitions étaient en mouvement : une foule de citoyens intrigants et pervers cherchaient à troubler l'état dans l'espérance d'élever leur fortune sur ses ruines : l'exemple des coupables succès de Marius et de Sylla encourageaient leur audace impie. Les circonstances parurent la seconder. Les forces de Rome étaient occupées dans l'Orient à combattre Mithridate. Les nombreux vétérans de Sylla, répandus sur l'Italie où le dictateur leur avait donné des terres, habitués à la violence et au pillage, au mépris des lois, devaient être autant d'instruments dociles dans la main des factieux, et déjà ils rêvaient le pillage des richesses qui frappaient leurs regards et éveillaient leur cupidité. A Rome, la populace insensible au bien public entendait avec plaisir retentir les bruits avant-coureurs d'une révolution. Les citoyens les plus puissants, les César, les Crassus, paraissaient voir avec indifférence les mouvements qui se préparaient. Il n'était pas même certain que les conspirateurs eussent en eux des ennemis déclarés. Ils avaient trouvé un digne chef dans Catilina, homme hardi, entreprenant, depuis long-temps habitué au crime, et qu'aucun forfait ne pouvait épouvanter. Ce citoyen pervers et criminel, pour donner plus de force à ses projets, avait brigué le consulat avec Antoine, sans autre droit à cette dignité suprême, qu'une naissance illustre et ses intrigues. Il s'était vu préférer Cicéron, homme sans aïeux, le seul des candidats qui n'eût pas le rang de sénateur. Aux motifs qui l'animaient à poursuivre sa criminelle entreprise, se joignait encore le dépit de l'orgueil humilié et le désir de la vengeance. La conspiration devenait de plus en plus redoutable, déjà même elle marchait tête levée, et celui qui en était le chef, interrogé par le consul, avait avoué audacieusement en plein sénat ses intentions criminelles. Les conjurés se préparaient à agir avant le retour de Pompée qu'on croyait prochain. Déjà les vétérans de Sylla se rendaient de tous côtés dans Rome, afin d'appuyer de leurs violences la nouvelle demande que faisait Catilina du consulat. Ce scélérat espérait tuer Cicéron dans le désordre des comices. Trompé une seconde fois dans ses prétentions, il n'a plus d'espoir que dans la violence et l'audace. Mallius, son complice, commence la guerre en Étrurie à la tête des vétérans et des troupes qu'il a entraînées : Catilina veut assurer l'exécution de son complot, en se débarrassant de la surveillance importune de Cicéron par un coup de poignard. Deux assassins se présentent à sa porte, et le trouvent sur ses gardes. Instruit des moindres détails de la conspiration, le consul convoque le sénat pour l'avertir de l'imminence du danger. Catilina eut l'audace de se rendre à l'assemblée, et d'y braver les regards indignés de tous les bons citoyens. Mais Cicéron, donnant un libre cours à son indignation, révéla, dans une harangue foudroyante, ses projets criminels. Le coupable essaya vainement de répondre; réduit au silence par les murmures du sénat, il sortit en vomissant d'horribles menaces. Il avait quitté Rome la nuit même, à la tête de trois cents hommes armés; mais il y laissait des complices dévoués pour achever ses projets. Lentulus et Céthegus, leurs chefs, se tenaient prêts à porter le carnage et l'incendie dans Rome au premier signal qu'ils en recevraient. Surpris bientôt dans un piége qu'eux-mêmes s'étaient tendu, ils sont jetés dans les fers par l'ordre du sénat. Il fallait statuer sur leur sort. Le consul, en proie à une pénible perplexité, hésitait sur le parti qu'il avait à prendre. Laisser vivre les coupables, c'était replonger l'état dans le danger dont il l'avait sauvé. Faire mourir des citoyens romains, des hommes d'une naissance illustre, malgré les lois protectrices de la vie du moindre des citoyens romains, c'était se charger d'une responsabilité terrible. Mais la grande âme de Cicéron sacrifia bientôt l'intérêt de sa tranquillité au bien de sa patrie. Il préféra le parti de la rigueur, et s'exposa ainsi de lui-même aux orages qui dans la suite agitèrent sa vie. Le sénat, dirigé par ses conseils, prononça la sentence de mort, et le consul la fit exécuter sans délai. Ce coup anéantit la conjuration. Catilina, réduit à combattre en bataille rangée, à la tête de quelques forcenés, contre les troupes de la république, se fit tuer vaillamment, et Rome fut délivrée d'un péril plus grand que ceux dont Mithridate la menaçait. Cet heureux résultat était dû tout entier à Cicéron; il avait, par sa pénétration, déjoué les plans des conjurés; par son habile politique, il avait forcé Catilina, si dangereux dans les murs de Rome, à jeter le masque, et à employer la force ouverte qui ne pouvait lui réussir. Enfin, par un dévouement généreux, il avait bravé, pour assurer le salut de ses concitoyens, la haine des méchants, dont il prévoyait qu'un jour il deviendrait la victime. La malveillance n'attendit pas qu'il fût sorti de la magistrature pour l'attaquer. Un tribun, soutenu de l'appui de César, voulut l'empêcher de haranguer le peuple, selon l'usage, le jour où expirait son consulat, et ne lui permit que de jurer qu'il avait fait observer les lois. Cicéron imita la fierté du vainqueur de Carthage, qui, sans daigner répondre à ses accusateurs, entraîna le peuple au Capitole rendre graces aux dieux de ce qu'il avait triomphé d'Annibal. Au lieu de prononcer le serment d'usage, il jura qu'il avait sauvé Rome et l'empire, et tout le peuple confirma par ses applaudissements la vérité de ce serment extraordinaire.

Quelque temps après, les suffrages unanimes de ses concitoyens lui décernèrent le titre de père de la patrie. Ainsi se termina ce consulat, qui fut le moment le plus brillant de sa vie, et dans lequel il avait rendu à ses concitoyens tant d'autres services que le peu d'étendue de cette notice ne nous permet pas de rappeler. Entouré d'honneurs et de respects, il jouit au sein de sa patrie de la gloire si légitime qu'il s'était acquise; mais peut-être s'en laissait-il trop enivrer. Il rappelait trop souvent le souvenir de ce qu'il avait fait pour ses concitoyens; comme Scipion l'Africain, il les fatiguait du récit de ses grandes actions, oubliant que la reconnaissance est un sentiment délicat et ombrageux, et que plus le bienfait est grand, plus il faut craindre d'irriter l'amour-propre en le rappelant. En général, il laissait trop percer ce sentiment de sa supériorité et le regret de se voir réduit désormais à un rôle subalterne. Son mécontentement se trahissait trop souvent par des mots piquants et satiriques qui lui faisaient beaucoup d'ennemis.

Le plus dangereux, le plus pervers de tous, fut Clodius, jeune tribun factieux, qui eut une grande influence sur la vie de notre orateur. Déjà s'agitaient à Rome ces intrigues qui finirent par mettre la république aux mains de quelques hommes trop puissants. Pompée, de retour de ses expéditions dans l'Orient, s'était ligué avec Crassus et César; et ce redoutable triumvirat, en s'appuyant de l'autorité d'une multitude abusée, avait brisé la puissance du sénat. Cicéron avait horreur de ces attentats; mais soit confiance dans le caractère plus honorable de Pompée, soit faiblesse pour un homme qui se disait son ami, soit enfin qu'il crût le mal sans remède, et la résistance désormais inutile, il n'avait pas provoqué l'inimitié des triumvirs par une résistance ouverte; mais il devait à la nature de son caractère de ne pas dissimuler sa manière de voir sur une conduite si séditieuse. Le ressentiment secret des triumvirs le livra bientôt sans défense à la haine de Clodius. Ce tribun, après plusieurs attaques indirectes, proposa une loi qui condamnait à l'exil tous ceux qui auraient fait mourir un citoyen romain sans que le peuple eût prononcé la sentence. Cicéron vit bien à qui en voulait Clodius; il prit le deuil, et tout le sénat avec lui. Tout ce qu'il y avait de plus distingué dans Rome s'intéressa à son danger. Mais les consuls Pison et Gabinius étaient vendus à la faction qui le poursuivait: il put bientôt reconnaître qu'au lieu de lui prêter leur appui, ils étaient prêts à soutenir de leur autorité toutes les entreprises de ses ennemis. Il se tourna vers Pompée, qui lui refusa froidement son secours. Soutenu du reste par tous les gens de bien, il aurait pu repousser l'injustice par la force. Mais c'était exposer sa patrie au désordre et à des malheurs certains; c'était imiter les factieux qu'il avait toujours combattus. Il prit un parti plus digne de lui, en cédant aux sollicitations de Caton; il s'exila volontairement, et, en épargnant à Rome les maux dont elle était menacée, il sembla la sauver une seconde fois. On peut juger de la grandeur du sacrifice par la douleur qu'il fit éclater. Les hommages des villes de l'Italie et de la Grèce qui, au mépris, de la loi de Clodius, s'empressaient de l'accueillir, les preuves d'affection et de dévouement dont l'accablaient ses amis, les témoignages de respect et d'admiration qu'il recueillait partout sur son passage, rien ne put dissiper sa profonde tristesse; son désespoir alla presque jusqu'à le porter à renoncer à la vie. Abattu par son infortune, il démentait la gloire de ses actions passées et montrait une douleur indigne également et de la philosophie dont il faisait profession et de la grandeur d'âme qu'il avait déployée lorsqu'il bravait les poignards des conjurés. Mais alors les regards de ses concitoyens et la perspective d'une gloire immortelle enflammaient son courage; maintenant, loin du théâtre de sa gloire, son isolement le laissait sans armes contre la douleur. Cependant Clodius avait fait sanctionner par le peuple la loi qui bannissait Cicéron; sa rage n'était pas encore assouvie. Les biens de la victime furent mis à l'encan; mais il ne se trouva personne qui osât s'emparer de ces vénérables dépouilles. Les consuls seuls ne reculèrent pas devant cette infamie. Sa maison de Rome fut mise au pillage, incendiée et démolie, et sur le terrain qu'elle occupait, le tribun osa élever une statue à la liberté. Mais ce séditieux se perdit bientôt lui-même par l'excès de son audace. Toujours escorté d'une populace prête à servir ses fureurs, il s'était rendu odieux et redoutable à toute la noblesse. Pompée lui-même fut insulté et se repentit d'avoir sacrifié à une faction si vile un illustre et vertueux citoyen. Dans le même temps tous les ordres de l'état faisaient éclater un zèle égal pour le retour du sauveur de Rome. L'Italie tout entière sollicitait son rappel. Le sénat avait suspendu toutes les affaires jusqu'à ce que le décret de bannissement eût été révoqué. A cet accord si unanime, Clodius ne pouvait opposer que la violence. Il déchaîna ses satellites dans l'assemblée. Le Forum, devenu un champ de bataille, fut inondé de sang et encombré de cadavres. Mais enfin le parti de la justice et de l'honneur l'emporta. Le zèle de tous les gens de bien, secondé de l'activité de Pompée, fit décider par le peuple le rappel de l'illustre exilé. Il revint dans sa patrie après une absence de seize mois, et ce retour fut un triomphe. Le jour où il rentra dans Rome fut, avec celui où le nom de père de la patrie lui avait été décerné, le plus beau de sa vie. Ce jour était bien glorieux pour lui. Les regrets de sa patrie tout entière l'avaient suivi dans son exil; c'était Rome qui le rappelait; les vœux unanimes de ses concitoyens et leurs transports de joie le dédommagèrent de son malheur.

Cependant cette disgrace laissa un sentiment profond dans l'âme de Cicéron. Il vit qu'il avait besoin de l'appui d'un homme puissant, et s'attacha plus que jamais à Pompée à qui il était en grande partie redevable de son retour. Mais, sa reconnaissance ou le sentiment de sa faiblesse l'entraîna trop loin; il se mit peu à peu sous la dépendance des ambitieux qui cherchaient à opprimer la liberté. César était allé entreprendre la conquête des Gaules, et préludait par des triomphes à l'asservissement de sa patrie. Pompée, resté à Rome avec Crassus, déshonorait son ancienne gloire par les plus odieuses intrigues. Bientôt les triumvirs réunis dans une entrevue, renouvelèrent leur alliance, et concertèrent un plan par lequel ils se partageaient l'empire, et s'engageaient à se prêter un appui mutuel. Il fut convenu que Crassus serait chargé du gouvernement de la Syrie et de la guerre des Parthes, et que César serait prorogé pour cinq ans dans le commandement des armées qu'il avait en Gaule. Cicéron, à la sollicitation de Pompée, soutint à Rome les intérêts de César, l'un des principaux auteurs de son exil. Ce ne fut pas le seul, ni le plus pénible sacrifice auquel sa position le contraignit. Séduit par les artifices de Pompée, il consentit à prêter le noble ministère de son éloquence à la défense de ses ennemis les plus acharnés, d'un Vatinius, d'un Gabinius, hommes couverts de crimes et d'ignominie. Avec une âme si haute il lui en coûta sans doute de s'abaisser à cette honteuse condescendance. Il sentait sa faiblesse; il rougissait de la servitude dans laquelle il était tombé; mais il n'avait pas le courage de rompre ses fers. Dans sa correspondance privée, où son cœur s'épanche avec ses amis, nous le voyons plus d'une fois exprimer amèrement ses regrets, et se plaindre de n'être plus libre même dans ses haines. Il se reprochait d'avoir sacrifié sa dignité aux conseils d'une politique timide; il enviait le sort du petit nombre de ces hommes intrépides qui restés indépendants au milieu des factions, forçaient leurs oppresseurs à les respecter, et dans sa douleur, il s'écriait : heureux Caton, à qui personne n'ose demander une bassesse !

Cependant, l'âme de Cicéron retrouva une partie de son énergie pour défendre la cause d'un bienfaiteur et d'un ami. Milon, meurtrier de Clodius, était odieux à la populace qui demandait insolemment sa tête. Des tribuns séditieux menaçaient l'orateur, s'il prenait sa défense, de le traduire lui-même devant le peuple, et Pompée, alors tout-puissant et seul consul, blâmait ouvertement son zèle pour l'accusé. Mais rien ne pouvait prévaloir dans son âme sur les droits de la reconnaissance et de l'amitié. Il fut intimidé, il est vrai, par la présence des troupes qui entouraient le forum, par les cris furieux de la populace; mais on ne peut du moins lui refuser d'avoir fait preuve de ce courage de réflexion qui voit le danger, et qui l'affronte volontairement.

Ce fut peu de temps après que Cicéron fut envoyé comme proconsul en Cilicie. Revêtu d'un commandement militaire, il prouva qu'un homme de génie peut se plier à tout. Un avantage remporté sur une nation barbare, lui fit donner par ses soldats le titre pompeux d'*Imperator*, qu'il continua de porter depuis. Quoiqu'il eût sollicité et obtenu du sénat l'honneur des supplications ou actions de graces aux dieux qu'on décernait pour les victoires, il eut le bon esprit de plaisanter lui-même de sa gloire militaire, et s'acquit un honneur plus réel par l'équité de son administration, sa bonté, sa clémence, son désintéressement ; vertus qui devenaient tous les jours plus rares dans les magistrats romains, et qui lui gagnèrent l'affection des peuples.

Cicéron rentra dans Rome au moment où la guerre civile allait éclater. Depuis long-temps deux ambitieux s'étaient élevés par leurs intrigues au-dessus de leurs concitoyens. Pompée, après avoir travaillé à la grandeur de César, s'était aperçu trop tard qu'il n'avait fait que se préparer un maître. Long-temps Crassus avait tenu l'équilibre entre les deux rivaux; la fin tragique qu'il trouva chez les Parthes les mit en présence, et le lien domestique qui les unissait étant venu à se briser par la mort de Julie, fille de César et femme de Pompée, également chère à tous deux, la jalousie, l'ambition et la haine leur mit les armes aux mains, et la république tout entière fut entraînée dans ce funeste débat, qui devait nécessairement lui donner un maître. Mais depuis long-temps la liberté n'existait plus dans Rome que de nom, et comme le remarque Montesquieu, la république devant nécessairement périr, il n'était plus question que de savoir comment et par qui elle devait être abattue.

Cicéron eût voulu rester neutre dans cette grande querelle : il se flattait même de pouvoir jouer le rôle de pacificateur; mais son espérance fut trompée. Le Rubicon franchi avait été le signal de la guerre civile. Pompée surpris et déconcerté s'était vu hors d'état de défendre l'Italie. Cicéron ne voulut pas le suivre en Épire, mais aussi il résista aux sollicitations de César, qui alla le visiter dans une de ses campagnes où il s'était retiré, et s'efforça vainement de l'entraîner dans son parti. Il voyait bien toutes les fautes de Pompée : sa conduite imprudente, la hauteur présomptueuse de ses partisans, tout lui faisait mal augurer du succès de ses armes; mais sa cause était la plus juste : les consuls, le sénat, la république tout entière l'avait accompagné : dans cette circonstance comme dans tout le reste de sa vie, Cicéron consulta le sentiment du devoir plutôt que les intérêts de sa fortune. Aussitôt après le départ de César pour l'Espagne, il se rendit au camp de Pompée. Il n'y fut pas accueilli avec la considération qui lui était due. Peut-être trouvait-on qu'il y était venu trop tard; peut-être aussi frappé des fautes qu'il voyait commettre, les blâmait-il avec trop peu de ménagement, et laissait-il trop voir son peu de confiance dans la cause qu'il avait embrassée. Il critiquait durement la conduite des chefs de son parti, et par des mots piquants et des railleries amères blessait leur amour-propre et s'attirait leur haine. Retenu à Dyrrachium par la maladie, il ne se trouva pas à la bataille de Pharsale. Il refusa le commandement que Caton voulait lui décerner, et dégoûté d'une lutte devenue désormais inutile, il prit le parti d'aller se soumettre au vainqueur. Tandis qu'il l'attendait à Brindes, en proie aux plus vives inquiétudes, calomnié par sa propre famille, mal vu des deux partis, il lui fallut encore essuyer les insolences d'Antoine, depuis long-temps son ennemi. Il ne fut tiré de cette douloureuse situation que par l'arrivée du dictateur, qui l'accueillit avec autant de générosité que de bienveillance. Le séjour de Rome asservie avait désormais peu d'attraits pour lui, il alla chercher à la campagne le calme et l'indépendance. L'étude qui, dans d'autres temps, avait été pour lui un délassement de ses travaux, devint alors un remède à ses douleurs; elle lui faisait oublier les disgraces qui l'avaient assailli; elle détournait ses regards du douloureux spectacle des malheurs publics. Après le retour de César vainqueur dans la guerre d'Afrique, il céda à l'entraînement des circonstances, mais avec dignité, disant hautement son opinion, et regrettant la chute de la république. Recherché par tous les amis du dictateur, et par le dictateur lui-même qui voulait l'attirer dans son parti, il refusa constamment toute espèce d'emploi public, ne voulant pas consacrer de son nom l'usurpation du vainqueur, et il ne se servit de sa faveur que pour rendre service à des amis malheuheureux. César ne put lui refuser son estime; il le traita avec égard, et tâcha d'adoucir ses chagrins. Cicéron, pour faire connaître ses véritables principes, composa un éloge de Caton, le dernier défenseur de la liberté romaine. C'était le venger de la fortune, et opposer à la tyrannie les seules armes avec lesquelles on pût encore la combattre; César, au comble de la puissance, crut devoir entrer dans la lice, il répondit à cette attaque par un long discours écrit, dans lequel il rendit un éclatant hommage, non-seulement à l'éloquence, mais aux vertus de son adversaire. Ce fut à peu près vers cette époque que Cicéron désarma par son éloquence la colère de César contre Ligarius, et qu'il lui adressa ce fameux discours d'actions de graces pour le rappel de Marcellus. Si dans ce discours les éloges paraissent poussés jusqu'à la flatterie, il faut remarquer que les louanges sont fondées sur la conviction où paraissait être l'orateur que César songeait au rétablissement de la république. Il conserva pendant quelque temps cette espérance; mais ayant été obligé d'y renoncer, la douleur qu'il en éprouva, jointe à ses infortunes domestiques, lui fit chercher plus que jamais une distraction à tant d'impressions fâcheuses dans le sein de la philosophie et des lettres. C'est à cette époque que, retiré à la campagne, il composa la plupart de ses traités philosophiques.

Cependant de nouveaux orages le ramenèrent bientôt dans la carrière de la gloire et des dangers. Une conspiration formidable était formée contre la tyrannie. L'insolence de l'usurpateur avait enfin réveillé le zèle des anciens partisans de la république. Il succomba sous les poignards de quelques conjurés dirigés par Brutus, l'âme et le chef de cette conspiration. Cicéron le vit tomber. Mais quoique les conjurés eussent invoqué son nom en frappant leur victime, il est certain cependant qu'il n'était pas du complot. Le tyran n'existait plus; la tyrannie devait lui survivre. Les conjurés n'avaient pensé qu'à assurer l'exécution de leur complot, sans porter leurs vues plus loin. Comme étonnés eux-mêmes du coup qu'ils venaient de porter; ils ne firent rien pour rétablir la liberté qu'ils venaient de venger. Leur hésitation donna le temps aux partisans de César de se remettre de leur terreur. L'artificieux Antoine conçut bientôt l'espérance de punir les meurtriers, ou plutôt de s'élever à sa place. Déjà il était parvenu à soulever le peuple, en prononçant l'oraison funèbre du dictateur. Il avait forcé Brutus et Cassius d'abandonner Rome, et disposait à son gré du sénat qu'il avait séduit par une apparence de modération. Il voyait son pouvoir s'agrandir tous les jours. Cicéron s'était réjoui de la mort du dictateur. Il se flattait que ce grand évènement allait ramener la liberté et le rétablissement de la république. La conduite imprudente des conjurés renversa toutes ses espérances. Alors il crut que sa sûreté lui faisait un devoir de quitter l'Italie, où il avait tout à craindre, si le pouvoir se consolidait dans les mains d'Antoine. Déjà il s'était mis en route pour la Grèce, lorsque les nouvelles qu'il reçut de Rome le firent changer de résolution. On n'y parlait plus que de paix et de concorde. Antoine avait renoncé à ses prétentions ambitieuses. Le sénat allait reprendre son autorité. La présence du père de la patrie était nécessaire au rétablissement de la liberté. Il revint sur ses pas. Habitué à dominer dans le sénat par son éloquence et ses lumières, il espérait que ses conseils pourraient contribuer au triomphe de la bonne cause, et qu'il aurait encore une fois la gloire de sauver l'état : son espérance fut encore trompée. Il succomba dans ses généreux efforts. Mais le rôle qu'il joua dans ces dernières années le couvrit de gloire. A peine arrivé à Rome, il reconnut que la modération d'Antoine n'était qu'un jeu. Leur haine mutuelle éclata bientôt, et il s'établit entre eux une lutte qui fut fatale à Cicéron. Cependant un jeune homme s'était montré depuis quelque temps sur la scène. Octave, petit neveu de César, adopté par lui, et désigné dans son testament comme son héritier, était venu à Rome revendiquer ses droits. Une partie des vétérans du dictateur avaient vu avec plaisir son fils adoptif, et étaient prêts à se ranger dans son parti : le sénat crut trouver en lui un rival qu'il pourrait opposer à l'ambitieux Antoine, et Cicéron lui-même l'engagea à venir au secours de la république. Ainsi commença une guerre civile qui de quelque côté que fût la victoire devait nécessairement se terminer par l'asservissement de Rome. Cicéron avait déjà accablé Antoine par deux de ces célèbres discours connus sous le nom de *Philippiques*, il jouissait à Rome d'une autorité sans bornes, disposant de tout à son gré. Antoine, qu'il poursuivait de son génie et de son éloquence fut déclaré ennemi public, et vaincu par les consuls Hirtius et Pansa. Mais le jeune César dont le parti grossissait de jour en jour parut à son tour redoutable au sénat. On chercha à séparer de lui les troupes qu'il avait rassemblées. Octave sentit la difficulté de sa position, et son danger le rapprocha d'Antoine; en même temps il brigua le consulat qui seul pouvait lui donner de la sécurité dans sa situation. Le chef-d'œuvre de son habilité fut de mettre dans ses intérêts Cicéron, le chef du parti républicain et l'oracle du sénat. Il le prit par l'endroit faible des plus grandes âmes, l'amour-propre et l'ambition. Il l'engagea à demander le consulat pour tous deux, lui faisant entendre que, trop heureux de se voir revêtu d'un titre si pompeux, il abandonnerait à son protecteur l'autorité et la conduite des affaires. La vieille expérience de Cicéron fut trompée par un jeune homme; mais il ne retira de sa faiblesse que le ridicule d'une fausse démarche et la honte d'un refus. Bientôt ce jeune homme, à l'exemple de son père adoptif, passa le Rubicon, et vint ravir de force ce qu'on lui refusait. Dès lors l'autorité du sénat fut abattue sans ressource, et Cicéron vit avec douleur qu'il n'avait fait qu'élever un tyran plus habile et plus redoutable que celui qu'il avait voulu renverser.

On a souvent reproché à Cicéron cette élévation d'Octave comme une faute de sa politique. Mais en examinant attentivement sa conduite, on voit qu'il ne fut pas abusé par la dissimulation de ce jeune homme. Il l'opposa à Antoine, parce qu'il n'avait que cette ressource pour sauver la république. Mais il avait toujours les yeux ouverts sur sa conduite, il surveillait toutes ses actions, et se tenait prêt à l'arrêter aussitôt qu'il le verrait disposé à s'éloigner du sénat. Les circonstances trompèrent toutes les précautions de la prudence humaine. La mort des deux consuls mit leur armée aux mains d'Octave, qui devint assez fort pour se passer du secours du sénat, se tourna vers Antoine et Lépide, et partagea avec eux le pouvoir en attendant qu'il pût le garder tout entier. Ainsi se forma entre ces trois hommes ce second triumvirat si fatal à la liberté de Rome. Leur funeste accord fut cimenté par le sang. Ils arrêtèrent ensemble une liste de proscription dans laquelle ils enveloppèrent tous leurs ennemis. Et pour se donner des gages de leur foi mutuelle, chacun d'eux sacrifia tour-à-tour quelqu'un de ses amis à la vengeance et au ressentiment de ses collègues. La première victime qu'Antoine exigea fut Cicéron. Il lui tardait de verser le sang de celui dont l'éloquence avait retardé si long-temps ses projets ambitieux, l'avait couvert d'opprobre et voué au mépris de la postérité. Les anciens historiens font à Octave l'honneur d'avoir disputé long-temps la vie de son bienfaiteur. Mais il est permis de supposer que ces témoignages de regret n'étaient qu'une nouvelle dissimulation pour rendre son ingratitude moins odieuse, et la froide barbarie dont il fit preuve ne porte pas à croire que ce sacrifice lui ait coûté beaucoup. Décidé d'ailleurs à détruire la liberté, il ne pouvait pas laisser vivre un homme qui en avait été le soutien. Peut-être aussi eût-il eu trop à rougir en sa présence de sa perfidie.

A la première nouvelle des proscriptions, Cicéron gagna une de ses terres qui était sur le bord de la mer; il y trouva un vaisseau et s'embarqua : après avoir navigué pendant deux lieues, contrarié par es vents contraires, il se fit déposer sur le rivage. Là, en proie aux plus cruelles perplexités, il délibéra pendant une nuit entière s'il irait chercher une retraite auprès de Brutus, de Cassius, ou de Sextus

Pompée ; enfin le parti auquel il s'arrêta fut de se soumettre à sa destinée, et de ne plus chercher à prolonger une malheureuse existence. La vie n'avait plus de charme pour lui ; il ne pouvait plus servir sa patrie, et la noble cause de la liberté. Si l'on en croit Plutarque, il voulut pendant quelque temps aller à Rome et se donner la mort devant la porte d'Octave, afin d'attacher à sa personne une furie vengeresse. Vaincu par les importunités de ceux qui l'accompagnaient, il fit encore voile jusqu'à Gaëte. Là, fatigué de la vie et de la mer, il déclara qu'il voulait mourir dans le pays qu'il avait sauvé tant de fois, et se fit descendre à terre. Ses domestiques essayèrent encore de le sauver malgré lui, et lui firent reprendre en litière le chemin de la mer. Mais ils furent atteints en route par les satellites chargés d'exécuter les ordres sanglants du triumvir ; à leur tête était un tribun militaire, nommé Popilius, autrefois sauvé par l'éloquence de l'orateur. Les esclaves de Cicéron se préparaient à le défendre ; il ne voulut pas qu'ils fissent résistance, et jetant sur ses bourreaux un regard ferme et calme, il se présenta de lui-même à leurs coups. Un centurion lui coupa la tête ainsi que les mains qui avaient écrit les *Philippiques*, et Popilius alla porter cet affreux présent à Antoine. Celui-ci reçut avec joie ces tristes dépouilles et les fit exposer sur la tribune aux harangues, spectacle déplorable, qui arracha des larmes aux Romains, et qui les eût fait rougir de leur lâcheté, si avec la liberté ils n'eussent pas perdu tout sentiment généreux.

Il nous reste à faire connaître les ouvrages de

Cicéron : la liste en est nombreuse ; nous nous contenterons d'en indiquer rapidement les titres, ne voulant point parler superficiellement de ce qui sera plus dignement apprécié dans les jugements placés à la suite de cette notice. On peut diviser en cinq classes les productions de Cicéron : 1° Ses livres de rhétorique ; 2° ses discours ; 3° ses lettres ; 4° ses traités de philosophie ; 5° les fragments de ses ouvrages perdus. Nous allons parcourir successivement ce qui est compris dans chacune de ces cinq divisions.

Quatre livres de *Rhétorique* adressés *à Herennius* ; deux livres *sur l'Invention* ; trois livres *sur l'Orateur* ; *Brutus ou des orateurs célèbres de Rome* ; *l'Orateur* ; *les Topiques* ; *Dialogue sur les partitions oratoires* ; *Fragment sur le meilleur genre d'éloquence qui servait de préface à une traduction des discours de Démosthène et d'Eschine sur la Couronne.*

Plaidoyer pour P. Quintius ; *Plaidoyer pour S. Roscius, d'Amérie* ; *Plaidoyer pour Q. Roscius le comédien* ; *Plaidoyer contre Q. Cécilius* ; *Verrines* ; *Plaidoyer pour A. Cécina* ; *Plaidoyer pour M. Fontéius* ; *Plaidoyer pour la loi manilia* ; *Plaidoyer pour A. Cluenius* ; trois *Plaidoyers contre Rullus sur la loi agraire* ; *Plaidoyer pour C. Rabirius* ; quatre *Catilinaires* ; *Plaidoyer pour L. Muréna* ; *Plaidoyer pour L. Flaccus* ; *Plaidoyer pour P. Sylla* ; *Plaidoyer pour le poète Archias* ; *Discours au sénat, après son retour* ; *Discours aux Romains, après son retour* ; *Plaidoyer pour sa maison* ; *Discours sur les réponses des Aruspices* ; *Plaidoyer pour Cn. Plancius* ; *Plaidoyer pour P. Sextius* ; *Plaidoyer* contre *Vatinius; pour M. Célius ; Discours sur les provinces consulaires; Plaidoyer pour L. Cornélius Balbus; Discours contre L. Calpurnius Pison ; Plaidoyer pour C. Rabirius Postumus; Plaidoyer pour Annius Milon; Discours pour M. Marcellus; Plaidoyer pour Q. Ligarius ; Discours pour le roi Déjotarus;* quatorze *Philippiques contre Antoine.*

Seize livres de *Lettres à ses amis;* seize livres de *Lettres à Atticus;* trois livres de *Lettres à son frère Quintus;* un livre de Correspondance *entre Brutus et Cicéron.*

Académiques, deux livres; cinq livres *sur les vrais Biens et les vrais Maux; Tusculanes*, cinq livres; *sur la nature des dieux*, trois livres; *Traité de la Divination*, deux livres; *Traité du Destin, Traité de la République,* six livres dont M. Mai a récemment découvert de nouveaux fragments; *Traité des lois,* trois livres; *Traité des Devoirs*, trois livres; *Traité de la Vieillesse; Traité de l'Amitié; Paradoxes;* diverses traductions de Xénophon et de Platon, entre autres une partie du Timée.

Fragments des *plaidoyers pour M. Tullius, L. Varenus, L. Oppius, M. Fundanius, C. Cornelius, Q. Gallius, P. Vatinius, Émilius Scaurus,* contre *P. Clodius et Curion; des Discours sur le roi d'Alexandrie, sur les dettes de Milon*, etc., etc. (Plusieurs de ces fragments ont été nouvellement retrouvés par M. Mai); des lettres à M. Titinius, à Cornélius Népos, à C. Pansa, à A. Hirtius, à M. Brutus; fragments de l'*Hortensius ou sur la philosophie; des Académiques*, adressés à Varron, etc.; de la traduction en vers des *Phénomènes* d'Aratus, et d'autres poésies.

Il suffira de citer les principales éditions *complètes* des œuvres de Cicéron. La *première* est celle d'Alexandre Minucianus, Milan, 1498-99, 4 vol. in-fol., reproduite avec des améliorations successives par Badius Ascensius, Paris, 1511; Alde, Venise, 1519-23; Cratander et Hervagius, Bâle, 1528-34. On distingue ensuite les *récensions* de Victorius, Venise, 1537; de Paul Manuce, Venise, 1540; de Robert Estienne, Paris, 1543-44; de Charles Estienne, Paris, 1554; de Lambin, Paris, 1566; de Gruter, Hambourg, 1618. Chacune de ces éditions, sur-tout la dernière, a été répétée plusieurs fois avec plus ou moins de changements. Le travail de Grévius, publié à différentes époques, depuis 1677, n'est point complet. En 1740, l'abbé d'Olivet forma son texte, Paris, 9 vol. in-4°, avec ceux de Victorius, Manuce, Lambin et Gruter. Cette édition est bien inférieure à celle de Lallemand, Paris, 1768, 14 vol. in-12, qui le cède elle-même à la troisième et dernière édition d'Ernesti, Halle, 1774-77, 7 vol. in-8°. Enfin, M. Jos. Vict. Le Clerc a donné, de 1821 à 1824, une nouvelle édition de Cicéron, Paris, 30 vol. in-8°, la seule *complète* depuis les découvertes de M. Mai, accompagnée de traductions choisies et la plupart nouvelles, d'introductions historiques et littéraires, de notes latines et françaises, et dans laquelle il a réformé très souvent le texte d'Ernesti, soit par l'autorité des manuscrits, soit par la comparaison des anciennes éditions, soit par les explications et les conjectures des nombreux commentaires publiés en Allemagne, sur différents ouvrages de Cicéron, depuis plus de quarante ans. Cette édition a déjà servi de base à quelques autres.

Th. Gaillard.

PORTRAIT DE CICÉRON.

Né dans un rang obscur, on sait qu'il devint par son génie l'égal de Pompée, de César, de Caton. Il gouverna et sauva Rome, fut vertueux dans un siècle de crimes, défenseur des lois dans l'anarchie, républicain parmi des grands qui se disputaient le droit d'être oppresseurs; il eut cette gloire que tous les ennemis de l'état furent les siens; il vécut dans les orages, les travaux, les succès et le malheur; enfin, après avoir soixante ans défendu les particuliers et l'état, lutté contre les tyrans, cultivé au milieu des affaires la philosophie, l'éloquence et les lettres, il périt. Un homme à qui il avait servi de protecteur et de père vendit son sang; un homme à qui il avait sauvé la vie fut son assassin. Trois siècles après, un empereur* plaça son image dans un temple domestique et l'honora à côté des dieux.

Pendant sa vie, il s'attacha moins sans doute à louer les grands hommes qu'à les imiter; cependant il célébra presque tous les hommes fameux de son siècle, à commencer par lui. Son premier ouvrage fut un éloge en vers, en l'honneur de Marius. Ce paysan d'Arpinum, qui parvint sept fois à la pre-

* Alexandre Sévère.

mière place du monde, n'était pas sans doute un modèle de vertu pour Cicéron ; mais un Romain devait louer en lui les talents et les victoires, et un républicain pouvait louer ce caractère altier qui osa braver tous les grands de Rome, qui leur reprochait avec audace leur corruption et leur mollesse, qui se vantait de son obscurité, comme les grands se vantaient de leurs aïeux ; qui, dans un siècle poli, consentait à passer pour ignorant, et avouait qu'il n'avait appris qu'à combattre et à vaincre ; qui opposait ses triomphes en Afrique, et les quatre cent mille Teutons ou Cimbres qu'il avait exterminés en Italie ou dans les Gaules, aux tables, aux cuisiniers et au faste des patriciens dans Rome : il faut observer d'ailleurs que cet éloge fut composé avant les guerres civiles de Marius, et Cicéron était alors dans l'âge où l'énergie du caractère est ce qui frappe le plus, et où l'on mesure les hommes plus par les grands effets que par les grands motifs.

La harangue pour la loi Manilia n'est presque d'un bout à l'autre qu'un panégyrique de Pompée ; c'était le malheur de Rome d'avoir alors des citoyens plus puissants que l'état. L'équilibre des pouvoirs était rompu : un petit nombre d'hommes se partageaient l'univers et les armées, mais du moins ils observaient encore les formes, et ils daignaient demander ce qu'ils auraient pu ravir. Cicéron, dans cette circonstance, loue Pompée sur la tribune, pour lui faire donner le commandement de la guerre contre Mithridate. Peut-être eût-il mieux valu ne pas agrandir encore un citoyen déjà coupable d'être trop puissant; mais Cicéron, malgré son génie, fut quelquefois plus orateur qu'homme d'état.

On doit être encore plus fâché de trouver, dans les ouvrages de ce grand homme, son discours pour Marcellus, qui n'est en grande partie que l'éloge de César, et de César maître de Rome. Assassin d'une partie de sa nation, et devenu le tyran de l'autre, César osait pardonner, comme s'il eût été un roi légitime qui eût combattu des sujets rebelles. L'orateur, dans ce discours, vante sa clémence. Il est triste que celui qui, dans Rome libre, avait été surnommé le père de la patrie, ait été forcé, dix-sept ans après, à louer l'oppresseur de la patrie. S'il sacrifia ses sentiments et sa gloire à l'intérêt de Rome, il faut l'admirer; s'il redouta César il faut l'excuser et le plaindre : mais ce qui prouve que son âme n'était pas flétrie par la servitude, c'est l'éloge de Caton, qu'il composa dans le même temps.

On s'étonne quelquefois que le même homme qui avait loué le destructeur de la liberté romaine, ait eu le courage de louer Caton, vengeur et martyr de la liberté. Il y a des caractères indécis, qui sont un mélange de grandeur et de faiblesse, et quelques personnes mettent Cicéron de ce nombre. Vertueux, dit-on, mais circonspect; tour à tour brave et timide; aimant la patrie, mais craignant les dangers; ayant plus d'élévation que de force; sa fermeté, quand il en eut, tenait plus à son imagination qu'à son âme. On ajoute que, faible par caractère, il n'était grand que par réflexion. Il comparait la gloire avec la vie et le devoir au danger;

alors il se faisait un système de courage; sa probité devenait de la vigueur, et son esprit donnait du ressort à son âme. Quoi qu'il en soit, nous ne pouvons douter que Cicéron, sous César même, n'ait paru attaché à la patrie et à l'ancien gouvernement. Ses amis cherchèrent à le détourner de faire l'éloge de Caton, ou voulurent du moins l'engager à l'adoucir; il n'en fit rien. On voit cependant par une de ses lettres qu'il sentait toute la difficulté de l'entreprise. « L'éloge de Caton à faire, disait-il, est un « problème d'Archimède*. » Nous ne pouvons juger comment le problème fut résolu : nous savons seulement que l'ouvrage eut le plus grand succès. Tacite nous apprend que Cicéron, dans cet éloge, élevait Caton jusqu'au ciel**. Peu de temps après il en parut deux autres; l'un était d'un Fabius Gallus, que nous connaissons peu; l'autre était de Brutus. On peut dire que des trois, Brutus était, sinon par son génie, du moins par son caractère, le plus digne peut-être de louer Caton. Nourri dans son sein, élevé dans les principes rigides de la même secte, fanatique de la liberté, passionné pour la patrie, ennemi ardent et irréconciliable de toute espèce d'oppression, l'âme de Caton respirait dans Brutus. Avec cette vigueur de caractère, il devait avoir une éloquence pleine de hauteur et de force; aussi trouvait-il que Cicéron *manquait de reins*, pour me ser-

---

* De Catone problema Archimedeion est. Non assequar ut scribam quod tui convivæ non modò libenter, sed etiam æquo animo legere possint.

Ad Attic. XII. 4.

** M. Ciceronis libro quo Catonem cælo æquavit, etc. Tac. *Ann.* IV. 34.

vir de son expression*. Il est très probable qu'entre les deux éloges, il y avait la même différence qu'entre les deux hommes. César disait qu'en relisant plusieurs fois le *Caton* du premier, il avait acquis plus d'abondance; mais qu'après avoir lu le *Caton* de Brutus, il s'était trouvé lui-même éloquent.

Sylla et Octave eussent répondu par une proscription à l'éloge de leur ennemi; César répond en hommes de lettres et en orateur. Le vainqueur de Pharsale composa deux discours intitulés les *Anti-Caton*. Il y parlait avec les plus grands égards de Cicéron, dont il était l'admirateur et le rival, et dont il feignait d'être l'ami. Ce combat littéraire partagea Rome; chacun prenait parti pour ou contre, et les vertus de Caton, le plus grand homme de son siècle, n'étaient plus qu'un vain sujet de conversation dans une ville corrompue et esclave.

Enfin, la mort de César rendit à l'âme de Cicéron toute sa vigueur; il n'était pas né pour obéir à des tyrans subalternes. Il composa ses *Philippiques*. Elles respirent d'un bout à l'autre les sentiments d'un vieillard généreux et d'un grand homme. Parmi ces discours, il y en a deux qui renferment des espèces d'éloges. L'un est consacré à un Sulpitius, jurisconsulte, orateur, républicain zélé et vertueux dans un temps où les vertus se remarquaient à Rome. Antoine, ambitieux et brigand, et qui, après César avait l'insolence d'aspirer à la tyrannie, comme un premier valet qui prend l'habit de son maître, assiégeait alors Modène. Le sénat lui députa

---

* Fractum et elumbem.

Sulpicius, et ce citoyen, affaibli par la maladie et les années, mourut en ambassade. Cicéron, qui dans la neuvième *Philippique* en fait l'éloge, est d'avis qu'on lui élève une statue, avec une inscription qui annonce à la postérité qu'il est mort pour l'état. Tel était l'esprit de ces gouvernements et de ces siècles.

Le second, qui est un morceau très court, mais éloquent, est une espèce d'éloge funèbre des soldats morts en combattant pour la cause de Rome et de la liberté, contre Antoine. « Heureuse mort!
« s'écrie l'orateur : c'était la dette de la nature;
« vous avez su la rendre utile à la patrie. Oui, vous
« êtes nés pour elle. Légion de Mars, vous avez jus-
« tifié ce grand nom que vous portiez. Il semble que
« ce même dieu, qui a donné Rome aux nations,
« vous eût donnés à Rome. La mort pour vous n'a
« rien de honteux; pour qui fuit, la mort est un
« opprobre; pour qui est vainqueur, elle est le
« sceau de la gloire, car ce sont toujours les plus
« braves que le dieu des combats choisit pour vic-
« times. Ainsi les ennemis de la patrie, tombés sous
« vos coups, expieront encore leur parricide dans les
« enfers; mais vous, qui êtes morts en vainqueurs
« et en citoyens, vos âmes habitent à jamais dans
« le séjour de la vertu. La nature, il est vrai, ne
« nous donne que peu d'instants pour vivre, mais
« le souvenir d'une mort illustre est éternel; et si
« la gloire n'avait que la durée rapide et passagère
« de la vie, quel serait l'homme assez insensé pour l'a-
« cheter aux dépens de tant de périls et de travaux?

« Je vous félicite donc, ô vous, braves guerriers
« pendant la vie, ombres sacrées après la mort, je
« vous félicite de ce que votre valeur ne pourra
« être mise en oubli, ni par votre siècle, ni par la
« postérité, puisque le sénat et le peuple vous dres-
« sent, pour ainsi dire de leurs propres mains, un
« monument immortel; jamais un tel honneur n'a
« été rendu à aucune armée, et plût aux dieux que
« nous pussions faire davantage! la récompense se-
« rait plus digne du bienfait. C'est vous qui avez
« détourné de nos murs l'ennemi et l'oppresseur de
« la patrie; c'est vous qui l'avez repoussé; nous élè-
« verons donc à vos cendres un magnifique mau-
« solée; nous y graverons une inscription, éternel
« témoignage de votre valeur. Tous ceux qui verront
« ce monument, ceux même qui apprendront que
« nous l'avons élevé, parleront de vous avec recon-
« naissance. Ainsi, pour une vie mortelle, vous avez
« reçu en échange l'immortalité. »

Il paraît que Cicéron, dans ce morceau, s'était proposé d'imiter le fameux éloge de Périclès pour les soldats morts dans la guerre du Péloponèse; c'est le même enthousiasme pour la patrie et le même fond pour les idées. Mais le temps approchait, où l'éloquence allait être employée dans Rome à louer ceux qui opprimaient les citoyens et non ceux qui les vengeaient.

Après tous ces éloges de Cicéron pour les autres, il nous reste à parler de ceux qu'il fit pour lui-même. On sait qu'il aimait la gloire et qu'il ne l'attendait pas toujours; il se précipitait vers elle, comme s'il eût été moins sûr de l'obtenir. Pardonnons-lui pourtant, et sur-tout après son exil : songeons qu'il eut sans cesse à combattre la jalousie et la haine. Un grand homme persécuté a des droits que n'a pas le reste des hommes. Il était beau à Cicéron, au retour de son bannissement, d'invoquer ces dieux du Capitole qu'il avait préservés des flammes, étant consul, ce sénat qu'il avait sauvé du carnage, ce peuple romain qu'il avait dérobé au joug et à la servitude, et de montrer d'un autre côté son nom effacé, ses monuments détruits, ses maisons démolies et réduites en cendres, pour prix de ses bienfaits. il était beau d'attester, sur les ruines même de ces palais, l'heure et le jour où le sénat et le peuple l'avaient proclamé le père de la patrie. Eh! qui pouvait lui faire un crime de parler de ses grandes actions, dans ces moments où l'âme, réclamant contre l'injustice des hommes, semble élevée au-dessus d'elle-même par le sentiment et le caractère auguste du malheur? Il est vrai qu'il se loua lui-même dans des moments plus froids*. On l'a blâmé, on le blâmera encore; je ne l'accuse ni ne le justifie : je remarquerai seulement que plus un peuple a de vanité, au lieu d'orgueil, plus il met de prix à l'art important de flatter et d'être flatté ; plus il cherche à se faire valoir par de petites choses au défaut des grandes, et plus

* Il avait composé des mémoires grecs sur son consulat, qui peuvent passer pour un éloge historique ; et de plus, il s'était célébré lui-même dans un poëme latin en trois chants, et qui n'est pas non plus parvenu jusqu'à nous.

il est blessé de cette franchise altière, ou de la naïve simplicité d'une âme, qui s'estime de bonne foi, et ne craint pas de le dire. J'ai vu des hommes s'indigner de ce que Montesquieu avait osé dire : *Et moi aussi je suis peintre.* Le plus juste aujourd'hui, même en accordant son estime, veut conserver le droit de la refuser. Chez les anciens, la liberté républicaine permettait plus d'énergie aux sentiments et de franchise au langage. Cet affaiblissement du caractère, qu'on nomme *politesse*, et qui craint tant d'offenser l'amour-propre, c'est-à-dire la faiblesse inquiète et vaine, était alors plus inconnu. On aspirait moins à être modeste et plus à être grand. Ah! que la faiblesse permette quelquefois à la force de se sentir elle-même, et, s'il nous est possible, consentons à avoir de grands hommes, même à ce prix !

Thomas, *Essai sur les Éloges.*

JUGEMENTS.

I.

Ce grand homme n'a rien perdu de sa gloire en traversant les siècles; il reste au premier rang comme orateur et comme écrivain. Peut-être même, si on le considère dans l'ensemble et dans la variété de ses ouvrages, est-il permis de voir en lui le premier écrivain du monde; et quoique les créations les plus sublimes et les plus originales de l'art d'écrire appartiennent à Bossuet et à Pascal, Cicéron est peut-être l'homme qui s'est servi de la parole avec le plus de science et de génie, et qui, dans la perfection habituelle de son éloquence et de son style, a mis le plus de beautés et laissé le moins de fautes. C'est l'idée qui se présente en parcourant ses productions de tout genre.

Ses harangues réunissent au plus haut degré toutes les grandes parties oratoires, la justesse et la vigueur du raisonnement, le naturel et la vivacité des mouvements, l'art des bienséances, le don du pathétique, la gaieté mordante de l'ironie, et toujours la perfection et la convenance du style. Que l'élégant et harmonieux Fénelon préfère Démosthène; il accorde cependant à Cicéron toutes les qualités de l'éloquence, même celles qui distinguent le plus l'orateur grec, la véhémence et la brièveté. Il est vrai toutefois que la richesse, l'élégance et l'harmonie dominent plus particulièrement dans l'élocution oratoire de Cicéron, que même il s'en occupe quelquefois avec un soin minutieux. Ce léger défaut n'était pas sensible pour un peuple amoureux de tout ce qui tenait à l'éloquence, et recherchant avec avidité la mélodie savante des périodes nombreuses et prolongées. Pour nous, il se réduit à certaines cadences trop souvent affectées par l'orateur. Du reste, que de beautés nos oreilles étrangères ne reconnaissent-elles pas encore dans cette harmonie enchanteresse! Elle n'est d'ailleurs qu'un ornement de plus, et ne sert jamais à dissimuler le vide des pensées. Ce serait une ridicule prévention de supposer qu'un orateur philosophe, et homme d'état, dont l'esprit était également exercé par les spéculations de la science et l'activité des affaires, eût plus d'harmonie que d'idées. Les harangues de Cicéron abondent en pensées fortes, ingénieuses et profondes; mais la connaissance de son art l'oblige à leur donner toujours ce développement utile pour l'intelligence et la conviction de l'auditeur; et le bon goût ne lui permet pas de les jeter en traits saillants et détachés. Elles sortent moins au dehors, parce qu'elles sont, pour ainsi dire, répandues sur toute la diction. C'est une lumière brillante, mais égale; toutes les parties s'éclairent, s'embellissent et se soutiennent; et la perfection générale nuit seule aux effets particuliers.

Le style des écrits philosophiques, dégagé de la magnificence oratoire, respire cet élégant atticisme que quelques contemporains de Cicéron auraient exigé même dans ses harangues. On reconnaît cependant l'orateur à la forme du dialogue, beaucoup moins vif et moins coupé que dans Platon. Les développements étendus dominent toujours, soit qu'un seul personnage instruise presque continuellement les autres, soit que les différents personnages exposent tour à tour leur opinion. Le fond des choses est emprunté aux Grecs, et quelques passages sont littéralement traduits d'Aristote et de Platon.

Ces ouvrages n'ont pas tous à nos yeux le même degré d'intérêt. Le traité *De la nature des Dieux* n'est qu'un recueil des erreurs de l'esprit humain qui s'égare toujours plus ridiculement dans les plus sublimes questions; mais l'absurdité des différents systèmes n'empêche pas d'admirer l'élégance et la clarté des analyses; et les morceaux de description restent d'une vérité et d'une beauté éternelle. Les *Tusculanes* se ressentent des subtilités de l'école d'Athènes; on y trouve du reste la connaissance la plus approfondie de la philosophie des Grecs. Le traité *De finibus bonorum et malorum* appartient encore à cette philosophie dogmatique, un peu trop sèche et trop savante. Heureusement l'aridité de la discussion ne peut vaincre ni lasser l'inépuisable élégance de l'écrivain. Toujours harmonieux et facile, il éprouve souvent le besoin de se ranimer par des morceaux d'une éloquence élevée. Plusieurs passages du traité *Des maux et des biens* peuvent avoir servi de modèle à Rousseau, pour cette manière brillante et passionnée d'exposer la morale, et pour cet art heureux de sortir tout-à-coup du ton didactique par des mouvements qui deviennent eux-mêmes des preuves. Enfin, le seul mérite qu'on désirerait au style philosophique de Cicéron, est celui qui n'a pu appartenir qu'à la philosophie moderne, l'exactitude des termes inséparablement liée au progrès de la science, et à cette justesse d'idées si difficile et si tardive. Les écrits de Cicéron sur la morale pratique ont conservé tout leur prix, malgré les censures de Montaigne, auteur trop irrégulier pour goûter une méthode sage et noble, mais un peu lente. Le livre *Des devoirs* demeure le plus beau traité de vertu inspiré par la sagesse purement humaine. Enfin, personne n'a mieux fait sentir que Cicéron les plaisirs de l'amitié et les consolations de la vieillesse. Nous avons perdu son ouvrage de la *République**. Le seul fragment considérable qui nous en reste, le *Songe de Scipion*, est un morceau d'une originalité brillante. Le traité *De la divination* et le traité *Des lois*, sont de curieux monuments d'antiquités, qu'un style ingénieux et piquant rend d'agréables ouvrages de littérature.

Le goût des études philosophiques suivit Cicéron dans la composition de ses traités oratoires, sur-tout du plus important, le *De Oratore*. Après les harangues de Cicéron, c'est l'ouvrage qui nous donne l'idée la plus imposante du talent de l'orateur dans les républiques anciennes. Ce talent devait tout embrasser, depuis la connaissance de l'homme, jusqu'aux détails de la diction figurée et du rythme oratoire; l'art d'écrire était pour ainsi dire plus compliqué que de nos jours. Mais en lisant l'*Orateur*, les *Illustres Orateurs*, les *Topiques*, les *Partitions*, on ne doit pas s'attendre à trouver des idées applicables à notre littérature, excepté quelques préceptes généraux, qui nulle part n'ont été mieux exprimés, et qui sont également de tous les siècles.

A tant d'ouvrages que Cicéron composa pour sa gloire, il faut joindre celui de tous qui peut-être intéresse le plus la postérité, quoiqu'il n'ait pas été fait pour elle, le recueil des *Lettres familières*, et les *Lettres à Atticus*. Cette collection ne forme qu'une partie des lettres que Cicéron avait écrites seule-

---

* Des fragments considérables de ce traité ont été récemment retrouvés par M. Mai (Voyez plus haut, pag. 401), et traduits par l'auteur même de ce jugement, M. Villemain, ainsi que par M. J. V. Le Clerc.

H. P.

ment depuis l'âge de quarante ans. Aucun ouvrage ne donne une idée plus juste et plus vive de la situation de la république. Ce ne sont pas, quoi qu'en ait dit Montaigne, des lettres comme celles de Pline, écrites pour le public. Il y respire une inimitable naïveté de sentiment et de style. Si l'on songe que l'époque où vivait Cicéron est la plus intéressante de l'histoire romaine, par le nombre et l'opposition des grands caractères, le changement des mœurs, la vivacité des crises politiques, et le concours de cette foule de causes qui préparent, amènent et détruisent une révolution; si l'on songe en même temps quelle facilité Cicéron avait de tout connaître, et quel talent pour tout peindre, on doit sentir aisément qu'il ne peut exister de tableau plus instructif et plus animé. Continuel acteur de cette scène, ses passions toujours intéressées à ce qu'il raconte, augmentent encore son éloquence; mais cette éloquence est rapide, simple, négligée; elle peint d'un trait; elle jette, sans s'arrêter, des réflexions profondes : souvent les idées sont à peine développées. C'est un nouveau langage que parle l'orateur romain. Il faut un effort pour le suivre, pour saisir toutes ses allusions, entendre ses prédictions, pénétrer sa pensée, et quelquefois même l'achever. Ce que l'on voit sur-tout c'est l'âme de Cicéron, ses joies, ses craintes, ses vertus, ses faiblesses. On remarquera que ses sentiments étaient presque tous extrêmes; ce qui appartient en général au talent supérieur, mais ce qui est une source de fautes et de malheurs. Sous un autre rapport, on peut puiser dans ce recueil une foule de détails curieux sur la vie intérieure des Romains, les mœurs et les habitudes des citoyens : et les formes de l'administration. C'est une mine inépuisable pour les érudits. Le reste des lecteurs y retrouve cette admirable justesse de pensées, cette perfection de style, enfin cette continuelle union du génie et du goût, qui n'appartient qu'à peu de siècles et à peu d'écrivains, et que personne n'a portée plus loin que Cicéron.

VILLEMAIN, *Biographie universelle.*

II. Analyse des ouvrages de Cicéron sur l'art oratoire.

Rien ne semble plus curieux et plus intéressant que d'entendre Cicéron parler de l'éloquence, et l'on croirait volontiers que l'examen de ses ouvrages sur cette matière doit être un des objets les plus agréables que nous puissions avoir à considérer. Il ne faut pourtant pas s'y tromper : Cicéron parle à des Romains, et depuis long-temps il n'y a plus de Romains. Plus ses traités oratoires sont habilement appropriés à l'instruction de ses concitoyens, et plus il doit s'éloigner de nous. Ce n'est pas que les principes généraux, les premiers éléments, ne soient en tout temps et en tous lieux les mêmes ; nous l'avons vu en parcourant Quintilien. Mais tous les moyens, toutes les finesses, toutes les ressources de l'art, tout ce qui appartient aux convenances de style, aux bienséances locales, tous ces détails, si riches sous la plume d'un maître tel que Cicéron, sont tellement adaptés à des idées, à des formes, à des mœurs, qui nous sont étrangères, que, pour en séparer ce qui peut nous convenir, il faut un travail particulier, une étude suivie, que jusqu'ici l'on n'avait droit de prescrire qu'à ceux qui se destinaient au barreau; et c'est là sur-tout le grand objet de Cicéron, celui qu'il a toujours devant les yeux. Comme il avait passé sa vie dans les combats judiciaires, comme les tribunaux étaient la lice journalière où se signalaient les orateurs, il regarde l'accusation et la défense comme le plus pénible effort et le plus beau triomphe de l'éloquence. Sans cesse il représente l'orateur comme un soldat qu'il faut armer de toutes pièces, et qui doit, à tous les instants, être prêt à tous les genres de combats. Quelque louange qu'il donne à l'éloquence délibérative, à celle qui a pour objet de louer ou de blâmer, quelque mérite qu'il y reconnaisse, il donne toujours la palme à l'éloquence du barreau, comme à celle qui exige le plus grand nombre de qualités réunies. Cette opinion paraît fondée pour ce qui regarde les tribunaux romains; et nous pourrons nous en convaincre tout à l'heure, en voyant les différents personnages qu'un orateur devait y soutenir quand il plaidait une cause. A l'égard du barreau français, ce n'est pas ici le moment d'établir la comparaison: il sera temps de s'en occuper lorsque nous traiterons de l'éloquence moderne.

Mais ce qu'il importe d'établir avant tout, ce que la lecture des anciens nous apprend à chaque page, et ce que la différence des mœurs nous a fait oublier trop long-temps, c'est la haute importance que l'on attachait à Rome, peut-être encore plus que dans Athènes, au talent de la parole. Il faut bien se redire qu'il n'y avait chez les Romains que deux grands moyens d'illustration, les talents militaires et l'éloquence. Il faut se souvenir que Crassus, Antoine, Hortensius, Cicéron, furent élevés aux premières dignités de la république parce qu'ils étaient éloquents. On en trouve la raison dans la nature même du gouvernement. Quand un talent est d'un usage nécessaire et habituel pour quiconque se mêle de l'administration, il faut absolument que ceux qui le possèdent dans un degré supérieur soient honorés et révérés. Il y a une gloire généralement reconnue à faire mieux que les autres ce que tous ont le désir et le besoin de bien faire; et plus la concurrence est nombreuse et publique, plus la supériorité est éclatante. Or, il n'en était pas de Rome comme de quelques gouvernements modernes, où les titulaires des grandes places ne les possèdent pas toujours pour les remplir, où l'on convient d'une espèce de partage qui donne le pouvoir, les honneurs et les émoluments aux chefs, et le travail aux subalternes; enfin, où quiconque a de quoi payer un secrétaire, peut à toute force se dispenser de savoir écrire une lettre. A Rome, on ne pouvait pas si facilement se cacher dans son impuissance, et ne paraître que sous le nom d'autrui. Il fallait payer de sa personne et se produire au grand jour ; il fallait savoir parler au sénat, devant le peuple et au Forum, souvent sans préparation, et toujours de mémoire ; et si l'on n'était pas obligé de s'en acquitter avec un grand succès, il était du moins honteux de montrer de l'incapacité : de là ces études si longues et si multipliées, qui étaient celles de toute la jeunesse romaine, depuis les fils des consuls jusqu'à ceux des affranchis : de là cette nécessité de se montrer tel qu'on était, devant une multitude de juges qui, voyant tous les jours ce qu'ils pouvaient attendre de chacun, étaient intéressés à mettre chacun à sa place. C'est ainsi que des hommes qui n'avaient d'autre recommandation que leur mérite parvenaient à ces dignités éminentes, où la plus grande naissance ne conduisait pas toujours ; c'est ainsi qu'un Cicéron, né dans un village d'Italie, obtint le consulat que l'on refusait aux Catilina, aux Céthégus, aux Lentulus, issus des plus grandes familles de Rome, et parés de ces noms fameux que l'on respectait depuis l'origine de la république. Ce même Cicéron, né parmi nous, n'eût été probablement qu'un homme de lettres célèbre, ou un excellent avocat.

Si l'on a ces idées bien présentes à l'esprit, on ne sera pas étonné du nom et de la dignité des interlocuteurs qu'a choisis Cicéron dans les dialogues qui composent ses trois livres intitulés *De l'Orateur*; car, à l'exemple de Platon, il semble avoir adopté de préférence la forme du dialogue dans presque tout ce qu'il a écrit sur la philosophie ou sur l'éloquence. Cette forme a de grands avantages : elle ôte au ton didactique ce qu'il a de naturellement impérieux, en substituant la discussion de plusieurs à l'enseignement d'un seul ; elle écarte la monotonie en variant le style, suivant les personnages; elle tempère la sécheresse et l'austérité des préceptes par l'agrément de la conversation ; enfin elle développe le pour et le contre de chaque opinion, avec la vivacité et l'abondance que chacun de nous a naturellement en soutenant l'avis qui lui est propre : elle montre les objets sous toutes les faces et dans le plus grand jour. On a objecté qu'elle avait un inconvénient, celui de laisser quelquefois en doute quel est l'avis de l'auteur lui-même. On a fait ce reproche à Platon plus qu'à Cicéron, et je ne crois pas qu'au fond l'un le mérite plus que l'autre. Il est assez facile, par le plan même du dialogue, de voir dans la bouche de qui doit se trouver la doctrine que l'auteur croit la meilleure. On peut croire, par exemple, toutes les fois que Platon met Socrate en scène, que c'est par sa voix qu'il va s'expliquer, parce qu'il est assez vraisemblable que Platon ayant été disciple de Socrate, ce qu'il fait dire à son maître est précisément ce qu'il pense lui-même. Quand Cicéron fait parler Antoine et Crassus, l'un sur les moyens que peut employer l'orateur dans les questions judiciaires, l'autre sur l'élocution qui lui convient, il est bien évident que leurs principes sont ceux de Cicéron, qui les nomme, en vingt endroits de ses ouvrages, les deux hommes les plus éloquents dont Rome puisse se glorifier. Mais quelle distance d'un traité de rhétorique, rédigé dans la forme usuelle et méthodique, et tel qu'un maître le dicte à des écoliers, à cette conversation si noble et si imposante établie par Cicéron ! Quelle manière plus heureuse de donner une grande idée de son art, que de représenter les premiers hommes de la république, des personnages consulaires, tels qu'Antoine et Crassus, et son gendre Scévola, grand pontife, et la lumière du barreau romain pour la jurisprudence, employant le loisir et le repos de la campagne, pendant le peu de jours de liberté que leur laisse la solennité des jeux publics, à s'entretenir sur l'éloquence, en présence de deux jeunes gens de la plus grande espérance, Lucius Cotta et Servius Sulpitius, qui pressent ces grands hommes de leur révéler leurs idées et leurs observations sur cet art dont ils ont été depuis long-temps les modèles ? Tel est l'entretien que Cicéron suppose avoir eu lieu, lorsqu'il était à peine sorti de l'enfance, environ cinquante ans avant le temps où il écrit, et lui avoir été rapporté par Cotta. C'est un effort de mémoire qu'il prétend faire en faveur de son frère Quintus, qui lui avait demandé ses idées sur l'éloquence. Il est probable qu'en effet cette conversation n'était pas tout-à-fait une supposition ; que Cotta en avait parlé à Cicéron, et lui en avait rapporté les principaux résultats ; que celui-ci dans la suite saisit l'occasion de travailler sur un fond qui lui avait paru intéressant et riche, et que le prince des orateurs romains, quelque droit que lui donnassent la vieillesse et la gloire (il avait alors soixante et un ans) de dicter les leçons de son expérience et les lois de son génie, aima mieux se dérober au danger de s'ériger en législateur, et préféra de se mettre à couvert sous la vieille autorité de deux maîtres fameux, qui avaient été avant lui les premiers organes de l'éloquence romaine.

Le lieu de la scène est à Tusculum, l'un des plus agréables cantons de l'Italie, où Crassus avait une maison de plaisance, et où Cicéron en eut une aussi. Le lendemain d'une conversation sérieuse, et même triste, sur la situation des affaires publiques, Crassus, comme pour se distraire, lui et ses amis, de leurs réflexions chagrines, se mit à parler des avantages attachés à l'étude de l'éloquence, non pas, disait-il, pour y exhorter Sulpitius et Cotta, mais pour les féliciter de ce qu'à leur âge ils étaient déjà assez avancés, non-seulement pour être au-dessus de tous les autres jeunes gens, mais même pour mériter d'être comparés à ceux qui avaient plus d'années et d'expérience : « J'avoue, poursuit-il,
« que je ne connais rien de plus beau que de pou-
« voir, par le talent de la parole, fixer l'attention
« des hommes rassemblés, charmer les esprits, gou-
« verner les volontés, les pousser ou les retenir à
« son gré. Ce talent a toujours fleuri, a toujours do-
« miné chez les peuples libres, et sur-tout dans les
« états paisibles. Qu'y a-t-il de plus admirable que de
« voir un seul homme, ou du moins quelques hommes,
« se faire une puissance particulière d'une faculté
« naturelle à tous? Quoi de plus agréable à l'esprit
« et à l'oreille qu'un discours poli, orné, rempli de
« pensées sages et d'expressions nobles ? Quel ma-
« gnifique pouvoir que celui qui soumet à la voix
« d'un seul homme les mouvements de tout un
« peuple, la religion des juges et la dignité du sénat!

« Qu'y a-t-il de plus généreux, de plus royal,
« que de secourir les suppliants, de relever ceux
« qui sont abattus, d'écarter les périls, d'assurer
« aux hommes leur vie, leur liberté, leur patrie?
« Enfin quel précieux avantage que d'avoir toujours
« à la main des armes qui peuvent servir à votre dé-
« fense ou à celle des autres, à défier les méchants
« ou à repousser leurs attaques! » (I , 8.)

Crassus ne s'en tient pas à ces traits généraux qui caractérisent l'éloquence, et qui tous sont avoués et incontestables. Cette espèce d'introduction le conduit au principe favori de Cicéron, déjà établi dans l'avant-propos du dialogue, et que Crassus énonce enfin en ces termes : « Si l'on veut embrasser
« dans une définition complète toutes les facultés
« propres à l'orateur, à mon gré, celui-là mérite un
« titre d'un si grand poids, qui, sur quelque sujet
« qui se présente à développer dans le discours,
« peut parler de mémoire avec sagesse, avec ordre,
« avec les mouvements du style et la dignité de l'ac-
« tion. » (I, 15.)

On doit s'attendre que cette définition, aussi étendue qu'imposante, peut être attaquée. Crassus s'y attend bien lui-même ; car il ajoute tout de suite, comme pour expliquer sa pensée et prévenir les objections : « Si l'on trouve que j'ai été trop loin dans
« ces mots, *sur quelque sujet qui se présente*, chacun
« peut en retrancher ce qu'il voudra ; mais je tiens
« pour constant que, quand même l'orateur, étranger
« aux autres connaissances, ne saurait que ce qui
« concerne les délibérations et les jugements, s'il

« se trouve dans le cas de parler de ces autres
« choses qu'il n'a pas étudiées, dès qu'il les aura
« apprises de ceux qui font profession de les savoir,
« il en parlera mieux qu'eux-mêmes ne pourraient
« en parler. » (J, 15.)

Et voilà le sens réel et précis de l'assertion de Crassus et de Cicéron : voilà le seul résultat admissible des différentes discussions qui remplissent ce premier livre sur la nature et l'étendue de la science de l'orateur. Il faut dire aussi, pour la justification de Crassus, ce qu'il répète plusieurs fois, qu'il ne prétend pas caractériser l'orateur tel qu'il existe, mais tel qu'il le conçoit possible. Or, il soutient, avec quelque fondement, que, pour avoir une idée parfaite d'un art, il faut le considérer dans toute la perfection dont il est susceptible. Scévola, après l'avoir combattu, revient à son opinion, avec la restriction que Crassus lui-même y a mise. Pour Antoine, après avoir rendu compte de quelques disputes sur le même sujet, dont il avait été témoin lorsqu'il visitait les philosophes et les rhéteurs d'Athènes, il avoue qu'il serait à souhaiter que l'instruction la plus étendue vînt toujours au secours de l'éloquence. C'est même en conséquence de ce principe, qui étend si loin les devoirs et les facultés de l'orateur, qu'Antoine avance que, dans un petit traité composé à son retour de Grèce, il avait dit ces propres mots : *J'ai bien connu des hommes diserts, mais pas un homme vraiment éloquent.* Il entend par homme éloquent, celui qui est en état d'embellir et d'agrandir tout par la parole, et qui possède dans son imagination et dans sa mémoire une source inépuisable d'élocution, prête à se répandre sur tous les objets. Ce qu'il ajoute est remarquable : « Cela nous est difficile, sans doute, à « nous, que l'ambition de paraître entraîne dans le « tourbillon du Forum avant que nous soyons suf- « fisamment instruits; mais cela n'est pas moins dans « l'ordre des choses naturelles et possibles : et si, « pour l'avenir, je puis régler mes conjectures sur « la mesure du génie que montrent mes contempo- « rains, je ne désespère pas qu'un jour, avec plus de « vivacité dans l'étude que nous n'en mettons et que « nous n'y en avons mis, avec plus de loisir, avec une « facilité d'apprendre plus grande et plus mûrie, « avec plus d'émulation et d'activité, il n'existe enfin « cet orateur que nous cherchons; et s'il faut dire ce « que je pense, ou cet orateur est Crassus, ou ce « sera un homme, qui, né avec un génie égal, aura « lu, entendu et composé davantage, et qui pourra « ajouter quelque chose à ce qu'est aujourd'hui « Crassus. » (I, 21.)

Ne pourrait-on pas croire que Cicéron prophétise ici par la bouche d'Antoine, et prophétise sur lui-même? Ce qui est certain, c'est que tous les traits qu'il a rassemblés jusqu'ici paraissent lui convenir et ne convenir qu'à lui seul. Il était non-seulement le plus éloquent, mais le plus savant des Romains; et il a fait dire à Antoine, il n'y a qu'un moment, que rien n'est plus propre à nourrir et à fortifier le talent de l'orateur que la multitude des connaissances. Quoique alors celles que l'on pouvait acquérir fussent plus bornées qu'aujourd'hui, cependant il n'a pas voulu dire, et lui-même en convient, que l'orateur devait tout savoir ; mais il a soutenu qu'il était de l'essence du talent oratoire de pouvoir orner tous les sujets, autant qu'ils en sont susceptibles, et c'est précisément ce qu'il avait fait ; car il avait écrit, et toujours avec agrément et abondance, sur toutes les matières générales de philosophie, de politique et de littérature. Il n'était nullement étranger à l'histoire, puisqu'il avait fait celle de son consulat ; ni à la poésie, puisqu'il avait composé un poème à l'honneur de Marius. Ainsi, graces à l'amour du travail, qui était en lui au même degré que le talent, il était précisément l'homme qu'il demande, celui qui ne se contente pas d'être exercé aux luttes du barreau et aux délibérations publiques, mais qui peut écrire éloquemment sur tous les objets qu'il voudra traiter.

Antoine exige de l'orateur la sagacité du dialecticien, la pensée du philosophe, presque l'expression du poète, la mémoire du jurisconsulte, la voix et le geste d'un grand acteur ; mais il ne va pas encore si loin que Crassus, qui, pour former cet homme accompli, veut, indépendamment des dons naturels, tant de l'esprit que du corps, un exercice continuel, l'habitude d'écrire et d'écrire avec soin, l'attention à fortifier sa mémoire, à observer au théâtre tous les vices de prononciation, tous les mouvements désagréables qu'il faut éviter ; qui recommande, comme une chose très utile, de traduire les orateurs grecs, et comme une chose nécessaire d'étudier l'histoire; qui conseille la lecture des poètes, et sur-tout qu'en lisant les philosophes et les historiens on s'accoutume à les commenter, à les réfuter, à examiner dans chaque question qui se présente chez eux ce qu'il y a de plus probable, à en discuter le pour et le contre; enfin, qui veut une connaissance profonde des lois de l'antiquité, des coutumes, de la constitution de la république, des droits des alliés, de la discipline du sénat; et qui ajoute à cet ensemble, déjà si vaste, cette tournure d'esprit délicate et enjouée qui apprend à faire usage de la bonne plaisanterie, comme d'un assaisonnement nécessaire au discours. Antoine, qui faisait profession de n'avoir jamais étudié la jurisprudence, et qui ne faisait pas un très grand cas de la philosophie grecque, mais dont le talent consistait principalement dans une grande adresse à manier l'arme de la dialectique, et qui sur-tout passait pour être formidable dans la réfutation, soutient ici son caractère. Il resserre beaucoup la carrière que Crassus ouvre à l'éloquence, et qui pourtant, au gré même d'Antoine, demeure assez étendue, puisqu'elle renferme dans son domaine les tribunaux, le sénat et les assemblées du peuple. Il est bien sûr que c'est là proprement l'empire de l'orateur; mais quoique Antoine observe avec raison qu'il y a fort loin de ce genre de talent à celui d'écrire éloquemment sur des matières de philosophie, de politique et de goût, il n'est pas moins vrai que tous ces objets sont du ressort de l'éloquence, qui doit se plier à tous les tons; et il ne faut pas reprocher à Crassus de voir l'art

dans toutes ses dépendances. Aussi les raisonnemens d'Antoine, dans cette partie, sont-ils plus spécieux que solides, sur-tout lorsqu'il prétend qu'il n'est pas nécessaire à un avocat d'être jurisconsulte, et qu'il lui suffit, pour chaque cause, d'être instruit des lois relatives au cas qui est mis en question. On sent que cette ressource passagère, qui peut quelquefois suffire au grand talent, ne peut pas se comparer, dans l'usage journalier, à des connaissances méditées et approfondies. Crassus ne répond à la réfutation d'Antoine que par quelques mots de politesse et de plaisanterie, et saisit agréablement l'occasion de se joindre à Sulpitius et à Cotta, pour obtenir de lui qu'il expose à ces deux jeunes élèves ce qu'a pu lui apprendre une longue habitude du Forum, puisqu'enfin c'est là qu'il lui plaît de borner à peu près les fonctions de l'orateur. Antoine ne peut s'en dispenser; mais la conversation est remise au lendemain, parce qu'il faut aller se reposer pendant la chaleur du jour. Scévola le jurisconsulte témoigne son regret de ne pouvoir entendre Antoine, parce qu'il est invité chez Lélius. « Quoique Antoine
« ait maltraité la jurisprudence, dit-il en plaisantant,
« je ne lui en veux pas tant d'en avoir dit du mal,
« que je lui sais gré de nous avoir avoué si ingénu-
« ment qu'il ne la connaissait pas. » (I , 62.)

Lorsqu'on se rappelle la prédilection qu'avait Cicéron pour la secte des académiciens, qui avait pour principe de discuter beaucoup et d'affirmer peu, et de reconnaître bien plus de choses probables que de choses démontrées, on n'est pas surpris, dans le

second dialogue, où Antoine joue le premier rôle, de le voir, dès son exorde, revenir presque entièrement à l'avis de Crassus, et avouer en badinant qu'il n'a voulu qu'essayer, dans sa réfutation, s'il lui enlèverait ses deux jeunes disciples, Sulpitius et Cotta; mais qu'actuellement, devant les nouveaux auditeurs qui leur sont arrivés, il ne songe qu'à dire sincèrement ce qu'il pense. Ces auditeurs sont le vieux Catulus et César, l'oncle du dictateur, tous deux comptés parmi les meilleurs orateurs de leur temps; Catulus, distingué surtout par la pureté et l'élégance de la diction; César, par le talent de la plaisanterie. Tels sont les nouveaux personnages qu'amène Cicéron à Tusculum pour écouter Antoine, et l'on s'aperçoit bientôt que, pour cette fois, la doctrine qu'il prêche est bien selon le cœur de celui qui le fait parler, et que c'est en effet Cicéron qu'on entend. La jurisprudence exceptée, sur laquelle on ne pouvait pas faire revenir Antoine avec vraisemblance, parce qu'il était notoire qu'il n'en avait jamais étudié que ce qui était nécessaire à ses causes, il passe d'ailleurs en revue les différents genres où l'éloquence peut s'exercer; et voici sa conclusion, qui paraît entièrement conforme à ce qu'avait toujours pensé Cicéron. « Je vous dirai le résultat, non pas de ce que j'ai
« appris, mais (ce qui est plus fort) de ce que j'ai
« moi-même éprouvé. Dans toutes les matières que
« je viens de détailler, l'art de bien dire n'est qu'un
« jeu pour un homme qui a de l'esprit naturel de
« l'habitude et de l'instruction : le grand ouvrage de
« l'orateur est dans le genre judiciaire; et je ne sais

« s'il est quelque chose de plus difficile parmi les
« œuvres de l'esprit humain. C'est là que, le plus
« souvent, la multitude ignorante ne juge du talent
« de l'avocat que par l'évènement; c'est là qu'on a
« devant soi un ennemi qu'il faut sans cesse frapper
« et repousser; c'est là que souvent celui qui doit
« décider est l'ami de votre adversaire ou votre propre
« ennemi ; qu'il faut ou l'instruire, ou le détromper,
« ou l'exciter, ou le réprimer, enfin prendre tous les
« moyens pour le mettre dans la disposition qu'exi-
« gent la circonstance et votre cause; qu'il faut le
« ramener de la bienveillance à la haine, et de la
« haine à la bienveillance, et avoir pour ainsi dire
« des ressorts tout prêts pour le monter, suivant le
« besoin, à la sévérité ou à l'indulgence, à la tristesse
« ou à la joie; qu'il faut mettre en usage le poids
« des sentences [*] et l'énergie des expressions, et
« animer tout par une action variée, véhémente,
« pleine de feu, pleine de vie, de vérité, de sensi-
« bilité. » (II, 17.)

On reconnaît bien à ce langage un homme accoutumé aux triomphes du barreau, qui a éprouvé
tout ce qu'ils avaient de difficile, et senti tout ce
qu'ils avaient de glorieux. On ne peut nier non
plus que ce ne soit dans ce genre que l'éloquence
antique a produit les plus belles choses, et que
Démosthène et Cicéron ont laissé le plus de chefs-
d'œuvre. Mais pourtant il ne faudrait pas prendre

---

[*] Le mot *sentences* offre un sens trop restreint; *pensée* conviendrait mieux,
c'est ainsi que le traduit M. Gaillard. (*Voyez Cic. de M. J. V. Le Clerc.*)

H. P.

à la lettre ce qu'on vient d'entendre, que tout le reste *est un jeu*. Ce mot qui est dans la bouche d'Antoine, est en effet sorti de l'âme de Cicéron. Ce sont de ces mots qui peignent plutôt l'homme qu'ils n'expriment la chose; qui révèlent le secret de ses préférences et de ses affections, plus qu'ils n'établissent la mesure précise de ses jugements. C'est ainsi que j'ai entendu dire cent fois à cet homme qui avait tout tenté et si souvent réussi, à Voltaire : « Il n'y a au monde qu'une chose difficile, « c'est de faire une belle tragédie. » Il le disait du fond du cœur : mais qu'est-ce que cela prouvait? qu'en faudrait-il conclure? Qu'en effet tout le reste est aisé? Lui-même ne le croyait pas. Ces expressions exagérées et passionnées prouvaient seulement que, de tout ce qu'il avait composé, la tragédie était ce qui lui avait coûté le plus de peine et valu le plus de gloire.

Il faut croire qu'il en était de même de Cicéron. Ses deux *Verrines* et la *Milonienne* sont certainement ce qu'il a fait de plus beau, et ce qui dut lui coûter le plus; mais croira-t-on que lui-même regardât comme une chose si facile de faire les *Catilinaires*, la seconde *Philippique*, la harangue pour *la loi Manilia*, le remercîment à César *pour Marcellus*, tous morceaux admirables et qui ne sont pas dans le genre judiciaire? Et refuserons-nous une juste admiration à ces harangues, qui sont un des principaux ornements des historiens grecs, et sur-tout des latins, fort supérieurs en ce genre? De nos jours, on les juge déplacées. J'examinerai, à l'article des historiens, si, en prononçant cette condamnation, l'on n'a pas oublié la différence des mœurs. Mais ce qui suffit pour prouver combien les anciens différaient de nous sur ce point, c'est qu'Antoine, l'interprète de Cicéron, parmi les genres d'écrire qui exigent de l'éloquence, compte expressément l'histoire; il dit en propres termes : « Qu'est-« ce qu'un historien qui ne sera pas orateur ? »

Mais c'est sur-tout celui du barreau dont il s'occupe, ainsi que Crassus. Il désire que celui qui annonce un talent naturel pour cette profession, et qui a fait toutes les études qu'elle demande, se propose particulièrement quelque excellent modèle à imiter; conseil fort sage, que l'on a vu suivre de nos jours par plusieurs jeunes avocats qui s'attachaient volontiers à ceux qui jouissaient déjà d'une réputation méritée. Il exige qu'on ne se charge d'aucune cause sans l'avoir examinée avec l'attention la plus scrupuleuse, et sans la connaître aussi parfaitement qu'il est possible. Cette précaution, trop souvent négligée, lui paraît avec raison de la plus grande importance, et pour la morale, et pour le succès. Il rend compte de ce qu'il a coutume de pratiquer dans ces sortes d'occasions, et l'on ne saurait donner une meilleure leçon à ceux qui exercent le même ministère. « Quand quelqu'un vient « m'exposer sa cause, j'ai coutume de faire pour un « moment le rôle de sa partie adverse, et je plaide « contre lui, afin de le mettre à portée de me dé-« velopper toutes ses raisons. Quand il est parti, je « me charge tour à tour de trois personnages que

« je soutiens avec une égale équité, celui de mon
« client, celui de mon adversaire, celui du juge. Je
« marque les différents points de la cause : ceux qui
« m'offrent plus d'avantage que de difficulté, je me
« propose de les traiter : ceux qui sont tels que, de
« quelque façon qu'on les prenne, ils me sont plus
« défavorables qu'avantageux, je les mets entière-
« ment à l'écart. Je m'assure donc bien positivement
« de mes moyens, et je sépare avec soin deux choses
« que bien des gens confondent par trop de con-
« fiance, le temps de méditer une cause, et le temps
« de la plaider. » (II, 24.)

Ensuite il s'étend sur la nature des différentes causes et sur la manière de les considérer, sur l'art de s'insinuer dans l'esprit des juges, sur la meilleure méthode à employer dans la disposition des preuves, sur l'espèce d'autorité que donne à l'orateur la considération personnelle attachée aux mœurs et à la probité. Quant au secret d'émouvoir les passions, il donne pour l'éloquence le même précepte qu'Horace pour la poésie. « Il faut, dit-il, éprouver vous-
« même les affections que vous voulez communiquer.
« Je ne sais ce qui arrive aux autres ; mais, pour
« moi, jamais je n'ai cherché à exciter dans le cœur
« des juges la douleur, la pitié, l'indignation, que
« je ne fusse pénétré moi-même des sentiments que
« je voulais faire passer dans leur âme. Il faut, s'il
« est permis de s'exprimer ainsi, que l'orateur soit
« en feu, s'il veut allumer un incendie. » (II, 46.)

Tout cet article, qui regarde les diverses passions qu'il s'agit d'inspirer aux juges, est traité avec une sagacité et développé avec une facilité et une abondance d'élocution dignes d'un si grand maître. Antoine en vient à ce qui regarde la plaisanterie ; mais alors il laisse la parole à César, renommé pour cette espèce de talent; et la longueur de la dissertation qu'il entreprend sur cet objet prouve combien cette partie occupait de place dans l'art oratoire. C'est qu'indépendamment des plaidoyers proprement dits, où la plaisanterie pouvait être plus ou moins employée, il y avait encore deux parties essentielles de la plaidoirie, l'interrogation des témoins, qui appartenait à l'avocat, et l'altercation. On appelait de ce nom la discussion dialoguée et contradictoire des faits, des témoignages, des moyens, qui succédait aux discours suivis et préparés, et qui demandait beaucoup de présence d'esprit et une grande habitude de parler.

Il est à remarquer que Scévola, l'un des interlocuteurs du premier dialogue, n'est point présent à celui-ci; et il paraît que Cicéron l'a écarté à dessein, parce-qu'il ne convenait pas qu'on fît un traité sur la plaisanterie en présence d'un homme aussi grave qu'un grand pontife. Ces sortes de bienséances sont soigneusement observées par les anciens, et Cicéron sur-tout, qui ne recommande rien tant à l'orateur que l'exacte observation des convenances de toute espèce, avait trop de délicatesse et de goût pour y manquer.

Comme ce sont souvent des circonstances subites et imprévues qui donnent lieu aux traits les plus plaisants, il importe de savoir saisir l'à-propos ;

et cette heureuse promptitude d'esprit rapelle à César un trait de Crassus, dans un genre tout opposé à la plaisanterie, mais très remarquable par l'habileté de l'orateur à profiter d'un accident inattendu, et par le grand effet qu'il produisit. Crassus plaidait contre Brutus, jeune homme qui déshonorait son nom, qui avait dissipé son patrimoine et vendu toutes les terres de sa famille, qui n'avait aucun talent qui rachetât la dépravation de ses mœurs, et qui de plus, comme pour se venger de la mauvaise réputation qu'il avait, intentait des accusations injustes et calomnieuses contre les meilleurs citoyens. C'était Crassus, dans ce moment, qu'il attaquait; et, pendant que celui-ci parlait, le hasard fit que le convoi de Junia, femme respectable et aïeule de Brutus, morte peu auparavant, vint à passer devant le Forum, et à la suite de son convoi paraissaient les images de ses ancêtres, que l'on avait coutume de porter dans ces lugubres cérémonies.

Crassus s'interrompt, et s'adressant à Brutus :
« Eh bien! lui dit-il, que veux-tu que cette femme
« révérée dise à ton père du fils qu'il nous a laissé?
« Que veux-tu qu'elle dise à tous ces grands hommes,
« tes aïeux, dont nous voyons les images, à ce Bru-
« tus à qui nous devons notre liberté? S'il demande
« ce que tu fais, quel est l'état, quel est le genre de
« gloire et de vertu dont tu t'occupes, que lui dira-
« t-on? Est-ce d'augmenter ton patrimoine? Ce n'est
« pas ce qu'il y aurait de plus digne de ton nom;
« mais cela même ne t'est plus possible : il ne t'en

« reste rien; tes débauches ont tout dévoré. Est-ce
« de l'étude du droit civil? Ton père s'y est distin-
« gué, il nous en a laissé des monuments; mais pour
« toi, on lui dira qu'en vendant tout ce que tu en
« as reçu pour héritage, tu ne t'es pas même réservé
« le siège paternel où il écrivait. Est-ce de l'art mi-
« litaire? Mais tu n'as jamais vu un camp. Est-ce
« de l'éloquence? Mais tu ne la connais même pas,
« et tout ce que tu as de voix et de facultés est em-
« ployé à ce trafic honteux de calomnies publiques,
« qui est ta dernière ressource. Et tu oses voir le
« jour! tu oses regarder tes juges! tu oses te montrer
« dans le Forum, dans cette ville, aux yeux de tes
« concitoyens! Tu ne frémis pas de honte et d'effroi
« à l'aspect de cet appareil funéraire, de ces images
« sacrées qui t'accusent, de ces ancêtres que tu es
« si loin d'imiter, qu'il ne te reste pas même un asyle
« où tu puisses encore les placer! » (II; 55.)

On peut juger, par la véhémence et l'énergie de cette accablante apostrophe, si Crassus avait l'âme et l'imagination d'un orateur. Cicéron, qui n'en pouvait conserver tout au plus qu'un bien faible souvenir, puisqu'il entrait à peine dans l'adolescence lors de la mort de Crassus, mais qui avait pour le talent cet amour si naturel aux belles âmes et aux esprits supérieurs, a consacré à sa mémoire les regrets les plus touchants; et ce morceau, qui commence le troisième livre de son ouvrage, forme une espèce d'épisode aussi intéressant que bien placé, qui peut aussi en être un dans cette analyse, et vous distraire un moment de la sévérité du ton didactique.

« Comme je me disposais, mon cher frère, à rap-
« porter dans ce troisième livre les leçons de Cras-
« sus, qui s'était engagé à parler après Antoine sur
« l'élocution oratoire, j'ai été frappé d'un souvenir
« douloureux. Ce beau génie, qui méritait l'immor-
« talité, cette douceur de mœurs, cette vertu si
« pure, tout fut détruit par une mort soudaine,
« dix jours après les entretiens que vous venez de
« lire. Crassus, revenu à Rome le dernier jour des
« jeux, fut vivement affecté d'une harangue du
« consul Philippe, dans laquelle il avait dit au peuple
« qu'avec un sénat tel que celui qu'on avait alors,
« il ne pouvait pas répondre de l'administration des
« affaires publiques. Les sénateurs s'étant assemblés
« en grand nombre le matin des ides de septembre,
« le tribun Drusus, qui les avait convoqués, après
« s'être plaint du consul, demanda qu'on délibérât
« sur l'outrage qu'avait fait au sénat le premier
« magistrat de la république, en le calomniant au-
« près du peuple. J'ai souvent entendu dire aux
« hommes les plus éclairés que, toutes les fois que
« Crassus parlait, il semblait n'avoir jamais mieux
« parlé; mais que l'on convint ce jour-là que, s'il
« avait coutume d'être au-dessus des autres, il avait
« été cette fois au-dessus de lui-même. Il déplora le
« malheur du sénat, qui, semblable au pupille dé-
« pouillé par un tuteur infidèle, ou à l'enfant aban-
« donné par ses parents, voyait sa dignité hérédi-
« taire envahie par un brigand, sous le nom de con-
« sul, qui, après avoir ruiné l'état autant qu'il était
« en lui, n'avait en effet rien de mieux à faire que

« de lui enlever le secours et les lumières du sénat.
« Philippe était violent, accoutumé à manier la parole
« et à faire tête à ceux qui l'attaquaient. Il sentit
« vivement les atteintes que lui portait Crassus; et,
« résolu de contenir un pareil adversaire, il s'em-
« porta jusqu'à prononcer contre lui une amende
« et lui ordonner, suivant l'usage, d'en donner cau-
« tion sur ses biens. C'est alors que Crassus, poussé
« à bout, parla, dit-on, comme un dieu : *Penses-tu,*
« lui dit-il, *que je te traiterai en consul, quand tu*
« *ne me traites pas en consulaire*[*]*? Penses-tu, quand*
« *tu as déjà regardé l'autorité du sénat comme un*
« *bien de confiscation, quand tu l'as foulée aux pieds*
« *en présence du peuple romain, m'effrayer par de*
« *semblables menaces? Si tu veux m'imposer silence,*
« *ce n'est pas mes biens qu'il faut m'ôter : il faut*
« *m'arracher cette langue que tu crains, étouffer*
« *cette voix qui n'a jamais parlé que pour la liberté;*
« *et quand il ne me restera plus que le souffle, je*
« *m'en servirai encore, autant que je le pourrai,*
« *pour combattre et repousser la tyrannie.* Il parla
« long-temps avec chaleur, avec force, avec vio-
« lence. On rédigea, sur son avis, le décret du sénat,
« conçu dans les termes les plus forts et les plus ex-
« pressifs, dont le résultat était que, toutes les fois
« qu'il s'était agi de l'intérêt du peuple romain,
« jamais la sagesse ni la fidélité du sénat n'avait

---

[*] Le texte dit *en Sénateur*, « cui senator ipse non esset. » C'est dans la IIe Philippique, V, qu'on trouve cette opposition de mots introduite ici par La Harpe. « non tractabo ut consulem : ne ille quidem me ut consularem. »

H. P.

« manqué à la république. Crassus assista même à
« la rédaction du décret. Mais ce fut pour cet homme
« divin le chant du cygne : ce furent les derniers
« accents de sa voix; et nous, comme si nous eus-
« sions dû l'entendre toujours, nous venions au
« sénat, après sa mort, pour regarder encore la
« place où il avait parlé pour la dernière fois. Il
« fut saisi, dans l'assemblée même, d'une douleur
« de côté, suivie d'une sueur abondante et d'un
« frisson violent; il rentra chez lui avec la fièvre,
« et au bout de sept jours il n'était plus. O trom-
« peuses espérances des hommes! ô fragilité de la
« condition humaine! ô vanité de nos projets et de
« nos pensées, si souvent confondus au milieu de
« notre carrière*! Tant que la vie de Crassus avait
« été occupée dans les travaux du Forum, il était
« distingué par les services qu'il rendait aux parti-
« culiers, et par la supériorité de son génie, et non
« pas encore par les avantages et les honneurs at-
« tachés aux grandes places; et l'année qui suivit
« son consulat**, lorsque, d'un consentement uni-
« versel, il allait jouir du premier crédit dans le
« gouvernement de l'état, la mort lui ravit tout-à-
« coup le fruit du passé et l'espérance de l'avenir!
« Ce fut sans doute une perte amère pour sa famille,
« pour la patrie, pour tous les gens de bien; mais
« tel a été après lui le sort de la république, qu'on

* Bossuet a imité ce beau mouvement dans l'oraison funèbre de Henriette
d'Angleterre.
« O vanité! ô néant! ô mortels ignorants de leurs destinées! »
** M. Guillard (Cic. de M. J. V. Le Clerc) met *sa censure*, il y a dans le
texte : « annus primus ab honorum perfunctione. »　　　　H. P.

« peut dire que les dieux ne lui ont pas ôté la vie,
« mais lui ont accordé la mort. Crassus n'a point vu
« l'Italie en proie aux feux de la guerre civile*; il
« n'a point vu le deuil de sa fille, l'exil de son gen-
« dre, la fuite désastreuse de Marius, le carnage qui
« suivit son retour; enfin il n'a point vu flétrir et
« dégrader de toutes les manières cette république
« qui l'avait fait le premier de ses citoyens, lors-
« qu'elle-même était la première des républiques.

« Mais puisque j'ai parlé du pouvoir et de l'in-
« constance de la fortune, je n'ai besoin, pour en
« donner des preuves éclatantes, que de citer ces
« mêmes hommes que j'ai choisis pour mes inter-
« locuteurs dans ces trois dialogues que je mets au-
« jourd'hui sous vos yeux. En effet, quoique la mort
« de Crassus ait excité de justes regrets, qui ne la
« trouve pas heureuse, en se rappelant le sort de
« tous ceux qui, dans ce séjour de Tusculum, eurent
« avec lui leur dernier entretien? Ne savons-nous
« pas que Catulus, ce citoyen si éminent dans tous
« les genres de mérite, qui ne demandait à son an-
« cien collègue Marius que l'exil pour toute grace,
« fut réduit à la nécessité de s'ôter la vie? Et Marc-
« Antoine, quelle a été sa fin? La tête sanglante de
« cet homme, à qui tant de citoyens devaient leur
« salut, fut attachée à cette même tribune où pen-
« dant son consulat il avait défendu la république

* La Harpe omet ici deux lignes, généralement mal entendues par les tra-
ducteurs, et que M. Gaillard qui a fort bien éclairci ce passage dans une note,
rend ainsi : « ... Le Sénat en butte aux fureurs de la haine, les premiers
« citoyens de Rome accusés d'un complot sacrilège ;... » (Cic. de M. J. V.
Le Clerc.)

« avec tant de fermeté, et que pendant sa censure
« il avait ornée des dépouilles de nos ennemis. Avec
« cette tête tomba* celle de Caïus-César, trahi par
« son hôte, et celle de son frère Lucius; en sorte
« que celui qui n'a pas été le témoin de ces horreurs
« semble avoir vécu et être mort avec la république.
« Heureux encore une fois Crassus, qui n'a point
« vu son proche parent Publius, citoyen du plus
« grand courage, mourir de sa propre main; la
« statue de Vesta teinte du sang de son collègue le
« grand pontife Scévola**, ni l'affreuse destinée de
« ces deux jeunes gens qui s'étaient attachés à lui;
« Cotta qu'il avait laissé florissant, peu de jours après
« déchu de ses prétentions au tribunat par la ca-
« bale de ses ennemis, et bientôt obligé de se bannir
« de Rome; Sulpitius en butte au même parti; Sul-
« pitius, qui croissait pour la gloire de l'éloquence
« romaine, attaquant témérairement ceux avec qui
« on l'avait vu le plus lié, périr d'une mort sanglante,
« victime de son imprudence, et perdu pour la ré-
« publique! Ainsi donc, quand je considère, ô Crassus!
« l'éclat de ta vie et l'époque de ta mort, il me semble
« que la providence des dieux a veillé sur l'une et
« sur l'autre. Ta fermeté et ta vertu t'auraient fait

---

* Il y a dans le texte « neque vero longè ab eo jacuit, » ce qui fait entendre que les têtes de Caïus et de Lucius César furent aussi exposées sur la
tribune. C'est ainsi que l'a entendu M. Gaillard. (Cic. de M. J. V. Le Clerc.)
H. P.

** La Harpe supprime ici une phrase que M. Gaillard traduit ainsi :
« Ce cœur généreux qui ne respirait que l'amour de la patrie, aurait donné
« des pleurs à la mort même de C. Carbon, son plus grand ennemi, massacré
« aussi dans cette affreuse journée. » (Cic. de M. J. V. Le Clerc.) H. P.

« tomber sous le glaive de la guerre civile; ou si la
« fortune t'avait sauvé d'une mort violente, c'eût
« été pour te rendre témoin des funérailles de ta
« patrie; et tu aurais eu non-seulement à gémir sur
« la tyrannie des méchants, mais encore à pleurer
« sur la victoire du meilleur parti, souillée par le
« carnage des citoyens *. » (liv. III. chap. 1, 2, 3.)

Quand Cicéron écrivait ce morceau, les maux présents devaient le rendre encore plus sensible sur le passé. Cet ouvrage fut composé dans le temps de la guerre civile entre César et Pompée ; et quand l'auteur nous montre cette tête sanglante de l'orateur Antoine attachée à la tribune, ne se rappelle-t-on pas aussitôt celle de Cicéron lui-même placée, quatre ans après, à cette même tribune par cet autre Antoine, qui bien différent de son illustre aïeul, se signala par le crime et la tyrannie, comme l'orateur s'était signalé par ses talents et ses vertus?

Ce dernier livre roule principalement sur l'élocution et sur-tout sur ce qui est relatif à l'action oratoire. C'est Crassus qui porte la parole, parce qu'il excellait particulièrement dans cette partie. C'est là qu'on aperçoit plus que partout ailleurs, sous quel point de vue, aussi vaste que hardi et lumineux, Cicéron avait embrassé tout l'art oratoire. Il ne peut se résoudre à séparer l'orateur du philosophe et de

---

* « Ce morceau si pathétique et si éloquent, dit M. Gaillard dans une
« note, a été imité par Tacite dans les deux derniers chapitres de la vie
« d'Agricola. L'imitation est même tellement marquée qu'on s'étonne de
« voir un génie si original s'approprier les idées d'un autre, sur-tout dans
« un moment où il semblait ne devoir chercher d'autres inspirations que
« celle de son cœur... » (Cic. de M. J. V. Le Clerc.)

l'homme d'état. Il se plaint du préjugé des esprits étroits et pusillanimes, qui, rapetissant tout à leur mesure, ont séparé ce qui de sa nature devait être inséparable. Il reproche aux rhéteurs d'avoir renoncé par négligence et par paresse à ce qui leur appartenait en propre, en se tenant au talent de bien dire, comme s'il était possible de bien dire sans bien penser, et souffrant que les philosophes s'attribuassent exclusivement tout ce qui est du ressort de la morale, usurpation évidente sur l'éloquence. Il va jusqu'à réclamer en faveur de ses prétentions cette chaîne immense qui lie ensemble toutes les connaissances de l'esprit humain Il les voit comme nécessairement combinées et dépendantes les unes des autres; et cette idée, aussi grande que vraie, qui a été de nos jours la base de *l'Encyclopédie*, et qui est mieux exposée dans la préface qu'elle n'est exécutée dans le livre, Cicéron, de tous les anciens, paraît être le seul qui l'ait connue*.

---

* Voici comment M. Gaillard s'exprime sur cet ouvrage dans la préface de son élégante et fidèle traduction, que nous avons souvent citée dans nos notes, et que nous aurons plus d'une occasion de citer encore. « Les Dialogues *de l'Orateur*, dit-il, sont au nombre de ces livres précieux, où l'autorité du génie consacre et rappelle à tous les siècles les principes de la raison et du bon goût. Nul ouvrage didactique n'offre à un plus haut degré le rare mérite de donner de l'intérêt et de l'agrément à des matières scientifiques. Combien d'observations vraies et profondes ! combien d'aperçus fins et délicats, d'idées fortes et ingénieuses, rendues plus piquantes encore par la forme animée de la discussion ! Le style a partout cette perfection qu'on doit attendre de celui de tous les hommes qui paraît avoir le plus approfondi l'art du langage. On reconnaît en outre, au fini de la diction et à l'éclat de quelques morceaux, comme à la complaisance avec laquelle Cicéron s'exprime sur cet ouvrage, qu'il l'avait travaillé avec un soin particulier ; aussi le mérite de l'expression ne peut être porté plus loin : c'est

Dans cet autre traité qui a pour titre *l'Orateur*, où Cicéron, s'adressant à Brutus, parle en son propre nom, et se propose de tracer les caractères de la plus parfaite éloquence, il pose encore pour première base la philosophie. Il traite des trois genres de style, le simple, le sublime et le tempéré, dont la division (depuis lui, et Quintilien qui l'a suivi presque en tout) est devenue généralement classique, quoique au fond elle ne soit pas fort importante, et que ni l'un ni l'autre ne s'y soient beaucoup attachés. Il se moque très gaiement de ceux des Romains qui, couvrant d'un beau nom leur médiocrité, nommaient exclusivement atticisme une simplicité nue, privée de tout ornement, et s'appelaient, comme par excellence, les seuls écrivains attiques; semblables à cet historien français, qui, persuadé qu'il était du très bon air de prendre l'esprit en aversion, parce qu'on en a souvent abusé, disait à un homme de lettres de ses confrères, avec une fierté qu'il croyait très noble, en lui présentant un livre de sa composition : « Tenez, Monsieur, « lisez cela : il n'y a pas d'esprit là-dedans; » Il faut avouer qu'il disait vrai.

L'atticisme consistait dans une grande pureté de style et dans une extrême délicatesse de goût qui rejetait toute recherche et toute enflure, mais qui n'excluait aucun des ornements convenables au su-

« une élégance qui ne se dément jamais, qui répand du charme sur les moin-
« dres détails, et triomphe de l'aridité et de la monotonie des préceptes par
« l'inépuisable fécondité de l'élocution la plus riche et la plus variée. » (Cic.
de M. J. V. Le Clerc.)   H. P.

jet, aucun des grands mouvements de l'éloquence. Cicéron le prouve par l'exemple de Démosthène, qui était bien aussi attique qu'un autre, et qui abonde en figures hardies, beaucoup moins, il est vrai, de celles qu'on appelle figures de diction, que de celles qu'on nomme figures de pensée. C'est ce qu'oubliaient ou voulaient oublier ces mauvais écrivains de Rome, qui sentaient bien qu'il était plus aisé d'éviter la bouffissure des orateurs d'Asie que d'atteindre à l'éloquente simplicité de Démosthène, mais qui auraient bien voulu que l'un parût une conséquence de l'autre.

Outrez un principe vrai, vous trouverez l'erreur. Il y a un autre excès opposé à cette faiblesse timide dont se moque Cicéron : c'est la prétention continuelle au grand, au sublime. Ceux qui croient que ce vice de style a quelque chose de noble en lui-même, et que c'est ce qu'on appelle un beau défaut, seront un peu étonnés des expressions de Cicéron : elles méritent d'être rapportées ; elles paraîtront peut-être un peu dures, mais il les justifie, et il faut l'écouter. Il vient de parler des deux genres, le simple et le tempéré ; il passe au sublime. « Il y a, dit-il, « une différence essentielle entre ce dernier et les « deux autres. Celui qui compose dans le genre « simple, s'il a de l'esprit, de la finesse, de la dé-« licatesse, sans chercher rien au-delà, peut passer « pour un bon orateur. Celui qui travaille dans le « genre tempéré, pourvu qu'il ait suffisamment de « cette sorte d'ornements qui lui conviennent, ne « peut courir de grands hasards ; car, lors même

« qu'il sera inférieur à lui-même, il ne tombera
« pas de très haut. Mais celui qui prétend au
« premier rang dont il s'agit ici, s'il veut tou-
« jours être vif, ardent, impétueux, si son génie le
« porte toujours au grand, s'il en fait son unique
« étude, s'il ne s'exerce qu'en ce genre, et qu'il ne
« sache pas le tempérer par le mélange des deux
« autres, il n'est digne que de mépris. » (XXVIII)

L'arrêt peut nous sembler sévère, mais ce sont les propres expressions de l'auteur; et si nous nous souvenons que, dans l'éloquence comme dans la poésie, la convenance du style au sujet est la qualité sans laquelle toutes les autres ne sont rien, et que de plus il est ici question de l'orateur du barreau, nous entrerons aisément dans la pensée de Cicéron. Voici comme il la développe, en prouvant que celui qui est toujours dans l'extrême n'est bon à rien, et ne mérite par conséquent aucune estime. « L'orateur, dit-il, qui joint à la simplicité de
« la diction la finesse des pensées, plaît par la rai-
« son et la sagesse ; l'orateur dont le style est orné,
« plaît par l'agrément, mais celui qui veut n'être
« que sublime ne paraît même pas raisonnable. Que
« penser en effet d'un homme qui ne peut traiter
« aucune matière d'un air tranquille, qui ne sait
« mettre dans son discours ni méthode, ni défini-
« tion, ni variété, ni douceur, ni enjouement, quand
« sa cause demande à être traitée de cette manière
« en tout ou en partie ? Que penser de lui, si, sans
« avoir préparé les esprits, il s'enflamme dès le
« commencement ? C'est absolument un frénétique

« parmi des gens de sens rassis; c'est un homme
« ivre parmi des gens à jeun et de sang-froid. »
(XXVIII)

Au reste, il ne faut pas s'étonner de trouver Cicéron si sévère. « Je suis, dit-il, si difficile à conten-
« ter, que Démosthène même ne me satisfait pas
« entièrement. Non, ce Démosthène qui a effacé
« tous les autres orateurs, n'a pas toujours de quoi
« répondre à toute mon attente et à tous mes dé-
« sirs, tant je suis, en fait d'éloquence, avide et
« comme insatiable de perfection. » (XXXIX)

Il ne s'épargne pas lui-même sur les productions de sa première jeunesse, et sa sévérité est d'autant plus louable, que les fautes qu'il reconnaît pouvaient lui paraître justifiées par le succès. Mais Cicéron n'était pas de ces hommes qui croient qu'on n'a rien à leur répliquer lorsqu'ils ont dit : J'ai été applaudi, donc j'ai raison. Cicéron nous dit au contraire, en homme qui aime encore mieux l'art que son talent : J'ai été applaudi, et j'avais tort. Il rappelle un morceau de son premier plaidoyer, prononcé à l'âge de vingt-quatre ans, pour Roscius d'Amérie (XXVI), et que nous avons encore. Ce discours, quoique très inférieur à ce qu'il fit depuis, annonçait déjà ce qu'il pouvait faire : il fut extrêmement applaudi, non pas tant, dit l'auteur, à cause de ce qu'il était, qu'à cause de ce qu'il promettait. Il y eut sur-tout un endroit qui excita beaucoup d'acclamations, et qu'il condamne formellement, comme une composition de jeune homme, qu'on n'excuserait pas dans la maturité. Il s'agit du sup-

plice des parricides, qui, comme l'on sait, étaient liés vivants dans un sac et jetés à la mer. « Qu'y a-
« t-il, disait le jeune avocat, qui soit plus de droit
« commun que l'air pour les vivants, la terre pour
« les morts, l'eau de la mer pour ceux qui sont sub-
« mergés, le rivage pour ceux que la tempête y a
« rejetés? Eh bien! les parricides vivent, et ils ne
« jouissent point de l'air; ils meurent, et le sein de
« la terre leur est refusé; ils flottent au milieu des
« vagues, et n'en sont point baignés; ils sont poussés
« sur les rochers, et ne peuvent s'y reposer. » (XXX)

L'éclat de ce morceau est encore relevé dans le latin par un arrangement de mots et un nombre qui appartiennent à la langue. Mais il ne faut qu'un moment de réflexion pour voir que cette description séduisante n'est qu'un vain cliquetis de mots qui éblouissent en se choquant, un assemblage d'idées frivoles ou fausses. Qu'est-ce que cette distinction de l'air qui est commun aux vivants, et de la terre qui est commune aux morts? est-ce que la terre n'est pas aussi commune aux vivants? De plus, il est faux qu'un homme jeté à la mer dans un sac ne soit pas mouillé par les flots, et ne puisse pas être porté sur un rocher. Mais quand tout cela serait vrai, qu'importe? et qu'est-ce que cela prouve? Ce défaut paraîtra bien plus choquant, si on se rappelle qu'il était question de défendre un fils accusé de parricide. Est-ce là le moment de s'amuser à un vain jeu d'esprit et de symétriser des antithèses?

On ne trouve rien de pareil dans les autres discours de Cicéron; mais il était dans l'âge où il est pardonnable de s'égarer en montrant de l'imagination. Il s'était livré à la sienne dans ce morceau; et, comme il dit fort bien : « Il convient qu'un jeune « homme donne l'essor à son esprit, et que la fé- « condité s'épanche sous sa plume. J'aime qu'il y « ait à retrancher dans ce qu'il fait. » (*de Orat.* II, 21.)

La conclusion de ce traité, c'est que l'orateur le plus parfait est celui qui sait le mieux proportionner sa composition aux objets qu'il traite, qui sait traiter les petits sujets avec simplicité, les sujets médiocres avec agrément, les grandes choses avec noblesse. C'est la conclusion du traité précédent, c'est celle de Quintilien, c'est, dans tous les temps, celle de tous les bons critiques.*

* On ne lira pas sans fruit sur ce traité de Cicéron, ce qu'en dit M. J. V. Le Clerc dans l'introduction de la traduction nouvelle qu'il a donnée de ce chef-d'œuvre de la critique chez les anciens, après avoir marqué l'époque où il a été composé. M. Le Clerc établit fort ingénieusement qu'en traçant le portrait du grand orateur, qui était le sien, Cicéron a voulu *se relever à ses propres yeux et aux yeux de ses concitoyens de l'humiliation où il se trouva un instant, lorsqu'il attendit, à Brindes après la défaite de Pompée, ce qu'on appelait alors le pardon de César;* à cette conjecture fort probable sur le dessein secret de l'ouvrage, succèdent des considérations pleines de justesse sur le sujet qu'a voulu traiter Cicéron, et sur le talent avec lequel il l'a traité; le savant traducteur réfute en passant les critiques indiscrètes de Ramus : il rappelle les travaux modernes qui peuvent servir à éclaircir et à expliquer quelques passages de son auteur; il énumère les diverses traductions qui ont précédé la sienne; il fait l'histoire du texte de *l'orateur* et mentionne les secours qu'il a trouvés dans plusieurs ouvrages récents pour ajouter à sa correction; enfin il cherche à initier ses lecteurs au système *des idées* que Cicéron emprunta à Platon et sur lequel repose le traité dont il leur offre la traduction. Ce morceau était trop étendu pour être cité en entier; il aurait trop perdu à être rapporté par extraits; nous nous sommes donc bornés à le faire connaître par cette courte analyse

Les autres ouvrages de Cicéron sur l'art oratoire sont : 1° Deux livres intitulés *de l'Invention*, qui ne sont, à ce qu'il nous apprend lui-même, que le résumé des leçons qu'il avait prises dans les écoles et les cahiers de sa rhétorique. Comme il était déjà très distingué, ses camarades les publièrent par un excès de zèle, qu'il trouva indiscret et mal entendu.

2° Un petit traité des *Topiques*, mot grec qui ne signifie plus aujourd'hui qu'un remède local, mais qui, dans la langue des anciens rhéteurs, signifiait les lieux communs du raisonnement, ou les sources générales où l'on pouvait puiser des arguments pour toutes sortes d'occasions. Cet ouvrage est tiré d'Aristote, et purement scolastique.

3° Un traité des *Partitions oratoires*, ou de la division des parties du discours, emprunté aussi d'Aristote, qui, dans tout ce qui regarde les éléments des arts de l'esprit, a servi de guide à tous ceux qui sont venus après lui. Ce livre est de la même nature que le précédent, et n'est fait que pour être étudié par les gens de l'art [*].

Enfin le livre intitulé *Brutus* ou *des Orateurs célèbres*, qui n'est qu'une histoire raisonnée de l'élo-

---

qui donnera, nous n'en doutons pas, à nos lecteurs la curiosité de le lire dans le bel ouvrage que M. Le Clerc a consacré à la gloire de l'orateur romain, et auquel nous ne pouvions trouver une occasion plus naturelle de rendre la justice qui lui est due. H. PATIN.

[*] Voyez sur ces divers ouvrages ce qu'en dit dans ses préfaces M. J. V. Le Clerc qui les a tous retraduits pour la plupart. On peut ajouter à l'énumération que fait ici La Harpe des ouvrages de rhétorique de Cicéron, *La Rhétorique à Hérennius*, qu'on lui a contestée, et le morceau *sur le meilleur genre d'éloquence*, qui servait de préface à sa traduction des deux plaidoyers de Démosthène et d'Eschine *sur la couronne*. H. PATIN.

quence chez les Grecs et chez les Latins. Ce que j'en pourrais extraire ici me servira mieux d'introduction quand j'aurai à parler des orateurs d'Athènes et de Rome.

La Harpe, *Cours de Littérature.*

NOTE A.

A la mort de Commode, sous lequel le peuple avait éprouvé toutes sortes de maux, et à l'élection de Pertinax, son successeur, dont il se promettait des jours plus heureux, les âmes affranchies de la terreur firent entendre ces cris terribles que Lampride nous a transmis, et que nous allons essayer de traduire :

« Que l'on arrache les honneurs à l'ennemi de la patrie...
« L'ennemi de la patrie! Le parricide! Le gladiateur!.....
« Qu'on arrache les honneurs au parricide.... qu'on traîne
« le parricide.... qu'on le jette à la voirie.... Qu'il soit dé-
« chiré.... l'ennemi des dieux! le parricide du sénat!.... à la
« voirie le gladiateur!... l'ennemi des dieux! L'ennemi du
« sénat! à la voirie, à la voirie.... Il a massacré le sénat,
« à la voirie... il a massacré le sénat, qu'il soit déchiré à
« coups de crocs.... il a massacré l'innocent! qu'on le dé-
« chire.... qu'on le déchire, qu'on le déchire.... Il n'a pas
« épargné son propre sang! qu'on le déchire.... Il avait
« médité ta mort! qu'on le déchire.... Tu as tremblé pour
« nous; tu as tremblé avec nous; tu as partagé nos dan-
« gers... O Jupiter! si tu veux notre bonheur, conserve-
« nous Pertinax.... Gloire à la fidélité des prétoriens....
« aux armées romaines... à la piété du sénat!... Pertinax,
« nous te le demandons, que le parricide soit traîné.... qu'il
« soit traîné; nous te le demandons.... Dis avec nous, que
« les délateurs soient exposés aux lions.... Dis, aux lions le
« gladiateur.... Victoire à jamais au peuple romain! Li-
« berté! victoire!.... Honneur à la fidélité des soldats...., aux

« cohortes prétoriennes!... Que les statues du tyran soient
« abattues.... partout, partout... Qu'on abatte le parricide,
« le gladiateur... Qu'on traîne l'assassin des citoyens....
« qu'on brise ses statues... Tu vis, tu vis, tu nous com-
« mandes, et nous sommes heureux... Ah! oui, oui, nous
« le sommes... nous le sommes vraiment, dignement, li-
« brement... Nous ne craignons plus.... tremblez, déla-
« teurs... notre salut le veut... Hors du sénat les délateurs...
« A la hache, aux verges les délateurs!... Aux lions les
« délateurs!... Aux verges les délateurs!... Périsse la mé-
« moire du parricide, du gladiateur!... Périssent les statues
« du gladiateur!... A la voirie, le gladiateur!... César, or-
« donne les crocs... que le parricide du sénat soit déchiré!...
« Ordonne, c'est l'usage de nos aïeux... il fut plus cruel
« que Domitien... plus impur que Néron... Qu'on lui fasse
« comme il a fait!... Réhabilite les innocents... Rends hon-
« neur à la mémoire des innocents... Qu'il soit traîné; qu'il
« soit traîné!... Ordonne, ordonne, nous te le demandons
« tous!... Il a mis le poignard dans le sein de tous; qu'il
« soit traîné!... Il n'a épargné ni âge, ni sexe, ni ses parents
« ni ses amis; qu'il soit traîné!... Il a dépouillé les temples;
« qu'il soit traîné!... Il a violé les testaments; qu'il soit
» traîné!... Il a ruiné les familles; qu'il soit traîné!... Il a
« mis les têtes à prix; qu'il soit traîné!... Il a vendu le sénat;
« qu'il soit traîné!... Il a spolié l'héritier; qu'il soit traîné!...
« Hors du sénat ses espions!... Hors du sénat ses déla-
« teurs!... Hors du sénat, les corrupteurs d'esclaves!...
« Tu as tremblé avec nous... Tu sais tout... Tu connais les
« bons et les méchants... Tu sais tout; punis qui l'a mérité...
« Répare les maux qu'on nous a faits... Nous avons trem-
« blé pour toi... Nous avons rampé sous nos esclaves...
« Tu règnes, tu nous commandes; nous sommes heureux...
« Oui, oui, nous le sommes... Qu'on fasse le procès au

« parricide!... Ordonne, ordonne son procès!... Viens,
« montre-toi, nous attendons ta présence... Hélas!... les
« innocents sont encore sans sépulture... Que le cadavre
« du parricide soit traîné! Le parricide a ouvert les tom-
« beaux; il en a fait arracher les morts... Que son cadavre
« soit traîné! »

Voilà une scène bien vraie. On ne la lit pas sans frisson. Il semble qu'on soit frappé des cris d'un million d'hommes rassemblés et ivres de fureur et de joie. Ou je me trompe, ou c'est là une des plus fortes et des plus terribles images de l'enthousiasme populaire.

DIDEROT, *Mélanges de Littérature et de Philosophie.*

FIN DU SEPTIÈME VOLUME.

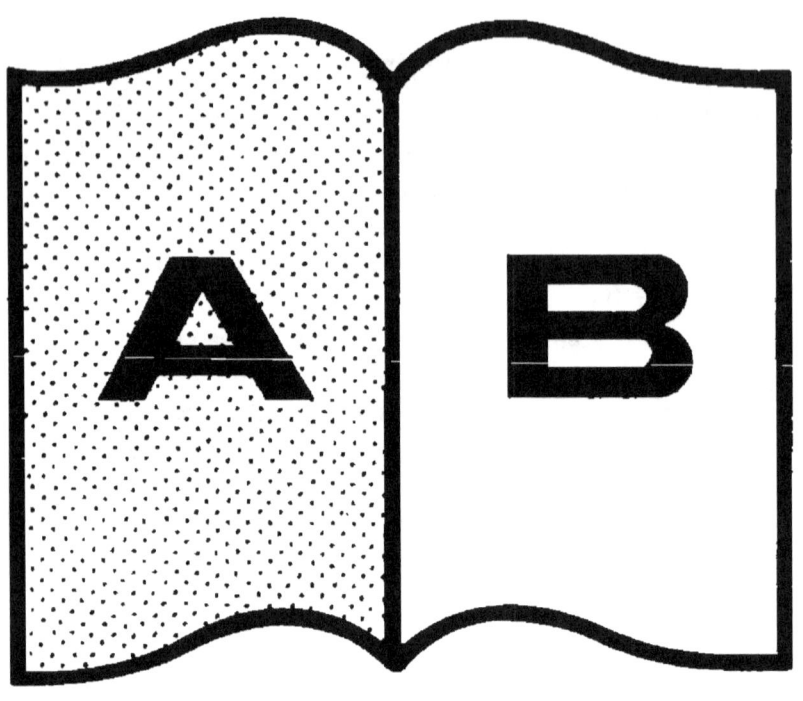

Contraste insuffisant

NF Z 43-120-14

www.ingramcontent.com/pod-product-compliance
Lightning Source LLC
Chambersburg PA
CBHW070537230426
43665CB00014B/1716